中国社会科学院创新工程学术出版资助项目

李宏飞　王宁◎著

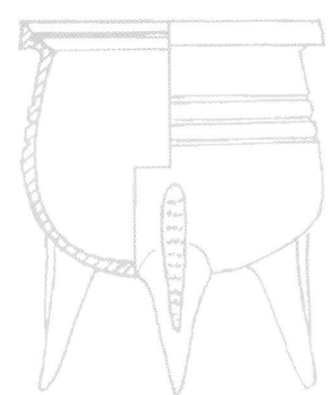

小双桥遗址的商与夷

中国社会科学出版社

图书在版编目（CIP）数据

小双桥遗址的商与夷 / 李宏飞等著 . —北京：中国社会科学出版社，2018.11
ISBN 978 - 7 - 5203 - 3550 - 8

Ⅰ.①小… Ⅱ.①李… Ⅲ.①文化遗址—研究—郑州—商代 Ⅳ.①K878.05

中国版本图书馆 CIP 数据核字（2018）第 254410 号

出 版 人	赵剑英
责任编辑	巴　哲
责任校对	杨　林
责任印制	李寡寡

出　　版	中国社会科学出版社
社　　址	北京鼓楼西大街甲 158 号
邮　　编	100720
网　　址	http://www.csspw.cn
发 行 部	010 - 84083685
门 市 部	010 - 84029450
经　　销	新华书店及其他书店

印刷装订	北京君升印刷有限公司
版　　次	2018 年 11 月第 1 版
印　　次	2018 年 11 月第 1 次印刷

开　　本	710×1000　1/16
印　　张	14.25
插　　页	2
字　　数	185 千字
定　　价	65.00 元

凡购买中国社会科学出版社图书，如有质量问题请与本社营销中心联系调换
电话：010 - 84083683
版权所有　侵权必究

目　录

第一章　引论 …………………………………………………… (1)

第二章　研究方法 ……………………………………………… (7)
  2.1　考古类型学实践操作方法 ……………………………… (7)
  2.2　考古学文化及其因素分析 ……………………………… (12)
  2.3　陶器科技分析 …………………………………………… (18)
  2.4　人骨科技分析 …………………………………………… (22)

第三章　年代标尺与文化传统 ………………………………… (31)
  3.1　二里冈文化向殷墟文化过渡阶段的分期年代 ………… (31)
  3.2　"漳河·二里冈"文化系统的岳石文化风格器物 …… (38)

第四章　陶器分析 ……………………………………………… (56)
  4.1　考古类型学分析 ………………………………………… (56)
  4.2　X射线分析 ……………………………………………… (61)

第五章　人骨分析 ……………………………………………… (71)
  5.1　引言 ……………………………………………………… (71)
  5.2　C、N稳定同位素分析 ………………………………… (73)

5.3　结果 …………………………………………………… (76)
　　5.4　讨论 …………………………………………………… (81)

第六章　考古背景下的商与夷 ………………………………… (87)
　　6.1　商人东进（第Ⅵ组—第Ⅶ组）………………………… (87)
　　6.2　小双桥遗址的商与夷 ………………………………… (95)
　　6.3　结论 …………………………………………………… (132)

参考文献 ………………………………………………………… (136)

附录一　白家庄期崩溃初论 …………………………………… (152)

附录二　古骨胶原的氧同位素分析及其在先民迁徙
　　　　研究中的应用 …………………………………………… (174)

附录三　A Pilot Study of Trophic Level and Human
　　　　Origins at the Xiaoshuangqiao Site, China
　　　　(ca. 1400 BC) Using δD Values of Collagen ……… (196)

致　谢 …………………………………………………………… (224)

第一章

引　论

　　在中国古代相当长的时间里，关于商王朝的信息主要来自《史记·殷本纪》等少量传世文献中的简单记载。19世纪末，殷墟卜辞的发现为深入探讨商代史提供了丰富的出土文献材料，王国维先生据此证实了传世文献中商王世系的真实可靠性[①]。为了获取更多的考古材料，前中央研究院历史语言研究所于1928—1937年在安阳殷墟展开了长达10年的田野考古发掘，发现了商代晚期的宫室建筑和王陵，确定了殷墟遗址作为商代晚期都邑的历史地位[②]。

　　然而，以殷墟遗址为代表的商文化仅仅代表了商王朝的后半阶段，在1949年以前，殷墟遗址之前的商文化并不为人们所知。20世纪50年代初，郑州二里冈发现了商文化更早阶段的文化遗存[③]。1954年，邹衡先生完成了副博士学位论文《试论郑州新发现的殷商文化遗址》，论证二里冈文化早于殷墟文化[④]。由于以二里冈文化为主体堆积的郑州商城在当时被推测为文献记载中的隞都[⑤]，二里冈期一度被认为是商代中期。

[①] 王国维：《殷卜辞中所见先公先王考》，《观堂集林》，中华书局1959年版。
[②] 李济：《安阳——殷商古都发现、发掘、复原记》，中国社会科学出版社1990年版。
[③] 河南省文化局文物工作队：《郑州二里冈》，科学出版社1959年版。
[④] 邹衡：《试论郑州新发现的殷商文化遗址》，《考古学报》1956年第3期。
[⑤] 安金槐：《试论郑州商代城址——隞都》，《文物》1961年第4、5期。

1959年，徐旭生先生赴豫西调查"夏墟"，认为偃师二里头遗址"在当时实为一大都会，为商汤都城的可能性很不小"[①]，学术界进而形成了"二里头晚期（商代早期）——二里冈期（商代中期）——殷墟期（商代晚期）"的框架性年代认识。至1977年，邹衡先生在登封告成遗址发掘现场会上提出了不同的观点，调整为"二里头文化（夏代）——二里冈文化（商代早期）——殷墟文化（商代晚期）"的框架性年代认识，逐渐成为学术界的主流观点。

20世纪50年代，在郑州白家庄的考古发掘中，发现一批时代特征有可能略晚于"二里冈上层"的文化遗存[②]。1980年，邹衡先生出版《夏商周考古学论文集》，在其中的《试论夏文化》一文中公布了全面系统的商文化分期年代序列，将郑州白家庄商代上层等典型单位归为商文化早商期第三段第Ⅵ组，年代略晚于以往认识的二里冈上层时期，并以盘龙城的层位关系予以证明[③]。郑州商城的发掘者随后也公布了对二里冈文化更为细致的分期，将以往发现的二里冈上层归为二里冈上层一期，而将以白家庄商代上层为代表的一类遗存归为二里冈上层二期，即"白家庄期"[④]。白家庄期的郑州商城已呈现出相对衰落的态势[⑤]，殷墟遗址的繁荣期是殷墟文化第二期至第四期[⑥]，商王朝自白家庄期至殷墟文化第一期的都邑应在郑州商城和殷墟以外的其他地点。根据《史记·殷本纪》等文献记载，这一时期正处于内忧外患的"比九世乱"，商王朝的都邑几

---

① 徐旭生：《1959年夏豫西调查"夏墟"的初步报告》，《考古》1959年第11期。
② 河南省文化局文物工作队第一队：《郑州白家庄遗址发掘报告》，《文物参考资料》1956年第4期。
③ 邹衡：《试论夏文化》，《夏商周考古学论文集》，文物出版社1980年版。
④ 安金槐：《关于郑州商代二里岗期陶器分期问题的再探讨》，《华夏考古》1988年第4期。
⑤ 河南省文物考古研究所：《郑州商城：1953—1985年考古发掘报告》，文物出版社2001年版。
⑥ 邹衡：《试论殷墟文化分期》，《北京大学学报·人文科学》1964年第4、5期。

经迁徙。随着河南郑州小双桥遗址①、河北邢台遗址群②和河南安阳洹北商城③的考古发掘，介于郑州商城与殷墟之间的商代都邑序列逐渐清晰起来。考古材料与文献材料的初步整合认为，小双桥遗址、邢台遗址群和洹北商城分别与传世文献记载中的隞都（仲丁迁隞）④、邢都（祖乙迁邢）⑤和殷都（盘庚迁殷）⑥相对应。

根据目前的考古材料，商文化仍然可分为二里冈文化和殷墟文化两大阶段，分别代表了商代早期和商代晚期两大历史时期。商代早期的统治中心位于郑州地区，商王朝以郑州商城及小双桥遗址为核心，形成了包括偃师商城⑦、望京楼商城⑧、府城商城⑨、垣曲商城⑩、东下冯商城⑪、盘龙城⑫等城址为骨架的二里冈政治地理格

---

① 河南省文物考古研究所：《郑州小双桥：1990—2000年考古发掘报告》，科学出版社2012年版。

② 河北省文物研究所：《邢台商周遗址》，文物出版社2011年版。

③ 中国社会科学院考古研究所安阳工作队：《河南安阳市洹北商城的勘查与试掘》，《考古》2003年第5期；中国社会科学院考古研究所安阳工作队、中加洹河流域区域考古调查课题组：《河南安阳市洹北商城遗址2005—2007年勘查简报》，《考古》2010年第1期；中国社会科学院考古研究所安阳工作队：《河南安阳市洹北商城宫殿区1号基址发掘简报》，《考古》2003年第5期；中国社会科学院考古研究所安阳工作队：《河南安阳市洹北商城宫殿区二号基址发掘简报》，《考古》2010年第1期。

④ 陈旭：《郑州小双桥商代遗址即隞都说》，《中原文物》1997年第2期；邹衡：《郑州小双桥商代遗址隞（嚣）都说辑补》，《考古与文物》1998年第4期。

⑤ 邹衡：《论汤都郑亳及其前后的迁徙》，《夏商周考古学论文集》，文物出版社1980年版。

⑥ 杨锡璋、徐广德、高炜：《盘庚迁殷地点蠡测》，《中原文物》2000年第1期。

⑦ 中国社会科学院考古研究所：《偃师商城》第1卷，科学出版社2013年版。

⑧ 郑州市文物考古研究院：《新郑望京楼：2010—2012年田野考古发掘报告》，科学出版社2016年版。

⑨ 袁广阔、秦小丽：《河南焦作府城遗址发掘报告》，《考古学报》2000年第4期。

⑩ 中国历史博物馆、山西省考古研究所、垣曲县博物馆：《垣曲商城（一）：1985—1986年度勘察报告》，科学出版社1996年版；中国国家博物馆田野考古研究中心、山西省考古研究所、垣曲县博物馆：《垣曲商城（二）：1987—2003年度考古发掘报告》，科学出版社2014年版。

⑪ 中国社会科学院考古研究所、中国历史博物馆、山西省考古研究所：《夏县东下冯》，文物出版社1988年版。

⑫ 湖北省文物考古研究所：《盘龙城：1963年—1994年考古发掘报告》，文物出版社2001年版。

局。二里冈文化的广域分布呈现出强势的文化辐射，其代表的早期国家甚至被称为"战士国家"①。这样的政治地理格局在二里冈文化形成之际即已出现，并延续至白家庄期偏早阶段。至白家庄期偏晚阶段，二里冈政治地理格局骤然解体，商王朝统治中心北迁，竭力进攻东夷，在南方和西方呈现收缩态势，商文化边际之外兴起带有地方特色的青铜文化，这样的剧变被称为"白家庄期崩溃"②，对此后的商王朝产生了重大而又深远的影响。

在"白家庄期崩溃"导致的一系列变化中，商王朝与东夷之间的关系颇为引人注目。学术界通常将岳石文化视为"东夷文化"③，在二里冈文化形成之际，漳河型先商文化和岳石文化一同进入郑州地区，并最终西进导致二里头遗址的衰落，这样的文化现象被解读为"商夷联盟"西进灭夏④。直至二里冈下层二期，郑州商城内的南关外⑤、河医二附院⑥、铭功路东⑦等地仍然可见包含鲜明岳石文化风格器物的遗存，暗示"商夷联盟"延续发展至商代早期。在豫东夏邑清凉山遗址的岳石文化遗存中也可以看到二里冈下层二期典型形制的商式鬲⑧，表明二里冈文化与岳石文化在此时仍然存在文化交流。

至二里冈上层一期，郑州商城二里冈文化遗存中的外来因素明

---

① ［日］冈村秀典：《中国文明：農業と禮制の考古学》，京都大学学術出版会 2008 年版。
② 详情请参见本书附录一《白家庄期崩溃初论》。
③ 严文明：《东夷文化的探索》，《文物》1989 年第 9 期。
④ 宋豫秦：《论杞县与郑州新发现的先商文化》，《中国商文化国际学术讨论会论文集》，中国大百科全书出版社 1998 年版；张国硕：《论夏末早商的商夷联盟》，《郑州大学学报》（哲学社会科学版）2002 年第 35 卷第 2 期。
⑤ 河南省博物馆：《郑州南关外商代遗址的发掘》，《考古学报》1973 年第 1 期。
⑥ 郑州市文物工作队：《河医二附院等处商代遗址发掘简报》，《中原文物》1986 年第 4 期。
⑦ 郑州市文物考古研究所：《郑州市铭功路东商代遗址》，《考古》2002 年第 9 期。
⑧ 北京大学考古学系、商丘地区文管会：《河南夏邑清凉山遗址发掘报告》，《考古学研究》（四），科学出版社 2000 年版。

显减少，岳石文化因素已几乎不见。二里冈上层一期正是商文化大幅度对外扩张的阶段[①]，强势的文化辐射使得都邑内部缺乏对外来文化陶器群的吸纳。自商王太戊之后，商王朝进入了因由内乱而导致的动荡阶段，经非正常途径夺取王位的商王仲丁对内将都邑迁往郑州商城西北20千米的小双桥遗址，对外发动了征伐蓝夷的战争[②]。

小双桥遗址主体堆积的偏早阶段与商王仲丁、外壬在位时期大体相当，尽管已与东夷兵戎相见，但此时的小双桥遗址仍然几乎见不到考古学文化物质层面的岳石文化风格器物，仅发现一批杀殉夷人的祭祀遗存。至主体堆积偏晚阶段，小双桥遗址出现一批夷人墓葬、居址，还发现与夷人相关的熔铜、祭祀遗存。随后，小双桥遗址商代诸遗存之上覆压作为废弃堆积的第④A层，其内发现岳石文化风格器物和非正常死亡的散乱人骨。与此同时，商王朝对于东夷的攻势也更为强劲，鲁西南的岳石文化尹家城类型所在区域在第Ⅶ组已被商文化所取代，这些新出现的商文化遗存中全然不见岳石文化的影子。商文化至迟已于殷墟文化第一期（第Ⅷ组）抵达鲁北的青州地区，岳石文化郝家庄类型所在区域也被纳入了商文化的分布范围。

从宏观的历史大势看，商王朝与东夷在二里冈文化时期保持着同盟关系，但两者最晚在白家庄期已兵戎相见，商王朝随后对东夷展开了强大攻势，导致岳石文化靠近内陆的地方类型所在区域纳入商文化版图。商王朝与东夷的关系或许在二里冈上层时期即已趋于恶化，至白家庄期已成为不可调和的矛盾，才会导致古本《竹书纪年》对"仲丁征蓝夷"的事迹进行着重记载。商王朝在此后对岳石文化内陆地区的大规模侵占也凸显了其与东夷之间战争的白热

---

① 王立新：《试论早商文化的分布过程》，《中国考古学的跨世纪反思》（下），商务印书馆（香港）有限公司1999年版。

② 陈旭：《郑州小双桥商代遗址即隞都说》，《中原文物》1997年第2期。

化。在小双桥遗址主体堆积的偏晚阶段，夷人和岳石文化风格器物出现在了特殊的考古背景之中，这一现象便显得尤为引人注目。岳石文化风格器物为何在此时出现于小双桥遗址？这些器物的出现与此后商夷战争的白热化有何关联？废弃堆积中非正常死亡的散乱人骨究竟是何人，又因何被杀？

《左传·昭公十一年》中"纣克东夷而陨其身"的记载很大程度上表明商王朝的灭亡源自其着力对东方的经营，忽视了来自西方的威胁。究竟是什么原因导致商王朝对东夷展开攻势？是什么样的缘故导致昔日并肩战斗的盟友反目成仇？商夷关系的转变发生在白家庄期，探讨问题的核心便是"小双桥遗址的商与夷"。

第 二 章

研究方法

考古学的研究方法主要包括考古地层学和考古类型学。近年来随着学科的发展，科学技术在考古学研究中的重要地位日益显现。尽管如此，由于学科的内部分工等原因，以考古地层学和考古类型学为基础的"传统考古"和以科技分析为主的"科技考古"缺乏较好的整合。学科的进步已不能满足于各说各话，有机整合才应是努力追求的方向。我们试图从考古类型学和科技分析的基础研究出发，发挥各自的擅长之处，上升至共通的"考古"研究。

2.1 考古类型学实践操作方法

考古类型学主要应用于田野考古发掘之后的室内整理及相关研究中。根据田野考古发掘遗迹单位所出遗物的共存关系以及不同单位之间的相对早晚关系，可运用考古类型学方法排列出器物群的演进过程，建立考古学分期年代序列。

中国考古类型学的实践操作方法奠定于 20 世纪 40 年代末出版的考古发掘报告《斗鸡台沟东区墓葬》[①]。斗鸡台沟东区的"瓦鬲墓"所出遗物以陶鬲（瓦鬲）最为常见，"由于制作频繁，使用普

[①] 苏秉琦：《斗鸡台沟东区墓葬》，国立北平研究院史学研究所 1948 年版。

遍，从形制学的观点来看，瓦鬲的形式变化应当是富于敏感性的。引申来说，就是同时同地容易有一致的风格，异时异地却不易保持完全相同的形制。因此，要研究它们的分类与谱系，似乎是一个颇有兴趣和意义的问题"[1]。报告的编写者苏秉琦先生将"瓦鬲墓"所出陶鬲分为袋足类（简称 A 型，或用 A 表示）、联裆类（简称 B 型，或用 B 表示）、折足类（简称 C 型，或用 C 表示）和矮脚类（简称 D 型，或用 D 表示），"分属于略衔接之四个时期"[2]（图 2.1）。

苏秉琦先生对陶鬲的分类研究方法直接影响到了邹衡先生于20世纪 50 年代对郑州所出商代陶鬲的考古类型学研究。在《试论郑州新发现的殷商文化遗址》中，邹衡先生将郑州和小屯出土的商代陶鬲分为 A 型至 F 型，"6 种类型的鬲连接起来而形成了一个比较完整的演变顺序"：A 型（郑州）→ B 型（郑州）→ C 型（小屯）→ D 型（郑州、小屯）→ E 型（小屯）→ F 型（小屯）[3]。此外，邹衡先生还进一步细分出了介于 A 型与 B 型之间的 AB 型以及相当于"亚型"的 B1 型，相似的分类方法也源自苏秉琦先生所著的《瓦鬲的研究》[4]。

然而，斗鸡台沟东区的"瓦鬲墓"仅有陶鬲最为常见，墓葬之间打破关系较少。由于这批材料自身特点的限制，在一定程度上制约了考古类型学实践操作方法的应用。20 世纪 50 年代，洛阳中州路（西工段）发掘了数量较多的东周墓葬[5]，随葬器物丰富，组合关系完整，打破关系明确，为完善考古类型学实践操作方法提供了

---

① 苏秉琦：《陕西省宝鸡县斗鸡台发掘所得瓦鬲的研究》（节选），《苏秉琦考古学论述选集》，文物出版社 1984 年版。
② 苏秉琦：《瓦鬲的研究》，《苏秉琦考古学论述选集》，文物出版社 1984 年版。
③ 邹衡：《试论郑州新发现的殷商文化遗址》，《夏商周考古学论文集》，文物出版社 1980 年版。
④ 苏秉琦：《瓦鬲的研究》，《苏秉琦考古学论述选集》，文物出版社 1984 年版。
⑤ 中国科学院考古研究所：《洛阳中州路（西工段）》，科学出版社 1959 年版。

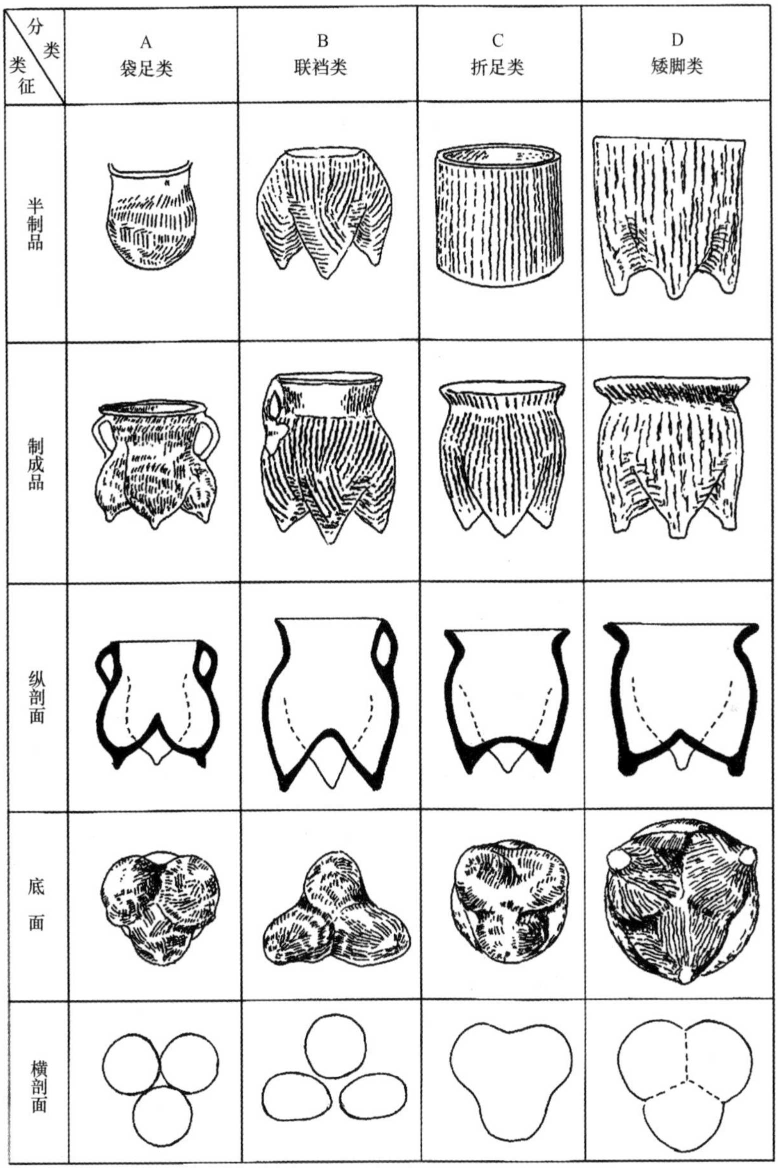

分类 类征	A 袋足类	B 联裆类	C 折足类	D 矮脚类
半制品				
制成品				
纵剖面				
底面				
横剖面				

图 2.1 瓦鬲的分类（苏秉琦，1948）

极好的材料。由于器类和组合相对稳定，便需要对器类演变的式别特征进行重点考察。在《洛阳中州路（西工段）》的结语中，苏秉琦先生引入了"式"的概念，以罗马数字表示式别的早晚关系（表 2.1）。

表 2.1　陶器组合的形制序列和互相对照关系（苏秉琦，1959）

组合	（一）鬲—盆—罐	（二）鼎—豆—罐	（三）鼎—豆—壶	（四）鼎—盒—壶
序列	（第一期） Ⅰ—Ⅰ—Ⅰ（2） Ⅰ—Ⅰ—Ⅱ（1） （第二期） Ⅱ—Ⅰ—Ⅱ（1） Ⅱ—Ⅰ—Ⅲ（5） Ⅱ—Ⅰ—Ⅳ（2）	（第三期） Ⅱ—Ⅰ—Ⅲ（1） Ⅱ—Ⅰ—Ⅳ（16） Ⅱ—Ⅰ—Ⅴ（1） （第五期） Ⅴ—Ⅱ—Ⅴ（1） （第六期） Ⅵ—Ⅲ—Ⅴ（2） Ⅶ—Ⅲ—Ⅴ（1）	（第四期） Ⅱ—Ⅰ—Ⅰ（2） Ⅱ—Ⅱ—Ⅰ（7） Ⅲ—Ⅱ—Ⅰ（3） （第五期） Ⅴ—Ⅱ—Ⅰ（2） Ⅴ—Ⅱ—Ⅲ（2） （第六期） Ⅵ—Ⅲ—Ⅲ（7） Ⅶ—Ⅲ—Ⅲ（4）	（第七期） Ⅶ—Ⅰ—Ⅲ（12） Ⅷ—Ⅱ—Ⅳ（6）

在随后的《试论殷墟文化分期》中，邹衡先生采用了全新的器物分型分式表述方式[①]（图 2.2）。以大写字母表示不同源流的"型"，以大写字母与小写字母相结合表示不同源流内进一步划分源流的"亚型"，"型"与"亚型"均以典型单位内可靠的共存关系为保障。以罗马数字表示同型或同亚型器物的相对早晚关系，式别之间的相对早晚关系由典型单位之间的叠压打破关系决定。邹衡先生还确立了分型分式必须遵守的科学原则："同类才能分型，不同

[①] 邹衡：《试论殷墟文化分期》，《夏商周考古学论文集》，文物出版社 1980 年版。

类不能分型；同型才能分式，不同型不能分式。"①

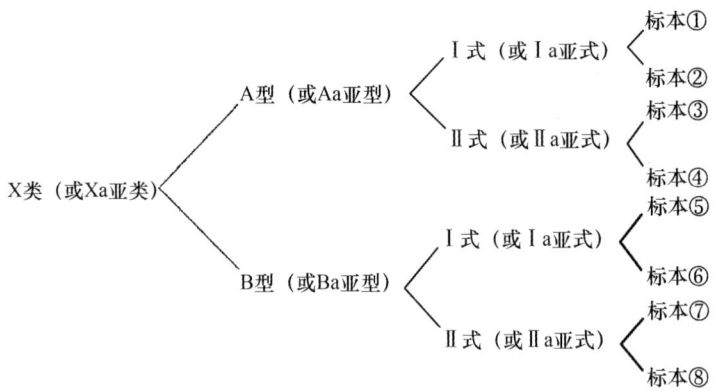

图 2.2　古代器物的型式划分（邹衡，1988）

在型式划分时，分型是第一位，分式是第二位。分型的前提是典型单位给出可靠的共存关系。可靠的共存关系需要以重复出现作为检验，"从积累了上千个单位的经过整理的考古学遗存的资料看，真正共存和偶然出现在一起的比例，大致不会超过 10∶1。所以，如果没有见到相反的例子，重复出现四五次以上，其共存关系的确定性已经是相当大的了"②。相对而言，墓葬属于共存关系最为可靠者，其次是灰坑，再次是地层。典型单位的选择不仅要考虑到所出器物具有较为一致的时代特征，也要考虑到所出遗物的种类和数量较为丰富。分式的依据来自遗迹单位间的叠压、打破关系，考古类型学的器物排队成果需要以层位关系进行验证。分型分式是考古学分期的前提，在分型分式的基础上，将面貌相近的典型单位进行分组，根据器物群的演变速率将分组合并为分期，再根据文字材料或

---

① 邹衡：《论古代器物的型式分类》，《中国文物报》1988 年 5 月 13 日第 3 版。
② 俞伟超：《关于"考古类型学"问题——为北京大学七七至七九级青海、湖北考古实习同学而讲》，《考古类型学的理论与实践》，文物出版社 1989 年版。

已有的研究成果进行绝对年代的判断。

半个多世纪以来的实践表明，考古类型学是建立考古学文化分期年代框架行之有效的实践操作方法，为研究古代社会提供了重要的年代标尺。本研究涉及的年代标尺①建立在邹衡先生的商文化分期基础上，又根据研究的具体情况进行了补充完善。

2.2　考古学文化及其因素分析

"考古学文化"是指"考古发现中可供人们观察到的属于同一时代、分布于共同地区、并且具有共同的特征的一类遗存"②，考古发掘所获面貌相似的文化遗存可进一步归并为考古学文化。考古学文化的内涵较广，不仅包含陶器、铜器等遗物，也包括房址、窖穴、水井、墓葬、祭祀坑等遗迹，以及由遗迹组成的聚落乃至区域聚落形态，还包括物质文化所反映的非物质文化，如古人的意识形态、审美观念等。

尽管"国之大事，在祀与戎"，但"民以食为天"。在新石器时代至夏商周时期考古，特别是商代考古的研究中，与饮食相关的陶质及铜质容器因其使用范围广、变化速率快等原因成为考古研究的主要对象。考古类型学主要依靠陶器、铜器等建立物质文化时空框架，但这绝不意味着器物群可以完全代表考古学文化。

"考古学文化"概念的提出，在强调文化内部一致性的同时也在强调不同文化之间的差异性。不同文化之间固然存在明显差异，但某类或某型器物可见于不同的考古学文化；同一文化内部固然具有较强的一致性，但文化交界地带往往会出现一定的相互

---

① 详见本书第三章。
② 中国大百科全书总编辑委员会《考古学》编辑委员会：《中国大百科全书·考古学》，中国大百科全书出版社1986年版。

影响性。事实上，并不存在内涵绝对单纯的考古学文化，考古学文化在不断进行交流与融合。一般情况下，某种特定的考古学文化具有相对固定的器类、器型及组合，同时又吸收周邻考古学文化的因素，因而有必要对考古学文化的特质因素加以提炼，并将其他文化对其影响的因素加以析出，进而更好地了解考古学文化的面貌及其构成。

正是由于考古学文化构成的复杂性导致了文化因素分析法的出现。邹衡先生在《试论夏文化》中对"先商文化"及"夏文化"陶器的分群研究[①]已属成熟运用文化因素分析法的研究成果。随后，李伯谦先生[②]和俞伟超先生[③]在各自研究的基础上几乎同时提出了考古学研究的"文化因素分析法"。

实践表明，按照文化因素进行分群研究有助于深入了解考古学文化的面貌及其构成。但文化因素分析法在实践操作中也出现了若干可供思考的问题：

1. 在考古学文化中占据主导地位的文化因素是否可以决定文化性质？

在以往的实践中，通常认为在考古学文化中占据主导地位的文化因素可以决定该文化的性质归属。然而在研究具体问题时，特别是考古学文化发生更迭的过渡阶段，此类思维似乎并不总是行得通。例如，学界公认二里头文化和二里冈文化属于两种不同的考古学文化，两者陶器群的差异主要体现在炊煮器的不同，二里头文化主要使用圜底深腹罐和平底圆腹罐，二里冈文化主要使用分裆鬲和平底纵绳纹深腹罐，两者使用的盆、瓮、尊类基本一脉相承。秦小丽女士曾指出，"外来系陶器的流入是二里头文化陶器组合向二里

[①] 邹衡：《试论夏文化》，《夏商周考古学论文集》，文物出版社1980年版。
[②] 李伯谦：《论文化因素分析方法》，《中国文物报》1988年11月4日。
[③] 俞伟超：《楚文化的研究与文化因素的分析》，《考古学是什么：俞伟超考古学理论文选》，中国社会科学出版社1996年版。

岗文化陶器组合转变的主要原因。……从陶器系统的构成比率来看，即使漳河系陶器呈现增长趋势，但它的比率也仅停留在35%的程度上，最终也不曾超越伊洛系陶器"[①]。若依照传统认识，二里冈文化中所占比例最高的是二里头文化因素，则二里冈文化与二里头文化应属同一文化系统，这与学界认为二里头文化与二里冈文化分属夏、商两种不同文化的观点相抵牾。

在本研究中，尽管岳石文化风格器物所占比例较小，却在诸多方面呈现出不同寻常的特殊之处。小双桥遗址的岳石文化风格器物并不能简单地归结为来自岳石文化的少量影响，而是有着应当受到足够重视的深刻背景。

2. 某件器物具有多种文化特征如何处理？

归属于某考古学文化的器物通常保持该考古学文化的典型特征。但在特殊的文化背景下，会出现某件器物具有多种文化特征的情况。如，郑州地区在二里冈文化形成之际及二里冈下层时期常见一种红陶篦纹罐，以往通常被简单归结为岳石文化因素。但郑州地区所出红陶篦纹罐制作精细，薄胎、橄榄形腹等特征与岳石文化制作粗糙的厚胎红陶篦纹罐明显不同，反而与"漳河·二里冈"文化系统中的深腹罐有一定的相似之处。从这个意义上来说，郑州地区所出红陶篦纹罐实际上属于受商文化影响的岳石文化风格器物，不应简单归为岳石文化因素。

在本研究中，小双桥遗址出土的部分陶器尽管仍然具有较为明显的岳石文化特征，但其灰陶、刮抹痕迹消失等特征已与岳石文化陶器的典型特征相去甚远，将其称为"岳石文化风格陶器"可能更为合适。

[①] 秦小丽：《二里头文化时期中原东部地区的地域间动态关系》，《考古一生——安志敏先生纪念文集》，文物出版社2011年版。

3. 共有文化因素如何处理？

考古学文化之间的互动导致彼此都可见到对方的文化因素。就陶器群而言，某些器类既常见于某考古学文化，又常见于另一种考古学文化，究竟将其归为哪种考古学文化的构成因素？例如，大口尊是二里头文化和二里冈文化中的常见器类，自二里头文化向二里冈文化一脉相承发展而来。在背景明确的情况下，自然可以将其归属于二里头文化或二里冈文化，但在二里头文化向二里冈文化的过渡阶段，遗迹单位中既出有二里头文化特征的深腹罐、圆腹罐，也出有二里冈文化特征的薄胎卷沿鬲、平底纵绳纹罐，与这些器物同出的大口尊究竟是归属二里头文化因素还是二里冈文化因素？

在本研究中，小双桥99ZXIXT203H50不仅出有岳石文化风格陶罐，甚至出有模仿二里冈文化陶鬲制作的岳石文化风格素面鬲，与之共出的还包括一定数量的二里冈文化典型形制器物。若以炊煮器判断该单位为夷人遗存，那么夷人在小双桥遗址有无可能使用了二里冈文化器物？在接下来的第三章中，通过对郑州地区二里冈文化时期夷人遗存的长时段考察，夷人在郑州地区确曾部分使用了二里冈文化器物。

4. 考古学文化如何与人群对应？

考古学文化与人群的对应是夏商周考古研究中的重要问题。邹衡先生在辨析"夏文化"时，曾引用徐旭生先生"用文化间的同异来作比较"[①]的方法，找到了与"夏文化"并行发展的"先商文化"[②]。上述分析建立在两个前提基础上：其一，相同性质的文化应是渐进发展的，不会突变；其二，同一人群使用相同文化，不同人群使用不同文化。

近年来的研究表明，同一人群有可能前后使用不同的考古学文

---

① 徐旭生：《1959年夏豫西调查"夏墟"的初步报告》，《考古》1959年第11期。
② 邹衡：《试论夏文化》，《夏商周考古学论文集》，文物出版社1980年版。

化。如甘肃临潭磨沟墓地从齐家文化延续至寺洼文化[①]。事实上，同样作为"商文化"的二里冈文化与殷墟文化在具有传承性的同时也存在较大差异，如二里冈文化使用深腹罐，殷墟文化却不见深腹罐。从文化的传承性来说，漳河型先商文化相比二里头文化更具备与二里冈文化紧密联系的特质因素（如薄胎卷沿鬲等）。从这个意义上说，商人曾使用了三种考古学文化。

地域之间的人群流动和跨地域的人群整合是造成商人前后使用三种考古学文化的根本原因。相对而言，漳河型先商文化的使用人群是相对单纯的商人族众，商人灭夏导致商人、夏人、夷人及其他人群发生整合，各自原有的物质文化重组为二里冈文化，原先的商人、夏人、夷人及其他人群也整合为了人群结构更为复杂的商人群体。从严格意义上说，使用二里冈文化的人群并非单纯的商人，也包含了不同血缘集团的外族人群。但随着这些异族在血缘上逐渐与商人融合，文化上逐渐接受并融入二里冈文化，已成为广义商人的一部分。商王朝统治中心由郑州地区迁往冀南豫北地区的重大历史事件导致郑州地区与冀南豫北地区的商人群体再次发生大规模整合，当统治中心离开郑州地区，深腹罐便基本淡出了商文化的陶器群组合。

同一人群可以在不同时期使用多种考古学文化已被学界普遍认可，但不同人群是否可以同时使用相同的考古学文化？我们认为，关系越近的人群通常具备的文化共同点越多，关系越远的人群通常具备的文化共同点越少，文化差异通常会不自觉地反映在包括物质文化在内的各个方面。使用相同考古学文化的人群即便存在一定的差异，但彼此之间的亲密关系也是不应被忽视的。也可以说，即便有不同人群使用相同的考古学文化，这些人群之间的差异可以理解

[①] 甘肃省文物考古研究所、西北大学丝绸之路文化遗产保护与考古学研究中心：《甘肃临潭磨沟墓地寺洼文化墓葬 2009 年发掘简报》，《文物》2014 年第 6 期。

为同一人群内部的差异而非人群之间的差异。

在本研究中，豫东的商丘西部地区和鲁西的济宁地区原本属于岳石文化分布地域，随着商文化的东进，不论是豫东鹿台岗①、牛牧岗②的白家庄期（第Ⅵ组）遗存，还是济宁潘庙③、凤凰台④、泗水尹家城⑤、天齐庙⑥的第Ⅶ组遗存，均呈现出较为单纯的商文化特征，已然不见岳石文化特征器物的遗留。革命性变革的背后存在两种可能：人群发生了变化，或者是人群接受了全新的物质文化。假设人群没有发生变化，而是接受了全新的物质文化，需要熟练掌握全新的制陶工艺，并且在陶器制作中不表现出任何旧有物质文化的痕迹。从实际情况来说，人群发生变革的可能性更大。

5. 陶质炊煮器能否作为判断族属的标志性器物？

在夏商考古研究中，陶质炊煮器，尤其是日常生活中最常见的陶鬲、深腹罐等，被认为是文化性质及族属判断的标志性器物。例如，有学者认为二里头文化第二、三期之间的文化性质发生了变化，主要原因是第三期出现了陶鬲⑦。又如，邹衡先生关于商文化的研究主要是根据二里冈下层时期的薄胎卷沿鬲，向上追溯寻找到了"先商文化"⑧。但另有学者对此提出反对意见，认为"个别陶器不能涵盖一种考古学文化"⑨。考虑到炊煮器在日常生活中的重要作用，在遗迹单位中最为常见，数量多、变化快、能够相对敏感地

---

① 郑州大学文博学院、开封市文物工作队：《豫东杞县发掘报告》，科学出版社2000年版。
② 郑州大学历史学院考古系：《民权牛牧岗与豫东考古》，科学出版社2013年版。
③ 国家文物局考古领队培训班：《山东济宁潘庙遗址发掘简报》，《文物》1991年第2期。
④ 国家文物局考古领队培训班：《山东济宁凤凰台遗址发掘简报》，《文物》1991年第2期。
⑤ 山东大学历史系考古专业教研室：《泗水尹家城》，文物出版社1990年版。
⑥ 国家文物局田野考古领队培训班：《泗水天齐庙遗址发掘的主要收获》，《文物》1994年第12期。
⑦ 殷玮璋：《二里头文化探讨》，《考古》1978年第1期。
⑧ 邹衡：《试论夏文化》，《夏商周考古学论文集》，文物出版社1980年版。
⑨ 胡谦盈：《周文化及相关遗存的发掘与研究》，科学出版社2010年版。

反映出器物群背后不同饮食习惯的人群。尽管不同的饮食习惯有可能与地缘性的生业环境存在关联，但"一方水土养一方人"的道理本身就是判断不同人群的重要指征。正如秦小丽女士的研究，"外来系陶器的流入是二里头文化陶器组合向二里岗文化陶器组合转变的主要原因"[①]，二里头文化与二里冈文化之间陶器群的差别主要体现在由圜底深腹罐、圆腹罐向陶鬲、平底深腹罐的转变，盛储器则呈现出一脉相承的发展态势，仅有少量器类消失或出现。

在本研究中，小双桥遗址所出岳石文化风格陶器仅限于少数器类，并不构成完整的组合，且均与二里冈文化典型器物共出。人骨的稳定同位素分析及考古背景均表明小双桥遗址确曾存在夷人，这些器类及数量都不甚丰富的岳石文化风格陶器显然不能完全涵盖夷人在小双桥遗址使用的物质文化。这表明，尽管不同人群在同一遗址内使用的文化遗存面貌可能具有接近之处，仍然可通过特征鲜明的特质因素（如小双桥遗址所出岳石文化风格深腹罐、盆等）加以辨识。

2.3 陶器科技分析

陶瓷是一类特殊的硅酸盐类产品。陶瓷的发明、生产、流通和使用在研究人类文明史，特别是早期文明史中占有重要地位，古瓷器又是中华文明独有的历史瑰宝。在古陶瓷研究中，化学元素组成的测量和分析占重要的地位，能提供关于陶瓷的起源，原材料的种类、产地，烧制工艺的演化以及产品流通等方面的信息[②]。

---

① 秦小丽：《二里头文化时期中原东部地区的地域间动态关系》，《考古一生——安志敏先生纪念文集》，文物出版社2011年版。

② 陈铁梅、王建平：《古陶瓷的成分测定、数据处理和考古解释》，《文物保护与考古科学》2003年第15卷第4期，第50—56页。

2.3.1 陶器科技分析概述

目前用于古陶瓷元素成分分析检测的科学手段主要有：湿化学方法和X射线荧光光谱分析（XRF）[1]、质子激发X荧光光谱分析（PIXE）[2]、同步辐射X荧光分析（SRXRF）[3]、电感耦合等离子体发射光谱分析（ICP-AES）[4]、电子探针（EPMA）[5]、中子活化分析（NAA）[6]、质子分析等仪器分析方法。湿化学方法具有设备简单的优点，但对样品破坏性大、制样复杂、误差难以消除，使其与现代化学组成仪器分析方法无法比拟[7]。相对而言，目前在陶瓷成分和物相分析方法中，以X射线荧光光谱分析（XRF）的应用较为广泛。

2.3.2 X射线荧光光谱分析（XRF）

X射线荧光光谱分析方法（XRF）是利用初级X射线光子或其他微观离子激发待测物质中的原子，使之产生荧光（次级X射线）而进行物质成分分析和化学态研究的方法。自1948年第一台商品

---

[1] 苗建民、余君岳、李德卉：《EDXRF无损检测青花瓷器的研究》，《核技术》1997年第20卷第9期，第538—542页。

[2] 赵维娟、李国霞、谢建忠、郭敏、鲁晓珂、高正耀、承焕生、张斌、孙新民、郭木森、靳雯清：《用PIXE方法分析汝州张公巷窑与清凉寺窑青瓷胎的原料来源》，《科学通报》2004年第49卷第19期，第2020—2023页。

[3] 程琳、冯松林、徐清、黄宇营、何伟、吕志荣：《古琉璃着色元素的同步辐射X荧光分析》，《岩矿测试》2004年第23卷第2期，第113—116、120页。

[4] 古丽冰、邵宏翔、刘伟：《电感耦合等离子体发射光谱分析商代原始瓷样》，《岩矿测试》1999年第18卷第3期，第201—204页。

[5] 朱铁权、王昌燧、王晓琪、龚明、毛振伟：《古代陶衣的微区拉曼光谱与电子探针线扫描分析》，《分析测试学报》2005年第24卷第6期，第66—69页。

[6] 冯向前、冯松林、张文江、樊昌生：《历代洪州窑古瓷的元素组成特征的中子活化分析研究》，《原子核物理评论》2005年第22卷第1期，第142—144页。

[7] 郑乃章、吴军明、吴隽等：《古陶瓷研究和鉴定中的化学组成仪器分析法》，《中国陶瓷》2005年第43卷第5期，第52—54页。

型X射线荧光光谱仪问世以来，X射线荧光光谱分析技术发展迅速，现已成为国际标准（ISO）分析方法之一。它具有制样简单、可测元素范围广、分析速度快、测试准确可靠、可同时测多个元素、不破坏样品、检出限可达10^{-6}等优点，已广泛地应用于各个领域[①]。

根据色散方式不同，X射线荧光分析仪可分为X射线荧光光谱仪（波长色散）和X射线荧光能谱仪（能量色散）（EDXRF）。X射线荧光光谱仪和X射线荧光能谱仪各有优缺点。前者分辨率高，对轻、重元素测定的适应性广，对高低含量的元素测定灵敏度均能满足要求。后者的X射线探测的几何效率可提高2—3个数量级，灵敏度高，可对能量范围很宽的X射线同时进行能量分辨（定性分析）和定量测定，对于能量小于2万电子伏特左右的能谱的分辨率差。

早在20世纪50年代中期，英国牛津大学考古研究室中已具备X射线荧光分析技术。一般认为，国际上一些先进国家应用X射线荧光进行文物考古研究始于20世纪50年代末至60年代初。在此后50多年内，X射线荧光分析技术在考古中的应用得到了迅速发展。我国的X射线光谱分析起步较晚，直到20世纪50年代后期才在仪器的制造、应用分析等方面开始研究工作。对于考古样品的分析研究始于20世纪70年代，此后得到快速发展，特别是在陶瓷考古方面已经做了大量的工作，如对宋代五大名窑之一的汝瓷烧制工艺的研究，又如XRF在建立中国古陶瓷成分数据库方面的应用等，取得了丰富实践和丰硕成果[②]。

[①] 朱剑、毛振伟、张仕定：《X射线荧光光谱分析在考古中应用现状和展望》，《光谱学与光谱分析》2006年第26卷第12期，第2341—2345页。

[②] 简虎、吴松坪、姚高尚、熊腊森：《能量色X射线荧光光谱分析及其应用》，《电子质量》2006年第1期，第13—15页；杨益民、毛振伟、朱铁权、冯敏、梁宝鎏、王昌燧、孙新民、郭木森、范新生：《EDXRF探针分析古瓷产地的尝试》，《文物保护与考古科学》2005年第15卷第3期，第1—8页。

在考古研究中，X射线荧光光谱分析主要是测定古物中的成分，从而达到各种分析目的。X射线荧光光谱分析在考古学中的应用主要有：鉴定古物的年代、真伪、产地、制作工艺以及如何进行文物保护等。

时空框架的建立是考古学研究的基础，断代测年为古代遗存提供时间标尺，文物产地及其矿料来源为古代遗存提供空间坐标。文物的成分与其制作时间、地点存在一定的关系。文物通过X射线荧光分析可知其成分，经聚类分析和其他方法的旁证可确定其产地及其矿料来源，这为研究先民迁移路线和各种文化之间关系提供了有益信息。德国拉德肯（Rathgen）实验室用X射线荧光光谱分析了尼罗河流域的古陶器，发现低质量产品各地都有生产，但高质量产品来自尼罗河中部底比斯地区的几个中心产地[1]。

朱守梅等利用X射线荧光光谱分析了一批南宋低岭头越窑青瓷的胎和釉的成分，并与北宋汝瓷和寺龙口传统越窑瓷的数据比较，结果表明南宋低岭头窑所烧青瓷器的胎是用当地南方瓷石为原料，釉的成分与汝瓷釉相近，借用了北方汝瓷釉的配方，因而烧制出与传统越窑风格相去甚远却又与汝瓷外观颇类似的低岭头窑仿汝瓷产品，说明南宋低岭头窑在汝瓷技术南传过程中很可能起了承前启后的作用[2]。毛振伟等利用X射线荧光光谱分析了距今7000—9000年前贾湖遗址出土的绿松石成分，经聚类分析发现这些绿松石来源于同一矿区[3]。

---

[1] 张日清、曲长芝、蔡珍莲：《X荧光分析及其在考古研究中的应用》，《考古与文物》1982年第3期，第105—108页。

[2] 朱守梅：《南宋低岭头越瓷与汝瓷的对比分析》，硕士学位论文，中国科学技术大学，2005年。

[3] 毛振伟、冯敏、张仕定、张居中、王昌燧：《贾湖遗址出土绿松石的无损检测及矿物来源初探》，《华夏考古》2005年第1期。

2.4 人骨科技分析

"人类起源、农业起源、文明起源"是人类历史上的三大起源问题,一直是科学界研究的重点。"民以食为天",从旧石器时代的狩猎、渔猎、采集活动到新石器时代农业和畜牧业均代表了不同时期先民食物的来源方式,对人类进化、文明产生与社会发展起到了至关重要的作用。因此,重建先民的食物结构对于揭示人类自身演化与社会文明进步,以及人类与环境的相互关系等都具有十分重要的科学意义。

古代蛋白质是生物体内最重要的一类生物大分子,在古代遗存中有大量残留,骨骼和牙齿中的胶原蛋白是生物硬组织中含量最丰富的蛋白,由于羟磷灰石等无机质的保护可以在地下的埋藏环境中得到长期的保存,成为当今科技考古中的重要研究对象之一,在先民和动物的古食谱重建中有着不可替代的研究地位[1]。

2.4.1 稳定同位素及其分馏

原子由原子核和核外电子构成,其中原子核由中子和质子组成。同一元素具有相同质子数,不同中子数的不同原子互为同位素(isotopes)。稳定同位素(stable isotope)是指不发生放射性衰变或不易发生放射性衰变的同位素,或者即使会发生衰变也因半衰期太长而无法测量的同位素。

中子数不同,同位素原子质量也就相应不同,由此导致的同位素之间化学和物理性质的微小区别,称作同位素效应(isotopic effects)。虽然同一元素的不同同位素之间的理化性质差异微小,但

---

[1] 王宁:《古蛋白质研究在考古学中的应用》,《大众考古》2014年第6期,第75—76页。

是经过物理、化学和生物的过程之后，体系中的不同部分（例如反应物和产物）的同位素组成仍将发生微小的，但可以测量的改变，即同位素分馏（isotope fractionation）。影响同位素分馏的原因很多，如同位素的交换反应、动力学效应、物质的化学成分、晶体结构等。因此，受到多种因素的影响，同位素在大气圈、水圈、岩石圈和生物圈等地球环境循环中存在一定的分馏效应，使得不同地区动植物体内和地表水的稳定同位素产生差异。在同位素地球化学上，稳定同位素分析所用指标是同位素比值（δ），即

$$\delta = (R - R_{st})/R_{st} \times 10^3$$

公式里，R 是指该物质的同位素比值，R_{st} 是指标准样品的同位素比值。以 $\delta^{13}C$ 的计算公式为例：$\delta^{13}C = \{[(^{13}C/^{12}C) \text{ sample} - (^{13}C/^{12}C) \text{ standard}]/(^{13}C/^{12}C) \text{ standard}\} \times 1000‰$。在人骨的稳定同位素研究中，目前应用较为广泛和成熟的是 C 和 N[①]。

2.4.2 人骨稳定同位素分析的原理

人类自身在生长发育过程中所需的营养和能量皆来自其对外界空气、水和食物的摄取，并经过消化吸收后转化为身体的组成成分。在这一过程中，体内的稳定同位素与外界物质会发生交换和平衡，并由于不同时期、不同地区外界环境中的稳定同位素值不同，使得不同人群摄取外界饮用水和不同食物后体内蛋白质的稳定同位素值产生明显差异，打上了所处环境的稳定同位素"烙印"，即"我即我食"原理。因此，人体内蛋白质的稳定同位素值与其所处环境和食物中的稳定同位素值密切相关[②]。

---

① 胡耀武：《古代人类食谱及其相关研究》，博士学位论文，中国科学技术大学，2002 年。
② 胡耀武、Michael P. Richards、刘武、王昌燧：《骨化学分析在古人类食物结构演化研究中的应用》，《地球科学进展》2008 年第 23 卷第 3 期，第 228—235 页；张雪莲：《碳十三和氮十五分析与古代人类食物结构研究及其新进展》，《考古》2006 年第 7 期，第 50—56 页。

2.4.3 C稳定同位素分析的原理

地球上有C的三种同位素：^{12}C、^{13}C和^{14}C。^{14}C为放射性同位素，^{12}C、^{13}C为稳定同位素，通常都以CO和CO_2的形式存在于自然界中。植物在利用CO_2进行光合作用时优先吸收由^{12}C构成的CO_2，使得在此过程中植物体内的C同位素与大气中的C同位素发生分馏。

具体来讲，绿色植物固定CO_2的途径可分为C_3（Calvin）、C_4（Hatch-Slack）和CAM（景天酸代谢）途径。大气中的CO_2与多数植物叶绿体中的1,5-二磷酸核酮糖在1,5-磷酸核酮糖羧化酶—合酶的催化作用下形成两个3-磷酸甘油酸分子。3-磷酸甘油酸再经一系列过程被合成葡萄糖。由于在合成葡萄糖过程中先形成3-磷酸甘油酸，其为三碳化合物，故称此途径为C_3途径，即Calvin途径。代表性植物有水稻、灌木、草等一些适于温和或阴凉环境的植物，其$\delta^{13}C$值分布范围从-34.0‰到-22.0‰，平均值为-26.5‰[1]。

另外一些植物，如玉米、小麦以及在高温和太阳辐射较强区域生长的甘蔗和一些草等，其固定CO_2主要依靠磷酸烯醇式丙酮酸与CO_2在磷酸烯醇式丙酮酸羧化酶作用下生成草酰乙酸，再由草酰乙酸形成葡萄糖。这种草酰乙酸是一种四碳化合物，故把此途径称为C_4途径，即Hatch-Slack途径，其$\delta^{13}C$值分布范围从-16.0‰到-9.0‰，平均值为-12.5‰[2]。

此外还有一类CAM植物，为依靠景天酸代谢途径的植物，多

---

[1] 郭怡：《稳定同位素分析方法在探讨稻粟混作区先民（动物）食物结构中的运用》，浙江大学出版社2013年版。

[2] 张国文：《拓跋鲜卑汉化过程中生业模式转变的C、N、S稳定同位素分析》，博士学位论文，中国科学院研究生院，2011年。

为多浆液植物。在夜间通过开放的孔吸收 CO_2，借助 PEP 羧化酶与磷酸烯醇式丙酮酸结合形成草酰乙酸，在苹果酸脱氢酶（NADPH）作用下还原成苹果酸，进入液泡并累计变酸（pH5—3）。第二天光照后苹果酸从液泡中转运回细胞质和叶绿体中脱羧，释放 CO_2 被 RuBP 吸收形成碳水化合物。这类植物包括菠菜、甜菜等人们食谱中的非主要粮食食物，分馏系数则介于 C_3 和 C_4 植物之间，其 $\delta^{13}C$ 值平均值为 -17‰[1]。

不同类型植物的 $\delta^{13}C$ 差异在食物链中一直存在并沿营养级传递，营养级间的富集作用几乎可以忽略不计。因此在理想状态下，纯以 C_3 类植物为食的人（动物）其骨胶原中的 $\delta^{13}C$ 平均值应约为 -21.5‰，纯以 C_4 类植物为食的人（动物）其骨胶原中的 $\delta^{13}C$ 平均值相应约为 -7.5‰。因此，根据先民骨胶原中的 $\delta^{13}C$ 值可以反映个体生前一段时间内的植物类食物的相关信息。

2.4.4　N 稳定同位素分析的原理

99% 的 N 是以大气 N_2 或溶解在海洋中的 N_2 的形式存在，只有少部分的 N 以多种价态的形式与其他元素结合形成不同的化合物，形成不同的 N 源。生物利用不同来源的 N 造成了 N 在生物圈中的同位素分馏[2]。

由于大气中的 N_2 具有很强的化学链能，因此其不能直接被生物所吸收，主要是需要很高的能量去破坏它。只有一些植物，主要是豆科植物，依靠与其共生于根部的根瘤菌可以直接把大气中的 N_2 转化为 NH_3，然后被植物吸收。一些藻类和菌类也可以直接转

---

[1]　张雪莲：《应用古人骨的元素、同位素分析研究其食物结构》，《人类学学报》2003 年第 22 卷第 1 期，第 75—84 页。

[2]　Craig H. "The geochemistry of the stable carbon isotopes". *Geochimica et Cosmochimica Acta*, Vol. 3, No. 2, 1953, pp. 53 – 92.

化大气中的 N_2，在这一过程中基本上没有同位素的分馏。豆科植物的 $\delta^{15}N$ 大约等于 0‰。其他植物则不能利用此途径来获取 N，必须利用从 N_2 转化而来的 NO_3 和 NH_4 盐来得到维持正常生理功能所需的 N。在 N 的转化过程中，N 同位素将发生分馏，产生了 $\delta^{15}N$ 的富集[1]。

与 C 同位素主要反映食物的种类相比，N 同位素比值在营养级间传递时存在明显的富集，因此更多地用以确定动物在食物链中的地位。研究表明，沿食物链的营养级每上升一级，$\delta^{15}N$ 值将富集 3‰—5‰，这意味着植食类动物比其所食的植物 $\delta^{15}N$ 值约富集 3‰—5‰，肉食类动物又比其摄取植食类动物的 $\delta^{15}N$ 值富集约 3‰—5‰。一般认为，植食类动物的 $\delta^{15}N$ 值约为 3‰—7‰，杂食类约为 7‰—9‰，食肉类常大于 9‰。食海生植物的动物 $\delta^{15}N$ 平均为 14.8‰±2.5‰。显然，通过人和动物骨中的 $\delta^{15}N$ 值就可判断其肉食资源和营养级级别[2]。

2.4.5　C、N 稳定同位素分析在考古研究中的应用

稳定同位素分析方法自 20 世纪 70 年代末应用于古食谱研究以来，不断发展，并逐渐成为当今古代蛋白质研究最为成熟、应用最为广泛的领域之一，在食物采集与人类进化、植物栽培与农业起源和发展、动物驯养与畜牧业起源和发展、食物结构与社会等级和发展、古环境与人类（动物）的迁徙等方面均取得了丰硕的成果（图 2.3）。

---

[1] De Niro M J, Epstein S. "Influence of diet on the distribution of nitrogen isotopes in animals", *Geochimica et Cosmochimica Acta*, No. 45, 1981, pp. 341–351.

[2] Hedges R E M, Reynard L M. "Nitrogen isotopes and the trophic level of humans in archaeology", *Journal of Archaeological Science*, Vol. 34, No. 8, 2007, pp. 1240–1251.

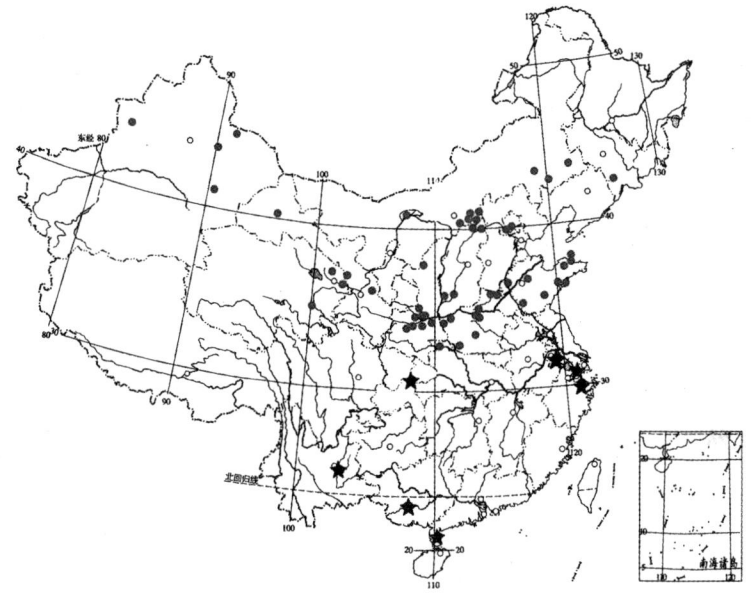

图 2.3 当前国内开展古食谱研究的考古遗址点示意图

(截止到 2013 年 4 月公开发表的研究论文)

注:圆点为北方地区遗址,五星为南方地区遗址

2.4.5.1 食物采集与人类进化

农业起源以前,先民对食物的获取全部依靠狩猎、渔猎、采集等活动。通过对早期人类的食谱进行重建,可以研究先民对食物的采集和利用状况,进而探索先民的狩猎、渔猎、采集发展状况乃至自身进化历程。胡耀武先生对旧石器时代周口店田园洞等遗址(40kBP)先民(动物)骨骼的 C、N 和 S 同位素进行了测定,得出我国境内早期现代人已经开始食用淡水鱼类的结论,引起了国内外学者的关注[①]。

---

① Yaowu Hu, Hong Shang, Haowen Tong, et al. "Stable isotope dietary analysis of the Tianyuan 1 early modern human". *Proceedings of the National Academy of Sciences of the United States of America*, Vol. 106, No. 27, 2009, pp. 10971 - 10974.

2.4.5.2 植物栽培与农业起源、发展

农业起源以后，先民对食物的获取由全部依靠狩猎、渔猎、采集逐渐过渡到主要依靠植物栽培和农业收获。因此，对农业产生以后人类的食谱进行重建可以了解先民对于植物的栽培利用状况以及探索农业的起源和发展历程。20世纪70—80年代，国外学者首先开展了玉米在美洲先民食谱中的研究，开拓了利用先民的骨胶原稳定同位素重建古食谱并开展农业研究的先例，随后相关的研究工作在世界各地开展。在我国，蔡莲珍、仇士华等学者首先对中国考古遗址出土的人骨和动物骨骼的 C 同位素进行测试和分析，得出了至少从新石器时代以来中国北方就以小米种植为主，中国南方以稻米种植为主的结论[①]。此后，胡耀武、张雪莲、吴小红、张全超等学者在我国许多遗址展开了人骨和动物骨的 C、N 稳定同位素分析工作，对旧石器时代晚期至历史时期不同年代、不同地域先民的食谱进行重建，并与植物考古、环境考古的研究成果相结合，对中国大陆地区农业起源和发展的研究作出了重要贡献[②]。

2.4.5.3 动物驯养与畜牧业起源、发展

随着生产力的发展，人类开始对特定种类的动物进行驯化，其中一个很重要的手段就是改变野生动物的进食方式，通过人工饲养进行动物驯化。结合动物考古学的研究成果，通过动物的食谱重建，比较家养与野生动物之间的饮食方式差异，探讨古代动物的驯化与喂养情况，逐渐成为学术界的研究热点。胡耀武等学者通过对

---

① 蔡莲珍、仇士华:《碳十三测定和古代食谱研究》,《考古》1984年第10期,第949—955页。

② 胡耀武、何德亮、董豫、王昌燧、高明奎、兰玉富:《山东滕州西公桥遗址人骨的稳定同位素分析》,《第四纪研究》2005年第25卷第5期,第561—567页；张雪莲、仇士华、钟健、赵新平、孙福喜、程林泉、郭永淇、李新伟、马萧林:《中原地区几处仰韶文化时期考古遗址的人类食物状况分析》,《人类学学报》2010年第29卷第2期,第197—207页；张全超、朱泓、胡耀武、李玉中、曹建恩:《内蒙古和林格尔县新店子墓地古代居民的食谱分析》,《文物》2006年第1期,第87—91页。

小荆山遗址、月庄遗址、通化万发拨子遗址中出土的猪骨进行C、N稳定同位素分析，判断家猪和野猪食物结构的差异，进而探讨了驯化初期的家猪起源过程[①]。吴小红等学者对河南新砦遗址出土人骨和猪骨的稳定同位素进行了对比分析，揭示了猪经人工喂养后猪骨稳定同位素比值的特征和规律[②]。随后，管理、郭怡、陈相龙、侯亮亮等学者对一系列考古遗址中出土的动物进行食谱分析，探讨了人与动物之间的关系，这些研究对于探讨动物驯养与畜牧业起源、发展起到了巨大的推动作用[③]。

2.4.5.4 食谱差异与社会等级

传统观点认为，在某一时期的社会中，个体的身份等级越高，对肉食资源的获取就越容易，食物结构中肉类蛋白的比重也就越大，反映在其骨胶原的稳定同位素当中，这些个体的 $\delta^{15}N$ 值相对较高。依据这一原理，N稳定同位素的分析也可以帮助考古学家来判断人群的社会等级差异。例如，美国学者Ambrose对北美密西西比时期Mound 72 遗址出土人骨[④]、齐乌云等学者对山东沭河上游出土人骨[⑤]、凌雪等学者对陕西凤翔孙家南头墓地的秦人和殉人[⑥]、

[①] 管理、胡耀武、汤卓炜、杨益民、董豫、崔亚平、王昌燧：《通化万发拨子遗址猪骨的C、N稳定同位素分析》，《科学通报》2007年第52卷第14期，第1678—1680页。

[②] 吴小红、肖怀德、魏彩云、潘岩、黄蕴平、赵春青、徐晓梅、Nives Ogrinc：《河南新砦人、猪食物结构与农业形态和家猪驯养的稳定同位素证据》，《科技考古》第二辑，科学出版社2007年版，第49—58页。

[③] 陈相龙、袁靖、胡耀武、何驽、王昌燧：《陶寺遗址家畜饲养策略初探：来自碳、氮稳定同位素的证据》，《考古》2012年第9期，第75—82页。

[④] Ambrose S H, Buikstra J, Krueger H W. "Status and gender differences in diet at Mound 72, Cahokia, revealed by isotopic analysis of bone." *Journal of Anthropological Archaeology*, Vol. 22, No. 3, 2003, pp. 217–226.

[⑤] 齐乌云、王金霞、梁中合、贾笑冰、王吉怀、苏兆庆、刘云涛：《山东沭河上游出土人骨的食性分析研究》，《华夏考古》2004年第2期。

[⑥] 凌雪、陈靓、田亚岐：《陕西凤翔孙家南头秦墓出土人骨中C和N同位素分析》，《人类学学报》2010年第29卷第1期，第55—61页。

王宁等学者对河南郑州小双桥遗址出土的人骨[①]、侯亮亮等对河南鹤壁刘庄墓地出土人骨[②]进行的C、N稳定同位素分析,并且配合墓葬等级和遗迹现象等对不同人群的社会等级差异开展了有益探讨。

2.4.5.5 古环境与人类(动物)的迁徙

人类对食物的获取,无论是渔猎、采集还是农耕、畜牧,都可以反映其所处地域的植被状况、生态环境、气候条件等自然因素。如,C_3和C_4植物比例的变化可在一定程度上反映当地植被情况的变化乃至环境变化。因此,先民主要栽培的农作物类型及其变化可以反映当地自然环境尤其是气候状况的变化。

综上所述,对先民和动物骨骼中骨胶原的C、N稳定同位素分析,可以直接重建个体的食物结构和其所处的环境背景,探索食物采集与人类进化、农业起源与发展、动物驯养和畜牧业的发展等问题,结合其他研究手段,开展个体的社会等级、古环境变迁、人类和动物的迁徙研究等方面的研究。稳定同位素分析在考古学研究中的应用必将越来越广。

---

① 详见本书第五章。
② Liang liang Hou, Yaowu Hu, Xinping Zhao, et al. "Human subsistence strategy at Liuzhuang site, Henan, China during the proto-Shang culture (~2000-1600BC) by stable isotopic analysis." *Journal of Archaeological Science*, Vol. 40, No. 5, 2013, pp. 2344-2351.

第 三 章

年代标尺与文化传统

3.1 二里冈文化向殷墟文化过渡阶段的分期年代

分期年代是考古学研究的基础。小双桥遗址的主体堆积年代为白家庄期，还发现有部分年代略晚于白家庄期的文化遗存[1]。由于本研究将涉及二里冈文化向殷墟文化过渡阶段的文化背景，故需要对二里冈文化向殷墟文化过渡阶段的考古学分期年代进行梳理。

3.1.1 商文化分期年代序列

1980 年，邹衡先生公布了全面系统的商文化分期年代序列，将商文化分为三期七段 14 组[2]（图 3.1）。"商文化早商期第三段第Ⅵ组"即"白家庄期"，为郑州地区作为商王朝核心区的最后阶段，至"商文化早商期第四段第Ⅷ组"，包括洹北商城在内的殷墟遗址群已成为商王朝的都邑，直至帝辛失国。"商文化早商期第四段第Ⅶ组"是衔接郑州商文化（郑州商城及小双桥遗址的主体堆积）与安阳商文化（洹北商城及殷墟遗址的主体堆积）的关键阶段。

---

[1] 河南省文物考古研究所：《郑州小双桥：1990—2000 年考古发掘报告》，科学出版社 2012 年版。

[2] 邹衡：《试论夏文化》，《夏商周考古学论文集》，文物出版社 1980 年版。

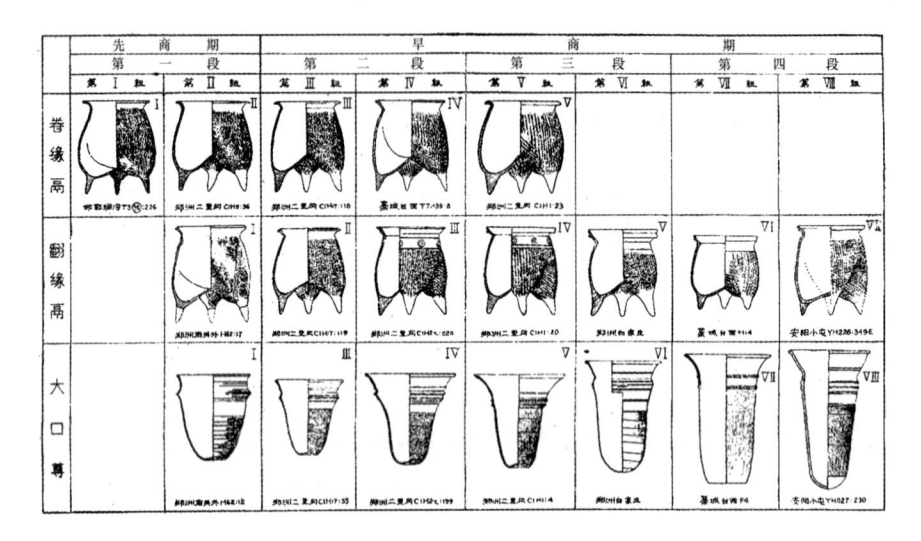

图3.1　商文化第一、二期断代标准陶器图（邹衡，1980）

陶鬲是商文化陶器群的核心器类，最为常见且形制变化最为显著。第Ⅵ组的陶鬲方唇甚宽，上翻下勾，颈部饰二道旋纹，腹部通常饰粗绳纹，所饰绳纹不越过颈部旋纹，高裆，高锥足。第Ⅶ组的陶鬲方唇稍窄，上翻下勾程度不及此前，颈部饰一道旋纹，腹部所饰绳纹略越过颈部旋纹，裆部稍矮，锥足稍粗矮。总之，第Ⅵ组与第Ⅶ组陶鬲在形制上的差异主要体现在口部、裆部及实足根的变化。

二里冈文化陶鬲的变化特征主要体现在口部的变化及绳纹的粗细。绳纹由细变粗的变化特征自不待言，口部的变化特征更容易把握，是二里冈文化陶鬲在时代特征方面最精准的标尺。对此，邹衡先生曾敏锐指出："前4种（A型、AB型、B型和B1型——引者注）的特征是很相似的，仅在口部有显著的变化。"[①]

[①] 邹衡：《试论郑州新发现的殷商文化遗址》，《夏商周考古学论文集》，文物出版社1980年版。

殷墟文化的陶鬲并不强调口部的变化和绳纹的粗细。尽管陶鬲仍然流行方唇作风，但宽度已不如前，且不再下勾，口缘上翻，沿面下凹为槽（与二里冈文化深腹罐口缘相似）。殷墟文化的陶鬲变化特征主要体现在器体、裆部和实足根的变化，器体由长方体演变为扁体，裆部由高变矮至近平，实足根由高瘦变矮粗最终消失①。

可见，二里冈文化的陶鬲变化特征主要体现在口部和绳纹的变化，殷墟文化的陶鬲变化特征主要体现在器体、裆部及实足根的变化。第Ⅵ组与第Ⅶ组陶鬲形制特征的变化是商文化的陶鬲从强调口部和绳纹变化向强调器体、裆部和实足根变化的关键转折点。这一重大转变的背后是商王朝的统治中心从郑州地区向冀南豫北地区迁移的重大历史背景。

3.1.2 安阳地区二里冈文化向殷墟文化过渡阶段的分期年代

囿于材料局限，邹衡先生列举的第Ⅵ组典型单位主要分布于郑州商城，"以郑州白家庄商代上层、房基 G10、商城北墙陶器墓 CNM5、铜器墓 M2 为代表"②，第Ⅶ组典型单位主要分布于藁城台西商代遗址，"以河北藁城台西商代中期为代表，以房基 F6 和墓葬 M14 为典型单位"③。小双桥遗址是目前发现的第Ⅵ组规模最大、规格最高的都邑级聚落，该遗址的发掘对于了解第Ⅵ组的文化面貌提供了丰富材料。随着邢台和安阳地区考古材料的日益丰富，第Ⅶ组的文化面貌也愈发清晰起来。

这里需要重点讨论的是安阳地区的第Ⅵ组和第Ⅶ组。安阳地区的第Ⅵ组可细分为早、晚两段，早段以西郊乡 H3④ 为代表，晚段

---

① 邹衡：《试论殷墟文化分期》，《夏商周考古学论文集》，文物出版社1980年版。
② 邹衡：《试论夏文化》，《夏商周考古学论文集》，文物出版社1980年版。
③ 同上。
④ 西郊乡 H3 材料来源：侯卫东：《试论漳洹流域下七垣文化的年代和性质》，《早期夏文化与先商文化研究论文集》，科学出版社2012年版。

以洹北商城H7[①]为代表（图3.2）。洹北商城H8[②]可作为安阳地区第Ⅶ组的典型单位。

小双桥00VH60开口于第④A层下，所出陶器数量较多，器类丰富，是小双桥遗址第Ⅵ组的典型单位之一。西郊乡H3所出陶鬲H3：26宽方唇、沿面饰一道旋纹、束颈、颈部饰二道旋纹的特征与小双桥00VH60：99相同，深腹罐H3：10方唇、折沿、鼓腹、平底、腹部饰纵向粗绳纹的特征与小双桥00VH60：69相同，簋H3：44浅腹外鼓的特征与小双桥00VH60：11相同，真腹豆H3：19圆唇、窄沿、鼓腹的特征与小双桥00VH60：65相同，深腹盆H3：4宽折沿、颈部饰数周旋纹的特征与小双桥00VH60：101相同，瓮H3：42圆唇、矮领、颈部以下饰绳纹的特征与小双桥00VH60：74相同，可知西郊乡H3与小双桥遗址主体堆积的偏早阶段大体相当，陶器形制和组合受到了来自都邑聚落小双桥遗址的影响。

小双桥遗址主体堆积的偏晚阶段已不再是商王朝的都邑。《史记·殷本纪》载："帝中丁迁于隞，河亶甲居相，祖乙迁于邢"，关于相都与邢都的地望，史家多指向冀南豫北地区。洹北商城H7所出陶鬲、深腹盆、浅腹盆和尊的形制特征与西郊乡H3所出器物基本相同，但陶鬲H7：7的束颈特征已不如前，具有冀南豫北地区的地方特征。由于二里冈文化的陶器形制和组合具有由中心都邑向周边地区扩张的"一元化"特征[③]，地方特征的出现表明商王朝此时的都邑已迁至冀南豫北地区。

---

① 中国社会科学院考古研究所安阳工作队：《河南安阳市洹北商城的勘查与试掘》，《考古》2003年第5期。

② 同上。

③ 秦小丽：《中国初期王朝国家形成过程中的地域关系——二里头、二里岗时代陶器动态研究》，《古代文明》第2卷，文物出版社2003年版。

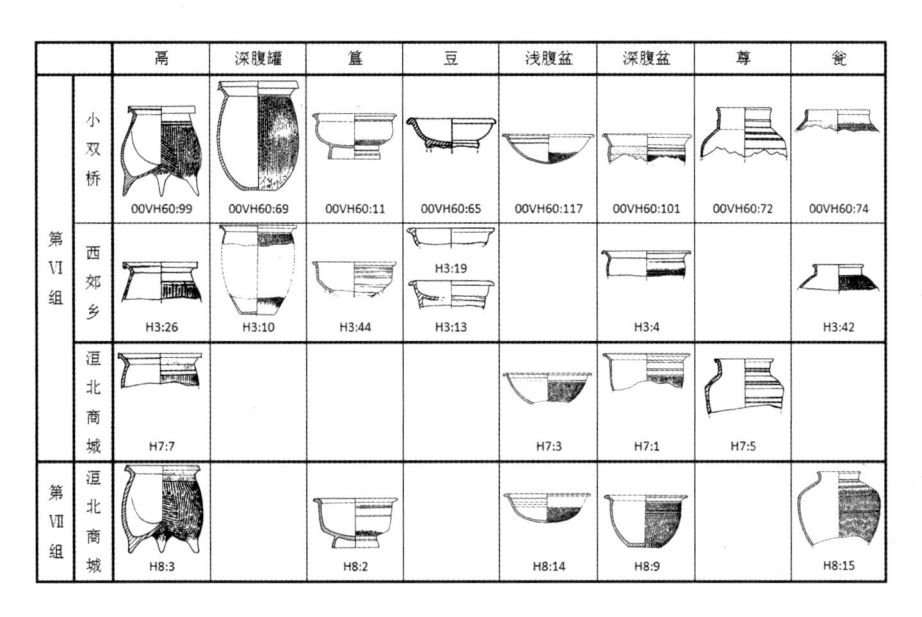

图 3.2 第Ⅵ组与第Ⅶ组陶器对比

洹北商城H7与H8相距仅1.2米，两者所出陶器形制差异显著（图3.2）。洹北商城H7所出陶鬲H7：7肩部饰二道旋纹，腹部所饰绳纹不越过肩部旋纹，H8所出陶鬲的肩部多饰一道旋纹，腹部所饰绳纹略越过旋纹；洹北商城H7所出深腹盆H7：1上腹部仅饰旋纹不饰绳纹，H8所出深腹盆H8：9的绳纹越过旋纹至折沿下；洹北商城H7所出浅腹盆H7：3鼓腹却不下垂，H8所出浅腹盆H8：14出现了明显的垂腹现象；洹北商城H8所出陶簋H8：2相比第Ⅵ组的陶簋腹部明显加深。可见，洹北商城H8已具备第Ⅶ组的典型特征。

综上可知，第Ⅵ组早段的西郊乡H3所出器物形制和组合受到来自都邑聚落小双桥遗址的影响，年代大体相当于商王仲丁、外壬在位时期。第Ⅵ组晚段的洹北商城H7所出陶鬲出现冀南豫北地区的地方特征，表明此时商王朝的都邑已迁至冀南豫北地区，年代应不早于商王河亶甲在位时期。第Ⅶ组的洹北商城H8

所出陶器的地方风格更为凸显，考虑到器物形制的变化需要一定的时间，加之商王河亶甲在位时间较短①，推测洹北商城H8的年代已相当于邢都诸王在位时期。安阳地区二里冈文化向殷墟文化过渡阶段分期年代的进一步完善，为本研究提供了较为精细的年代标尺。

3.1.3 小双桥遗址二里冈文化向殷墟文化过渡阶段的分期年代

相比安阳地区，郑州地区自二里冈文化向殷墟文化过渡阶段的考古材料较少，文化面貌的转变过程尚不十分清晰。尽管如此，仍可根据小双桥遗址的少量材料对其分期年代进行初步探讨（图3.3）。

00ⅤH60开口于第④A层下，是小双桥遗址第Ⅵ组的典型单位之一，出土陶器的种类丰富、数量较多。尽管小双桥遗址的主体堆积年代为第Ⅵ组，却也存在少量晚于第Ⅵ组的遗迹单位，开口于第③层下的99ⅨH23便是年代晚至第Ⅶ组的典型单位之一。

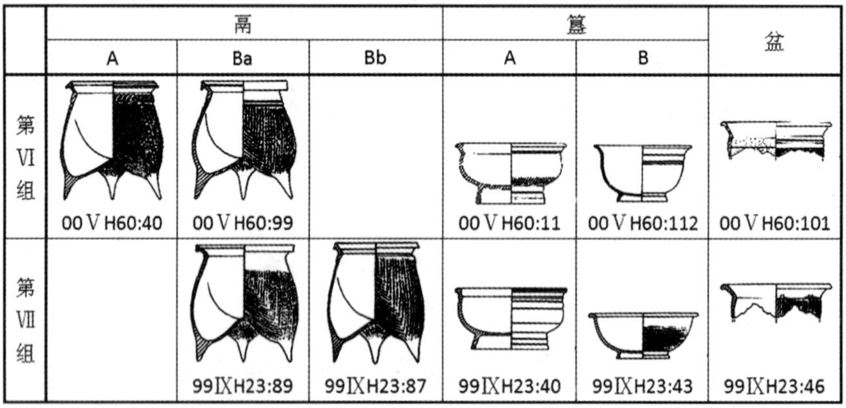

	鬲			簋		盆
	A	Ba	Bb	A	B	
第Ⅵ组	00ⅤH60:40	00ⅤH60:99		00ⅤH60:11	00ⅤH60:112	00ⅤH60:101
第Ⅶ组		99ⅨH23:89	99ⅨH23:87	99ⅨH23:40	99ⅨH23:43	99ⅨH23:46

图3.3 小双桥遗址第Ⅵ组与第Ⅶ组陶器对比

---

① 《今本竹书纪年》："九年，陟。"供参考。

99ⅨH23所出陶鬲99ⅨH23：89尽管颈部留白，却不见第Ⅵ组最流行的两道旋纹，陶鬲99ⅨH23：87颈部已不留白，绳纹饰至折沿以下。陶鬲99ⅨH23：89和99ⅨH23：87的方唇较窄，与第Ⅵ组流行的宽方唇明显不同，锥足外撇尚属二里冈文化特征，但相比第Ⅵ组流行的瘦高锥足已稍变粗矮。唇部、颈部和实足根的变化都显示出99ⅨH23所出陶鬲与第Ⅵ组陶鬲的显著差别，反而符合第Ⅶ组陶鬲的特征。陶簋99ⅨH23：40腹部更深的特征与第Ⅵ组差异明显，却与第Ⅶ组陶簋洹北H8：2相同。陶簋99ⅨH23：43为浅腹盆添加圈足而成，腹部下鼓的特征与第Ⅵ组的浅腹盆不同，却与第Ⅶ组浅腹盆洹北商城H8：14相同。深腹盆99ⅨH23：46绳纹饰至折沿下的特征也与第Ⅵ组深腹盆颈部饰旋纹的特征不同，却与洹北商城所出第Ⅶ组深腹盆H8：9相同。由此可见，从器物形制和组合方面都表明99ⅨH23的年代为第Ⅶ组，年代晚于第Ⅵ组。需要指出的是，小双桥99ⅨH23中同时出有相当数量的第Ⅵ组陶片，此现象固然存在早期遗物混入的可能，但同样存在第Ⅵ组特征的器物（特别是非典型器类）沿用至第Ⅶ组的可能。

还需要重点讨论的是小双桥遗址的第Ⅵ组遗存是否可以细分为早、晚两段的问题。发掘者曾根据1990年的发掘材料将小双桥遗址的商文化遗存分为两段，但在随后的发掘报告中放弃了此前的分段，指出"从典型器物的演变轨迹来看，陶器群组合从早到晚的变化并不大，而且这种组合关系在层位上相对早晚的遗迹单位中同时伴出"[①]。前文将安阳地区的第Ⅵ组分为早、晚两段，其中早段的陶器特征与小双桥遗址00ⅤH60陶器群基本相同，但至晚段的陶鬲束颈程度已不如前，这是由于商王朝统治中心迁至冀南豫北地区之后，二里冈文化适应当地文化特征的物化表现。尽管有相当数量的

---

① 河南省文物考古研究所：《郑州小双桥：1990—2000年考古发掘报告》，科学出版社2012年版。

人群跟随商王朝统治中心迁离小双桥遗址，但是此地并未变为无人区，此时商文化核心区的豫北冀南地区与失去都邑地位的郑州地区已走上了不同的物质文化发展轨迹。作为昔日的都邑聚落，本地典型的二里冈文化陶器群并不涉及适应豫北冀南地区地方文化特征的问题。99ⅨH23 所出第Ⅶ组器物已可见到来自冀南豫北地区的影响，但仍然有相当数量的第Ⅵ组特征陶片共出，推测在相当于以安阳西郊乡 H3 为代表的第Ⅵ组晚段时，小双桥遗址可能仍然延续着以小双桥遗址 00ⅤH60 为代表的陶器群面貌。从文化发展的多元轨迹考虑，小双桥遗址的第Ⅵ组遗存可能难以从陶器形制和组合层面分出早、晚阶段，但根据遗址堆积的形成过程仍可将其分为主体堆积的偏早阶段和偏晚阶段，偏早阶段大体与第Ⅵ组早段对应，偏晚阶段大体与第Ⅵ组晚段相对应，年代下限可至第Ⅶ组。在小双桥遗址Ⅴ区的第④A 层中也出有少量第Ⅶ组特征的陶鬲（图 6.21），同样表明小双桥遗址主体堆积偏晚阶段的年代下限可至第Ⅶ组。

3.2 "漳河·二里冈"文化系统的岳石文化风格器物

文化传统的确定是研究考古学文化之间关系的前提。漳河型先商文化在到达郑州之前便已包含少量具有岳石文化特征的器物，在二里冈下层时期的郑州商城也发现有包含岳石文化风格器物的文化遗存。对于"漳河·二里冈"文化系统中此类器物的系统梳理，有助于更好地理解小双桥遗址所出岳石文化风格器物的考古学文化背景。

3.2.1 杞县鹿台岗 H39

分布于冀南豫北的漳河型先商文化被认为是二里冈文化的重要

来源之一①。漳河型先商文化"沿着地介鲁西南岳石文化和豫北淇河—黄河之间的辉卫型文化交界地带的濮阳—浚县—滑县—长垣—杞县这一'通道'南下而来"②，到达毗邻岳石文化的豫东地区。

杞县鹿台岗H39为该遗址发现的漳河型先商文化最重要的典型单位③。薄胎卷沿鬲和橄榄形深腹罐是漳河型先商文化的代表性炊煮器，在鹿台岗H39中分别占到了器类比例的16.04%和14.15%，岳石文化特征的夹粗砂罐或甗仅占2.83%。可见，鹿台岗H39阶段的漳河型先商文化仅受到了少量岳石文化的影响。

3.2.2　二里冈文化形成之际的郑州商城

年代略晚于鹿台岗H39，郑州地区出现了两类面貌相对特殊的文化遗存，一类分布于郑州商城内城东北部的黄委会④、河务局⑤和北大街⑥等地，另一类分布于郑州商城内城南部的化工三厂⑦、电力学校⑧以及内城以外的南关外⑨。

在郑州商城内城修建之前，内城东北部所在区域即已存在一处二里头文化聚落，是郑州商城遗址范围内二里头文化遗存发现最丰富的区域。黄委会青年公寓在二里头文化第三期时即已出现人群活

---

① 邹衡：《试论夏文化》，《夏商周考古学论文集》，文物出版社1980年版。
② 郑州大学文博学院、开封市文物工作队：《豫东杞县发掘报告》，科学出版社2000年版。
③ 同上。
④ 河南省文物研究所：《郑州黄委会青年公寓考古发掘报告》，《郑州商城考古新发现与研究》，中州古籍出版社1993年版；河南省文物考古研究所：《河南郑州商城宫殿区夯土墙1998年的发掘》，《考古》2000年第2期。
⑤ 河南省文物考古研究所：《郑州商城新发现的几座商墓》，《文物》2003年第4期。
⑥ 河南省文物考古研究所：《郑州商城北大街商代宫殿遗址的发掘与研究》，《文物》2002年第3期。
⑦ 河南省文物考古研究所郑州工作站：《郑州化工三厂考古发掘简报》，《中原文物》1994年第2期。
⑧ 河南省文物研究所：《郑州电力学校考古发掘报告》，《郑州商城考古新发现与研究》，中州古籍出版社1993年版。
⑨ 河南省博物馆：《郑州南关外商代遗址的发掘》，《考古学报》1973年第1期。

动留下的文化遗存，至二里头文化第四期早段仍然保持相对单纯的二里头文化特征，以青年公寓 H63 为典型单位。根据墓葬登记表，黄委会青年公寓发现的 6 座墓葬（其中的 M3 实为祭祀坑）皆开口于第⑥层下。M6 墓主为男性，随葬的陶豆为二里头文化第四期典型形制，墓葬随葬陶豆属于二里头的文化传统，推测 M6 的年代尚属于二里头文化第四期早段。M1、M2、M4 和 M5 均无随葬品且墓主均为女性，可知这批人的社会地位较低。根据已发表材料中公布器物线图者，面貌相似的文化遗存亦发现于黄委会一号高层住宅楼①、北大街②、市银行家属院、回民中学和商城北墙下③等地。

大体相当于二里头文化第四期晚段时，郑州商城内城东北部发现的一批重要遗存。从陶器群层面看，在二里头文化陶器群的基础上，出现了鲜明的漳河型先商文化形制器物。这些新出现的器型来自豫东，橄榄形深腹罐、薄胎卷沿鬲、大口尊④、细泥鼓腹盆等器型均可在杞县鹿台岗 H39⑤中找到形制几乎完全相同者（图 3.4）。

在郑州商城内城东北部，黄委会出现夯土墙⑥，北大街出现北偏东方向的夯土建筑基址⑦，河务局出现随葬铜鬲的高规格墓葬⑧。

---

① 河南省文物考古研究所：《河南郑州商城宫殿区夯土墙 1998 年的发掘》，《考古》2000 年第 2 期。

② 河南省文物考古研究所：《郑州商城北大街商代宫殿遗址的发掘与研究》，《文物》2002 年第 3 期。

③ 河南省文物考古研究所：《郑州商城：1953—1985 年考古发掘报告》，文物出版社 2001 年版。

④ 此型大口尊的特征明显不同于二里头文化的大口尊，应属漳河型先商文化自身特色的器型。

⑤ 郑州大学文博学院、开封市文物工作队：《豫东杞县发掘报告》，科学出版社 2000 年版。

⑥ 河南省文物研究所：《郑州黄委会青年公寓考古发掘报告》，《郑州商城考古新发现与研究》，中州古籍出版社 1993 年版；河南省文物考古研究所：《河南郑州商城宫殿区夯土墙 1998 年的发掘》，《考古》2000 年第 2 期。

⑦ 河南省文物考古研究所：《郑州商城北大街商代宫殿遗址的发掘与研究》，《文物》2002 年第 3 期。

⑧ 河南省文物考古研究所：《郑州商城新发现的几座商墓》，《文物》2003 年第 4 期。

第三章 年代标尺与文化传统 / 41

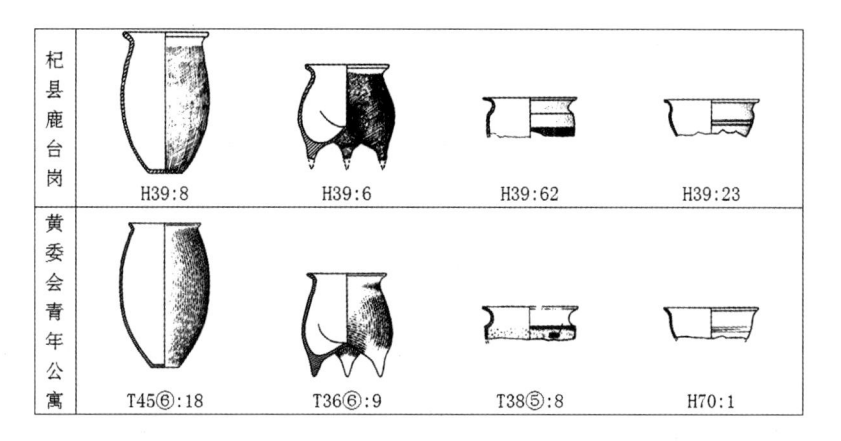

| 杞县鹿台岗 | H39:8 | H39:6 | H39:62 | H39:23 |
| 黄委会青年公寓 | T45⑥:18 | T36⑥:9 | T38⑤:8 | H70:1 |

图 3.4 黄委会青年公寓与杞县鹿台岗 H39 所出陶器对比

建筑及墓葬的北偏东方向被解读为"商人尊东北方位"的表现①，二里头文化的日常炊煮器以罐为主，鬲是商系文化最重要的日常炊煮器，陶鬲的铜器化显然具有非同寻常的特殊意义。夯土墙、夯土建筑和随葬铜鬲墓葬的出现昭示着新王朝的诞生②。黄委会、北大街和河务局所在区域在进入二里岗文化时期出现了数量更多的夯土建筑基址，被认为是宫殿区所在，居住于此的人群很有可能就是商王室。

与此同时，郑州商城存在另一类面貌特殊的文化遗存，突出特点反映在陶器群中的炊煮器通常具有近似岳石文化陶器的棕色特征，器物形制呈现出多种考古学文化有机融合特征，却缺乏二里头文化形制的炊煮器。

南关外位于郑州商城南部的内、外城之间，发现的遗存分为下层、中层和上层，其中以下层和中层最为重要。南关外下层的相对

---

① 杨锡璋：《殷人尊东北方位》，《庆祝苏秉琦考古五十五年论文集》，文物出版社1989年版；高炜、杨锡璋、王巍、杜金鹏：《偃师商城与夏商文化分界》，《考古》1998年第10期。

② 李伯谦：《商文化考古学编年研究中的两个问题》，《古代文明研究通讯》2012年第55期。

年代早于南关外中层，且相对单纯。南关外下层以郑州南关外 C5T87 和 C5T95 的第④层为典型单位。发掘者在南关外下层发现之初便已明确指出陶器群的"棕色"特征①，"砂质褐陶和泥质褐陶数量最多，约占 80% 以上"②。尽管河北藁城③和河南固始④也发现有类似的"棕色"陶器，但从文化分布的宏观态势上看，陶器群的"棕色"特征显然与岳石文化有关⑤。

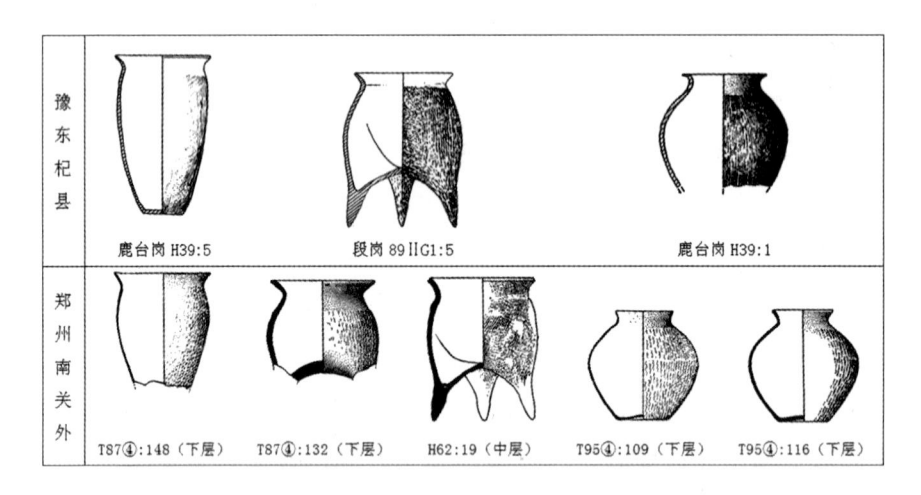

图 3.5　南关外与豫东杞县所出陶器对比

尽管陶色近似，南关外下层陶器群的器物形制却与岳石文化典型形制差异较大，反而与豫东发现的橄榄形深腹罐、外撇高锥足弧裆鬲、小口鼓腹绳纹罐的形制相似（图 3.5）。由于黄委会青年公

---

① 赵霞光：《郑州南关外商代遗址发掘简报》，《考古通讯》1958 年第 2 期。
② 河南省博物馆：《郑州南关外商代遗址的发掘》，《考古学报》1973 年第 1 期。
③ 河北省文物研究所：《藁城北龙宫商代遗址的调查》，《文物》1985 年第 10 期。
④ 安金槐：《对于郑州商代南关外期遗存的再认识》，《华夏考古》1989 年第 1 期。
⑤ 方辉：《"南关外期"先商文化的来龙去脉及其对夏、商文化断限的启示》，《华夏文明》第三集，文物出版社 1992 年版；栾丰实：《试论岳石文化与郑州地区早期商文化的关系——兼论商族起源问题》，《华夏考古》1994 年第 4 期；杜金鹏：《郑州南关外中层文化遗存再认识》，《考古》2001 年第 6 期。

寓以T45第⑥层为代表的一类遗存和南关外下层所出陶器均与鹿台岗H39所出者接近，推测两者的年代大体相当。但南关外下层陶器群缺乏圜底深腹罐、圆腹罐及扁足鼎等二里头文化形制炊煮器，在陶器群面貌上差异显著。

南关外下层所出部分陶器具有浓厚的岳石文化特征。陶甗T95④：108厚胎、细甗腰、萝卜形袋足仍属岳石文化特征，但器表所饰细绳纹受到了漳河型先商文化的影响，属于两类考古学文化特征的有机融合。陶甗T87④：142、陶罍T86④：52等个别器物与岳石文化所出者几乎完全相同。

整体上看，南关外下层陶器群的制作者掌握岳石文化制陶技术，却试图模仿漳河型先商文化的器物形制，吸收了辉卫文化陶器群的部分特征，还引进了二里头文化因素的陶爵，呈现出陶器群面貌的复杂特征。

化工三厂位于郑州商城内城南部，仅发现2座商代灰坑，以90：ZSC8Ⅳ区T2H1的年代较早且面貌特殊，与"南关外下层"陶器群具有一定的相似之处。化工三厂H1陶器群"陶色以棕红色为主，也有的呈桔红色、红褐色，这类陶器占出土物的60%以上……炊具以棕红色夹砂陶为主，多为三足器"[①]，包括漳河型先商文化形制的甗腰H1：3、鬲H1：2[②]，岳石文化特征的红陶罐H1：10[③]以及新创的鼎式鬲H1：1等（图3.6），主要呈现出漳河型先商文化

[①] 河南省文物考古研究所郑州工作站：《郑州化工三厂考古发掘简报》，《中原文物》1994年第2期。

[②] 王立新等学者认为化工三厂H1所出陶鬲H1：2、陶盆H1：6属于辉卫文化因素［王立新、胡保华：《试论下七垣文化的南下》，《考古学研究》（八），科学出版社2011年版］，但漳河型先商文化中可以见到时代特征早于化工三厂H1：2的同型陶鬲，此型陶鬲在辉卫文化中的出现时间较晚，应不是辉卫文化的固有因素。底部上凸的陶盆在二里头文化中也可见到，并非辉卫文化独有，陶盆H1：6未必来自辉卫文化。

[③] 简报介绍化工三厂H1：10为"泥质红陶"，尽管肉眼观察接近泥质陶，实际上应属夹细砂。夹细砂的红陶篮纹罐在郑州地区二里冈文化形成之际至二里冈下层一期较为常见，外壁通常可见明显的烟炱痕迹，应是炊煮器而非盛储器。

与岳石文化炊煮器的有机融合特征。鼎式鬲 H1∶1 与二里头遗址所出鼎式鬲 83YLⅢC∶1、87YLⅦH2∶1① 相似，后者的年代为二里头文化第四期晚段，可知化工三厂 H1 的年代大体相当于黄委会青年公寓 T45 第⑥层。

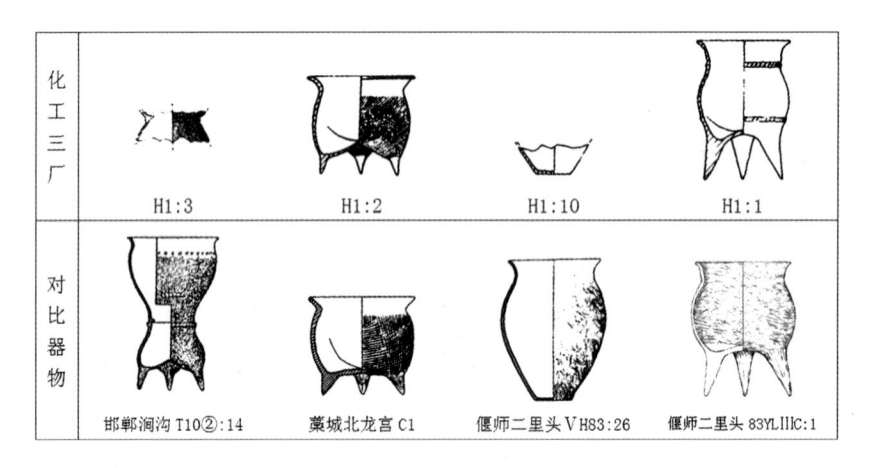

化工三厂	H1:3	H1:2	H1:10	H1:1
对比器物	邯郸涧沟 T10②:14	藁城北龙宫 C1	偃师二里头 VH83:26	偃师二里头 83YLⅢc:1

图 3.6　化工三厂 H1 所出炊煮器及对比器物

与南关外下层的情况相似，化工三厂 H1 所出炊煮器多为"棕色"，陶器形制却具有一定的复杂性，整体呈现出掌握岳石文化制陶技术者在陶器制作上向商文化的靠拢。化工三厂 H1 同样缺乏二里头文化形制的深腹罐、圆腹罐和扁足鼎等器类，尽管距离郑州商城内城东北部较近，却与黄委会附近发现的遗存呈现出文化面貌上的显著差异。

电力学校位于化工三厂以东约 500 米，靠近郑州商城内城的东城墙，两者均位于郑州商城内城南部，处于内城东北部的相对外围。电力学校 89ZDH6 所出陶鬲 H6∶19 圆唇、微卷沿、鬲足竖直，共出的还有漳河型先商文化特征的陶鬲 H6∶18、带花边的橄榄形

---

① 中国社会科学院考古研究所：《二里头陶器集粹》，中国社会科学出版社 1995 年版。

深腹罐 H6∶46 和岳石文化特征的红陶篦纹罐 H6∶70 等（图 3.7）。电力学校 H6 陶器群的器类丰富，陶系中"棕色"陶器所占比例相比"南关外下层"和化工三厂 H1 有所下降，陶器群的时代特征已接近二里冈下层 C1H9。

需要重点关注的是电力学校 H6 所出陶甗（图 3.7）。陶甗 H6∶20 褐陶、厚胎、饰杂乱绳纹为岳石文化特征，器物形制却与岳石文化陶甗相去甚远，鬲部模仿漳河型先商文化，甑部是南关外所出陶斝上部的"放大版"，腰隔又受到了漳河型先商文化的影响。陶甗 H6∶53、H6∶54 的甑部已与二里冈文化典型形制陶甗相同，甗腰的附加堆纹和腰隔为漳河型先商文化特征，鬲部却为"弧裆"，与南关外所出弧裆鬲近似。电力学校 H6 所出陶甗仍然保持一定的岳石文化特征，或许与二里冈文化中陶甗并不发达有关。

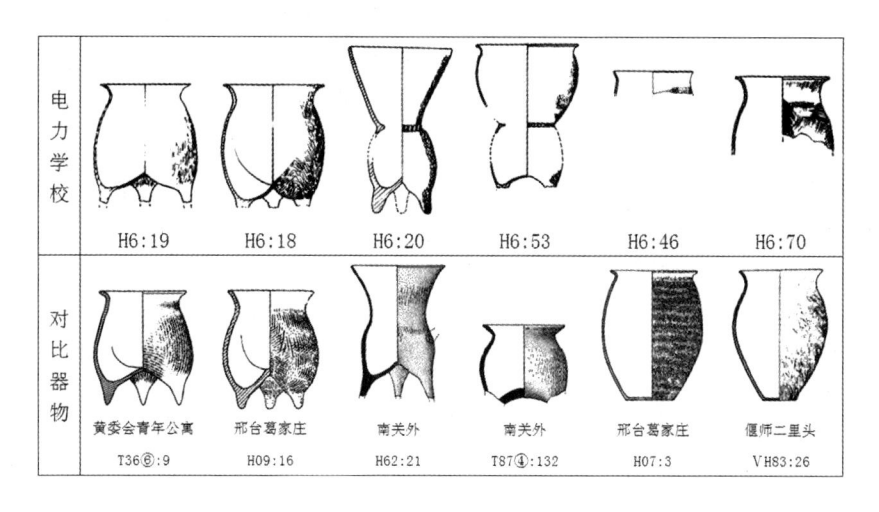

图 3.7　电力学校 H6 所出陶器及对比器物

电力学校 H6 的年代已接近南关外中层 H62，两者在陶器群面貌方面具有明显的相似性，一方面表现在炊煮器受到商文化的强烈影响，另一方面又在陶甗等器类上保留有岳石文化的特征。

3.2.3 二里冈下层 C1H9 至二里冈上层 C1H1 阶段的郑州商城

二里冈文化的典型面貌在二里冈下层 C1H9 阶段已初步形成，但同时期的遗迹单位中仍然存在陶质炊煮器的多样化特点，以南关外 C5H62①为代表，呈现出南关外下层特征陶器与二里冈下层陶器的复合特征（图 3.8）。陶鬲 H62：18 与二里冈下层 C1H9：36 特征相同。该坑出有延续南关外下层特征的陶鬲 H62：19 和陶斝 H62：21，但已受到了二里冈文化的影响。该坑甚至出有岳石文化典型形制的陶盆 H62：15。陶器群的组合特征延续了南关外下层的特点，但二里冈文化典型形制陶器的数量已增多。

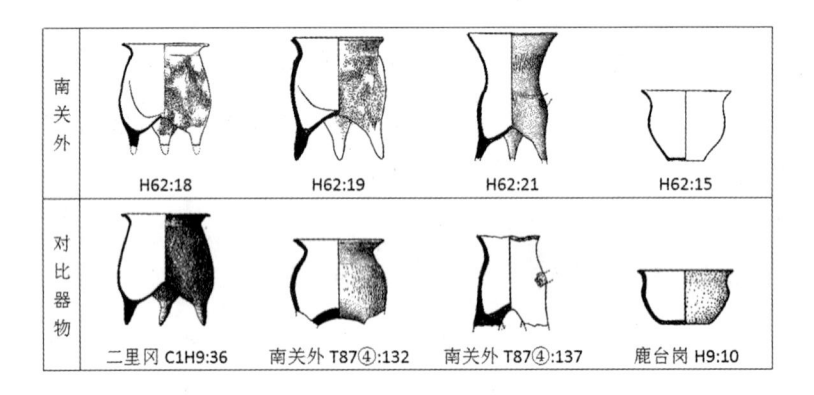

图 3.8 南关外 H62 所出陶器及对比器物

学界已注意到二里冈下层 C1H9 和 C1H17 之间可再划分出一个文化发展阶段，以铭功路东 H3②为典型单位。铭功路东 H3 所出陶鬲、斝、深腹罐等为二里冈文化典型形制，但陶甗的形制多样（图 3.9）。陶甗 H3：4 延续了漳河型先商文化的典型形制；H3：92 褐陶、甑部斜直外侈的特征与电力学校 H6：20 相似；H3：45 甑部外鼓的特征已

---

① 河南省博物馆：《郑州南关外商代遗址的发掘》，《考古学报》1973 年第 1 期。
② 郑州市文物考古研究所：《郑州市铭功路东商代遗址》，《考古》2002 年第 9 期。

接近二里冈文化陶甗甑部的典型形制，鬲部的弧裆特征与电力学校 H6∶53、54相似，褐陶和袋足形制又属岳石文化特征；H3∶6和 H3∶5甑部与岳石文化卷沿鼓腹盆相似，鬲部为较为典型的岳石文化特征，整体形制及器表纹饰最接近岳石文化的陶甗。铭功路东 H3 所出陶鬲、深腹罐等器类相比电力学校 H6 更加呈现出二里冈文化的典型特征，但两者在陶甗上均保留有较为明显的岳石文化特征。陶甗在二里冈文化中并不发达，在岳石文化中却是重要的炊煮器[①]，铭功路东 H3 陶器群突出体现了陶甗在炊煮器中的重要地位。

铭功路东	H3:4	H3:92	H3:45	H3:6	H3:5
对比器物	邯郸涧沟 T10②:14	二里头 02ⅤH112:25	电力学校 H6:20	电力学校 H6:53、54	天齐庙 F50:4

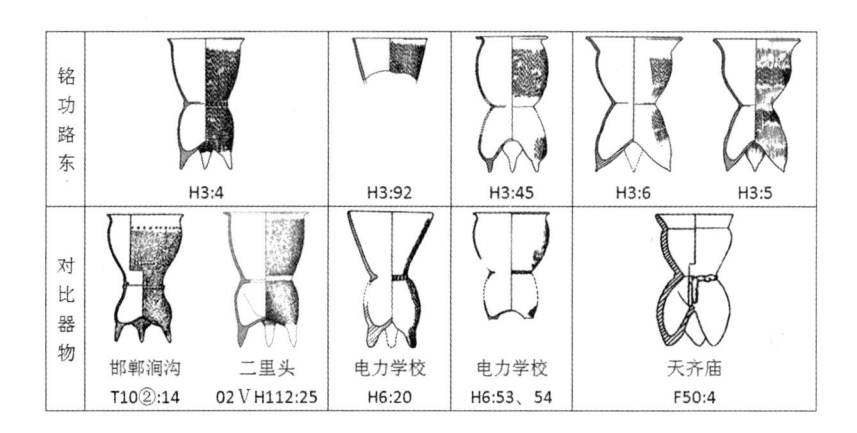

图 3.9　铭功路东 H3 所出陶器及对比器物

至二里冈下层 C1H17 阶段，郑州商城的内外城之间仍然存在包含鲜明岳石文化特征器物的文化遗存。河南医学院第二附属医院[②]（今郑州大学第二附属医院）东南距离郑州商城内城西北角约 500 米。河医二附院 G3 开口于第④层下，打破第⑤层。G3 出有二

[①] 王迅：《东夷文化与淮夷文化研究》，北京大学出版社 1994 年版；栾丰实：《岳石文化的分期与类型》，《海岱地区考古研究》，山东大学出版社 1997 年版；方辉：《岳石文化的分期与年代》，《考古》1998 年第 4 期。

[②] 郑州市文物工作队：《河医二附院等处商代遗址发掘简报》，《中原文物》1986 年第 4 期。

里冈下层C1H17阶段典型形制陶鬲G3：14。沟内还出有岳石文化风格陶甗G3：15，形制与铭功路东H3：5相似，陶钵G3：10的"外腹下部有抹痕"也属岳石文化特征。在G3打破的第⑤层和叠压G3的第④层中也可见到岳石文化风格的陶盆T1⑤：11和陶罐T4④：3（图3.10）。特别值得注意的是，河医二附院G1和G3"二沟的两壁和底部，个别地方残存有白色料礓硬面，且发现有极碎的铜锈和有浇铸痕迹的陶范碎块。……同时在灰沟和一些灰坑中还发现有不少铜锈，这些可能与铸铜有关，或许在此附近也有一处铸铜作坊遗址"[1]。无独有偶，南关外的那条沟也被推测与铸铜作坊有关[2]。

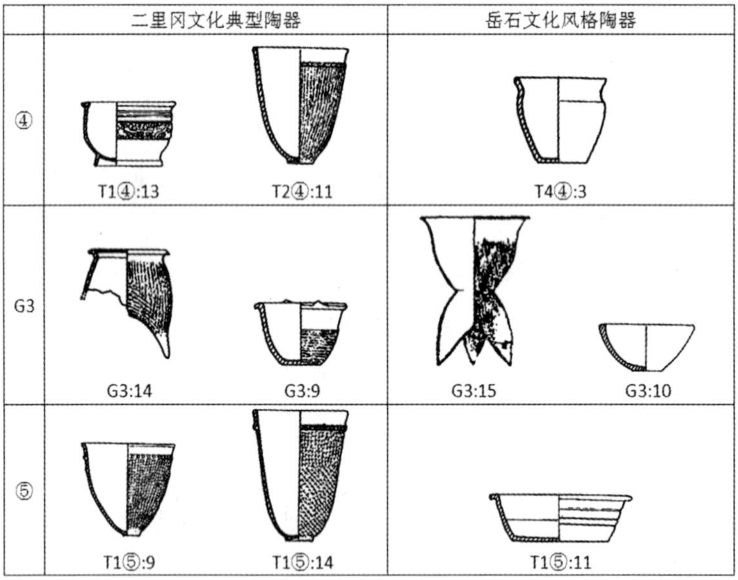

图3.10　河医二附院所出陶器

二里冈下层C1H17阶段已步入郑州商城发展的繁荣期。除河

---

[1] 郑州市文物工作队：《河医二附院等处商代遗址发掘简报》，《中原文物》1986年第4期。
[2] 袁广阔：《关于"南关外期"文化的几个问题》，《中原文物》2004年第6期。

医二附院以外，铭功路西、南关外等地仍然偶见岳石文化特征的鬲、甗、鼎、罐、盆等（图3.11）。

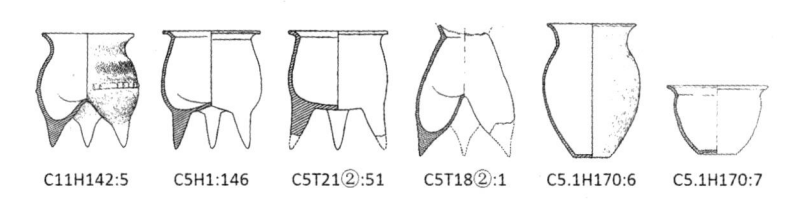

C11H142:5　　C5H1:146　　C5T21②:51　　C5T18②:1　　C5.1H170:6　　C5.1H170:7

图3.11　二里冈下层H17阶段岳石文化风格陶器

随着长时间的杂居共处，化工三厂、电力学校、南关外、铭功路东等地的陶器群逐渐丧失了岳石文化特征器物，整体面貌趋同于二里冈文化。

最先发生文化面貌转变的是化工三厂90：ZSC8Ⅳ区T2H2。化工三厂H2所出陶器为二里冈文化典型特征，根据大口尊H2：7口径与腹径相当的特征可知年代相当于二里冈下层一期。与南关外中层H62陶器群在二里冈下层一期仍然保留较为明显的岳石文化特征不同，化工三厂H2的陶器群面貌已发生重大变化，岳石文化特征器物消失，呈现出二里冈文化的典型特征。

电力学校89ZDH9陶器群与二里冈下层C1H17面貌相似，年代已晚至二里冈下层二期。与化工三厂H1、H2之间陶器群面貌发生巨变的情况相同，电力学校H9陶器群已不见岳石文化特征器物，同样呈现出二里冈文化的典型特征。化工三厂和电力学校陶器群面貌的转变，标志着郑州商城内已统一为二里冈文化面貌。

南关外上层出有二里冈下层二期（如鬲T87②：45、T85②：89）及二里冈上层（如H59所出鬲、罐）陶器，在陶器群面貌上已基本融入二里冈文化之中。

铭功路东H1的年代介于二里冈下层与上层之交，已不见岳石文化特征陶甗，陶器群面貌呈现二里冈文化的典型特征。

二里冈上层 C1H1 阶段是郑州商城最繁荣的阶段，此阶段的郑州商城已几乎不见岳石文化特征陶器。正是在岳石文化逐步淡出二里冈文化的大背景下，主体堆积年代为白家庄期的小双桥遗址出现明显的岳石文化风格陶器和石器才尤为引人注目。

3.2.4 白家庄期的郑州地区

至白家庄期，郑州商城呈现衰落态势，郑州商城西北 20 千米以外兴起了另一处大型都邑聚落——小双桥遗址[①]。小双桥遗址是白家庄期规模最大、规格最高的都邑级聚落，年代和地望均与商王仲丁所迁隞（嚣）都相合[②]。在这座新兴的都邑中，岳石文化风格器物又引人注目地出现了。

小双桥遗址出有这样一种石器，"均作长方形，中间厚，周边薄，一面微鼓，一面近平，中上部稍偏一侧有一个琢制的长方形对钻穿孔，两侧为单面刃或双面刃，完整器长度在 20—30 厘米，宽度为 10 厘米左右，厚度在 2 厘米以内，质料属沉积砂岩，颜色多为灰色或青灰色，个别器表经过磨光处理"[③]。以往的调查简报将其称为"石圭"[④]，在发掘报告中又将其称为"长方形穿孔石器"[⑤]，在相关的研究文章中也被称为"石钁"[⑥] 或"方孔石器"[⑦] 等。

---

① 河南省文物考古研究所：《郑州小双桥：1990—2000 年考古发掘报告》，科学出版社 2012 年版。
② 陈旭：《郑州小双桥商代遗址即隞都说》，《中原文物》1997 年第 2 期；邹衡：《郑州小双桥商代遗址隞（嚣）都说辑补》，《考古与文物》1998 年第 4 期。
③ 河南省文物考古研究所：《郑州小双桥：1990—2000 年考古发掘报告》，科学出版社 2012 年版。
④ 河南省文物研究所：《郑州小双桥遗址的调查与试掘》，《郑州商城考古新发现与研究 1985—1992》，中州古籍出版社 1993 年版。
⑤ 河南省文物考古研究所：《郑州小双桥：1990—2000 年考古发掘报告》，科学出版社 2012 年版。
⑥ 任相宏：《岳石文化的农具》，《考古》1995 年第 10 期。
⑦ 任相宏：《郑州小双桥出土的岳石文化石器与仲丁征蓝夷》，《中原文物》1997 年第 3 期。

内蒙古宁城县南山根石椁墓①曾出土一件完整的带柄铜锄M101∶24，"形如现代锄……锄身作扁平矩形，有长铜柄，柄稍弯曲，前半段断面呈长方形，后端作圆形以便握手"（图3.12）。特别值得注意的是，锄柄前半段的断面为长方形，恰好与小双桥遗址所出石锄的方孔相合。铜锄来自农业生产活动中的石锄，与石锄配合使用的是木柄。将锄柄前半段的断面铸造为长方形并非铸造过程的必须，而是对模仿对象的真实反映。由此可知，小双桥所出这种石器应称为石锄，而不宜称为石圭或石钁。

图3.12　南山根石椁墓所出铜锄

"锄"古作"鉏"，《说文解字》："鉏，立薅所用也。"在古代文献中，鉏与耨常常被并称为"鉏耨"②。据研究，"夏商西周时期，镈、耨的形体都应与锄相似，安柄方法也应是柄与头垂直安装，刃与柄呈'丁'字形"③。《天工开物》的插图显示，耨呈长板形，下部有刃，上部有銎，竹竿为柄插入銎中使用，正是"立薅所用"的真实写照（图3.13）。

---

① 辽宁省昭乌达盟文物工作站、中国科学院考古研究所东北工作队：《宁城县南山根的石椁墓》，《考古学报》1973年第2期。

② 如《战国策·燕策一》："臣，东周之鄙人也。窃闻大王义甚高，鄙人不敏，释鉏耨而干大王。"

③ 周昕：《中国农具通史》，山东科学技术出版社2010年版。

图 3.13 《天工开物》中的耨

《说文解字》:"錃,斤釜穿也",然而并非斧、斤之类工具上的穿孔才可以叫"錃"。空首布是东周时期的一种货币,"空"

"銎"属于同源字①,"布"来自于农具"鏄（镈）",《释名》:"镈,锄类也",《广雅·释器》:"镈,锄也",可知锄类之上用于装柄的孔可以叫作"銎"。故此,可将小双桥遗址所出带有长方形穿孔的石锄称为"有銎石锄"。

已有的研究成果显示,相似形制的有銎石锄主要出土于泗水尹家城、临沂八块石、广饶营子、邹平丁公、寿光火山埠等岳石文化内陆遗址,目前发现110多件,其中泗水尹家城发现65件,占该遗址所出岳石文化石器总数的19%②。小双桥遗址发现有銎石锄78件,形制特征与岳石文化所出者具有一定的相似之处。

曾有学者推测小双桥遗址所出有銎石锄是"仲丁征蓝夷时带回的战利品"③。但岩相分析结果显示,小双桥遗址所出有銎石锄与该遗址所出石镰、石刀和石铲等石质工具的岩相结构基本相同④,这意味着小双桥遗址所出有銎石锄应是本地制造,而非自岳石文化输入。对比可见（图3.14）,小双桥遗址所出有銎石锄的形体偏大,通常为一面平、一面鼓,表面磨制精细（如90Ⅴ采:03、95ⅣH65:6）,有的甚至在两侧刃部涂朱（如95ⅣH16:2）,尹家城所出岳石文化有銎石锄的形体偏小,且为双面外鼓,器表粗糙（如T307⑦:10）。可见,小双桥遗址所出有銎石锄并非自岳石文化输入,而应是本地生产,"战利品"之说也就无从谈起。

小双桥遗址所出有銎石锄也与其在岳石文化中的功用不同。发掘者指出,有銎石锄"集中分布在Ⅳ区的祭祀类遗存或地层中,Ⅴ区也有少量发现。此类器物在郑州商城及周边地区的商文化遗址中

---

① 王力:《同源字典》,商务印书馆1982年版。
② 任相宏:《岳石文化的农具》,《考古》1995年第10期。
③ 任相宏:《郑州小双桥出土的岳石文化石器与仲丁征蓝夷》,《中原文物》1997年第3期。
④ 刘效彬、李素婷、杨忆、宋国定、王昌燧:《郑州小双桥遗址出土长方形穿孔石器的岩相特征》,《华夏考古》2009年第2期。

不见，其造型别致，磨制精细，出土地点也比较特殊，初步推测不是普通的农业生产工具，可能是一种在特定场合才使用的礼器"①。可见，此类器物在小双桥遗址是与祭祀活动有关的礼器，而与岳石文化的农具②功用差异显著。

小双桥 90V 采:03　　小双桥 95ⅣH65:6　　小双桥 95ⅣH16:2　　尹家城 T307⑦:10

图 3.14　小双桥遗址与尹家城遗址所出有銎石锄

考古学研究需要"见物又见人"。既然岳石文化风格有銎石锄是本地制造，又被用于本地的祭祀活动之中，那么是什么样的人群制造和使用这样的器物？

与岳石文化发生来往是小双桥遗址出现有銎石锄的必要背景，由于二里冈文化在此前并未见到此类器物，小双桥遗址出土的有銎石锄显然是受到了来自岳石文化的影响。有銎石锄制作水平的显著提升暗示其有可能纳入了二里冈文化的石器生产工业，"国之大事"的祭祀活动也显然非"东夷战俘"所能主动参与。二里冈文化的石器生产工业和祭祀活动通常是由商人掌控，似乎是商人将岳石文化的有銎石锄"升级"为礼器并用于祭祀活动之中。然而，拥有

---

① 河南省文物考古研究所：《郑州小双桥：1990—2000 年考古发掘报告》，科学出版社 2012 年版。

② 任相宏：《岳石文化的农具》，《考古》1995 年第 10 期。

"制度自信"的商人又怎会将敌方的农具"升级"为礼器并用于祭祀活动之中？

小双桥遗址核心区还发现少量岳石文化风格陶器，器类包括罐、鼎、盆、钵等[①]。过去有观点认为："仲丁征伐蓝夷，是不可能将蓝夷人使用的陶器，作为战利品带回王都来的。……最合理的解释是：这些陶器可能是由集中居住、生活在小双桥遗址里的蓝夷战俘中的工匠，按照他们传统的生活习俗所烧制成的"[②]，但小双桥遗址核心区发现有大量夯土台基和祭祀遗存，商王朝又怎会将"东夷战俘"安置于如此重要的腹心区？

小双桥遗址的祭祀坑和地层中出有数量较多的人骨，为"见物又见人"提供了直接材料。特别值得注意的是，地层中发现有较多的非正常死亡散乱人骨。商代祭祀坑中的人骨通常遵照商文化祭祀活动的处理方式，但"灰层中的人骨架比较集中，但凌乱无序，有的互相叠压，似随意抛掷者"[③]，与商文化祭祀活动的处理方式明显不同。为何会存在不同的人骨埋藏方式？地层中死者与祭祀坑中的死者都是"东夷战俘"吗？如果不是，他们又是谁？

[①] 小双桥遗址1990—2000年的考古发掘主要集中于遗址的核心区，2014年遗址西北部和南部外围区域的发掘出土有岳石文化陶甗、鼎、器盖及半月形双孔石刀，相比核心区所出者更接近岳石文化的本初特征。

[②] 方酉生：《小双桥遗址为仲丁隞都说商讨》，《武汉大学学报》（人文社会科学版）2000年第53卷第1期。

[③] 宋国定、李素婷：《郑州小双桥遗址又有新发现》，《中国文物报》2000年11月1日第1版。

第四章

陶器分析

4.1 考古类型学分析

发掘者在《郑州小双桥》的结语中列举了"夹砂褐陶素面罐残片、泥质磨光黑陶盆、蘑菇钮器盖"[1]等岳石文化风格陶器。尽管岳石文化风格陶器相比二里冈文化陶器的数量相对较少，但仍有部分岳石文化风格陶器尚未被明确指出。

小双桥遗址核心区发现的部分陶鼎、深腹罐、圆腹罐、高领罐、鼓腹盆、直腹盆和束颈盆等均可在岳石文化内陆地区的泗水尹家城[2]、青州郝家庄[3]等遗址所出岳石文化陶器中找到形制几乎完全相同者（图4.1），如陶鼎00ⅤT133④A：135窄折沿、罐形腹的特征与尹家城H8：32相似，深腹罐99ⅨH50：5敞口、卷沿、束颈、溜肩、鼓腹、下腹下收的特征与尹家城H23：1相似，圆腹罐00ⅤT93④A：75直领、圆腹的特征与郝家庄T5②B：17相似，高领罐00ⅤT9④B：92外侈高领的特征与尹家城H604：14相似，鼓

---

[1] 河南省文物考古研究所：《郑州小双桥：1990—2000年考古发掘报告》，科学出版社2012年版。
[2] 山东大学历史系考古专业教研室：《泗水尹家城》，文物出版社1990年版。
[3] 吴玉喜：《岳石文化地方类型初探——从郝家庄岳石遗存的发现谈起》，《考古学文化论集》（三），文物出版社1993年版。

腹盆00ⅤT137④A：191卷沿、鼓腹、腹部外侧饰旋纹的特征与郝家庄T5②B：19相似，直腹盆95ⅣH50：9斜直腹、腹部外侧饰旋纹的特征与郝家庄T6③：6相似，束颈盆95ⅤH57：2束颈、鼓肩、下腹斜收的特征与尹家城H508：2相似。需要指出的是，尽管小双桥遗址核心区发现的岳石文化风格陶器与岳石文化所见陶器较为相似，但多为灰陶，常见于岳石文化陶器器表的凸棱和刮抹痕迹等特征几乎不见，器表以素面或饰旋纹为主。

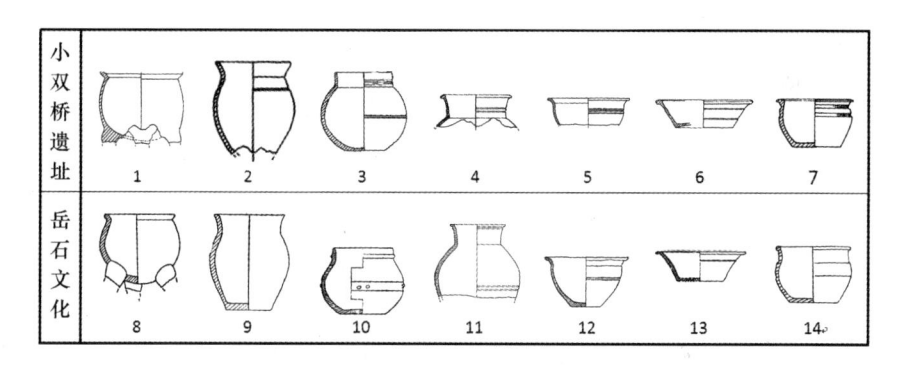

图4.1 小双桥遗址所出岳石文化风格陶器与岳石文化陶器对比
1. 00ⅤT133④A：135 2. 99ⅨH50：5 3. 00ⅤT93④A：75 4. 00ⅤT9④B：92
5. 00ⅤT137④A：191 6. 95ⅣH50：9 7. 95ⅤH57：2 8. 尹家城H8：32
9. 尹家城H23：1 10. 郝家庄T5②B：17 11. 尹家城H604：14 12. 郝家庄T5②B：19
13. 郝家庄T6③：6 14. 尹家城H508：2

已有的材料显示，小双桥遗址所出的部分岳石文化风格陶器有可能是在本地制造的。99ⅨH50开口于Ⅸ区的第③层下，所出深腹罐99ⅨH50：5为岳石文化风格陶器（图4.2）。引人注目的是，与深腹罐99ⅨH50：5共出的还有1件鬲99ⅨH50：28，两者具有素面、肩部饰一道旋纹的共同特征。不唯如此，通过观察报告提供的图版可知，鬲99ⅨH50：28器表较为粗糙的素面特征与岳石文化的夹砂陶相似（图4.3）。尽管如此，鬲99ⅨH50：28的整体形制特征却与小双桥遗址所出商式鬲相近。二里冈文化中有自身特色的深腹罐和鬲，本地商人没有必要仿制岳石文化风格深腹罐，更没有必要将岳石文化的制陶技术和装饰风格吸纳到陶鬲的制作之中，可知制造和使用深腹罐99ⅨH50∶5和鬲99ⅨH50∶28的应是夷人。深腹罐99ⅨH50∶5肩部饰旋纹的特征不常见于岳石文化，却常见于小双桥遗址发现的多件岳石文化风格深腹罐（如00ⅤT137④A∶143、00ⅤT135④A∶605、00ⅤT95④A∶63、00ⅧH21∶5等），已不是纯正意义上的岳石文化深腹罐，而想要制造出鬲99ⅨH50∶28这样的混合风格陶器，需要在掌握岳石文化制陶技术的同时具备模仿商式鬲的物质文化背景，故此推测深腹罐99ⅨH50∶5和鬲99ⅨH50∶28很有可能是在小双桥遗址本地制造的。

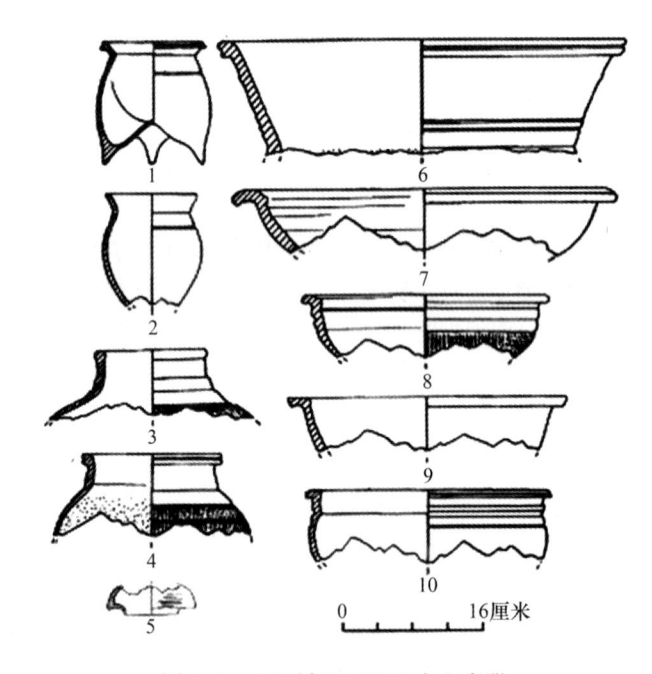

图4.2 小双桥99ⅨH50出土陶器

1. 鬲（99ⅨH50∶28） 2. 深腹罐（99ⅨH50∶5） 3、4. 瓮（99ⅨH50∶11、99ⅨH50∶10） 5. 器盖（99ⅨH50∶7） 6. 大口尊（99ⅨH50∶16） 7、8、9. 盆（99ⅨH50∶17、99ⅨH50∶15、99ⅨH50∶14） 10. 簋（99ⅨH50∶13）

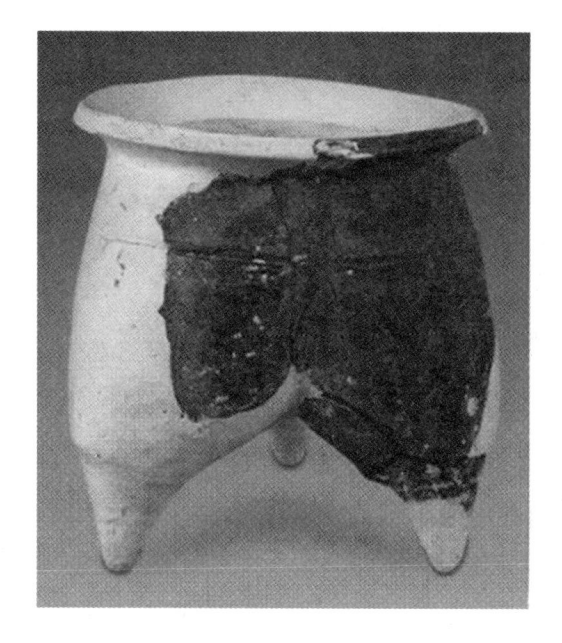

图 4.3　陶鬲 99 IX H50∶28

上述深腹罐 99 IX H50∶5 和鬲 99 IX H50∶28 的情况表明，夷人在小双桥遗址不但可以制造出岳石文化风格的深腹罐，还能够以岳石文化制陶技术仿制出与商式鬲形制相似的素面鬲。除炊煮器以外，99 IX H50 还出土有商式陶盆（图 4.2，7、8、9）、瓮（图 4.2，3、4）、簋（图 4.2，10）和大口尊（图 4.2，6），共出的还有 1 件岳石文化风格的子母口器盖（图 4.2，5）。若以炊煮器深腹罐 99 IX H50∶5 和鬲 99 IX H50∶28 判断 99 IX H50 为夷人遗存，则表明夷人在小双桥遗址使用岳石文化风格陶器的同时也使用了商式陶器。尽管二里冈文化以鬲为主炊器，却也兼有甗、深腹罐和鼎，因而夷人在小双桥遗址有使用二里冈文化的可能。这一认识的得出，有助于重新认识小双桥遗址发现的"夹心黑皮陶"。发掘者已指出小双桥遗址发现的少量"夹心黑皮陶"可能与岳石文化的影响有关①，联系到上述认识，这些"夹心黑皮陶"或为夷人仿制的商式陶器。

小双桥遗址 2014 年的田野考古发掘②获取了一批新的岳石文化特征陶器及受岳石文化影响的陶器（图 4.4）。

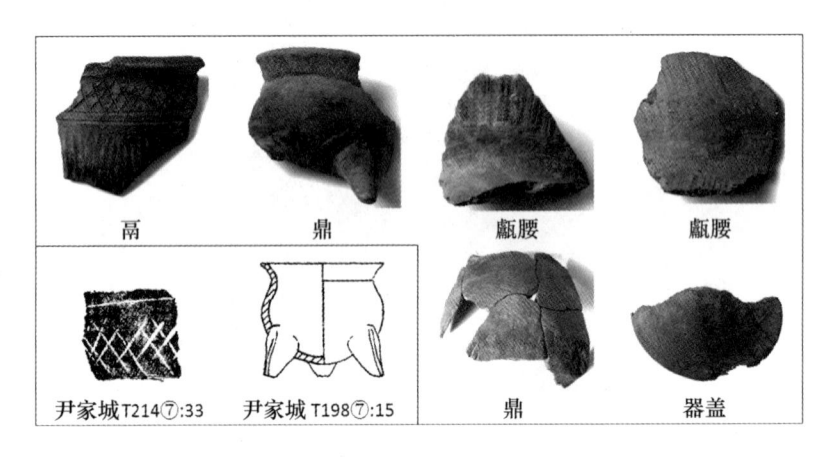

图 4.4　2014 年小双桥遗址南部出土陶器及对比器物

双冢东南地发掘的灰坑中出有岳石文化典型形制的陶鼎、甗腰及器盖钮的残片。夹砂红褐陶鼎和甗腰的陶色不纯，器表可见岳石文化典型的刮抹痕迹。泥质小陶鼎为陶色不纯的灰褐陶，折沿外侈、鼓腹、小尖足外撇、足外侧划竖凹槽，与山东泗水尹家城③所出者完全相同。器盖钮为蘑菇钮，泥质灰褐陶。双冢东南地属于该小双桥遗址的外围区域，这些陶器更加接近岳石文化陶器的本初特征。此外，双冢东南地的灰坑中还出有 1 件窄方唇商式鬲，颈部双旋纹至折沿之间填有岳石文化典型的网纹，表明岳石文化对二里冈文化曾产生一定的影响。

---

① 河南省文物考古研究所：《郑州小双桥：1990—2000 年考古发掘报告》，科学出版社 2012 年版。
② 河南省文物考古研究院资料，承蒙李素婷研究员惠允使用，此致谢忱！
③ 山东大学历史系考古专业教研室：《泗水尹家城》，文物出版社 1990 年版。

上述发现表明，岳石文化因素并不局限于以往发掘的遗址核心区，而是较为广泛地融入了小双桥都邑的日常生产和生活中，这对于进一步认识"小双桥遗址的商与夷"问题提供了重要的考古学文化背景。

4.2 X射线分析

为了进一步确定这些岳石文化风格陶器是否为本地制造，我们对小双桥遗址和郑州商城发掘所获二里冈文化及岳石文化风格陶器残片进行了化学成分分析。

4.2.1 样品描述

此次实验共选取陶片24片（表4.1）。选取小双桥遗址所出陶片16片，其中二里冈文化陶片12片，岳石文化风格陶片4片（图4.5）。为了更好地从考古背景方面分析上述样品，我们另选取了郑州商城所出陶片8片，其中二里冈文化陶片5片，岳石文化风格陶片3片（图4.6）。

表4.1　　　　　　　小双桥遗址与郑州商城陶片样品清单

	样品编号	实验室编号	器类	陶质	陶色	文化风格
小双桥遗址	99ZXⅨT205H23∶76	A01	鬲	夹砂	灰	二里冈
	99ZXⅨT203H44∶33	A02	盆	泥质	灰	岳石
	99ZXⅨT203H50∶5	A03	罐	夹砂	灰	岳石
	00ZXⅤT49④C∶37	A04	甗	夹砂	灰	二里冈
	00ZXⅤT51⑤∶18	A05	簋	泥质	灰	二里冈
	00ZXⅤT51④B∶2	A06	鬲	夹砂	灰	二里冈
	00ZXⅤT57④∶24	A07	簋	泥质	灰	二里冈
	00ZXⅤT97④∶106	A08	罐	夹砂	灰	二里冈
	00ZXⅤT97④∶98	A09	斝	夹砂	灰	二里冈

续表

	样品编号	实验室编号	器类	陶质	陶色	文化风格
小双桥遗址	00ZXⅤT97④:69	A10	鬲	夹砂	灰	二里冈
	00ZXⅤT97④:67	A11	鬲	夹砂	灰	二里冈
	00ZXⅤT131④A:8	A12	盆	泥质	灰	二里冈
	00ZXⅤT135④A:449	A13	爵	夹砂	灰	二里冈
	00ZXⅤT135④A:554	A14	豆	泥质	灰	二里冈
	00ZXⅤT135④A:605	A15	罐	夹砂	灰	岳石
	00ZXⅤT135④A:662	A16	盆	泥质	灰	岳石
郑州商城	87ZDT1H1:3	B01	鬲	夹砂	灰	二里冈
	87ZDT1H2:15	B02	鬲	夹砂	灰	二里冈
	87ZDT1H2:23	B03	罐	夹砂	红	岳石
	87ZDT1H2:33	B04	鬲	夹砂	灰	二里冈
	87ZDT1H2:40	B05	鬲	夹砂	灰	二里冈
	98C8ⅡT225H310:01	B06	罐	夹砂	红	岳石
	98C8ⅡT225H310:02	B07	罐	夹砂	红	岳石
	74C8T42④:01	B08	鬲	夹砂	灰	二里冈

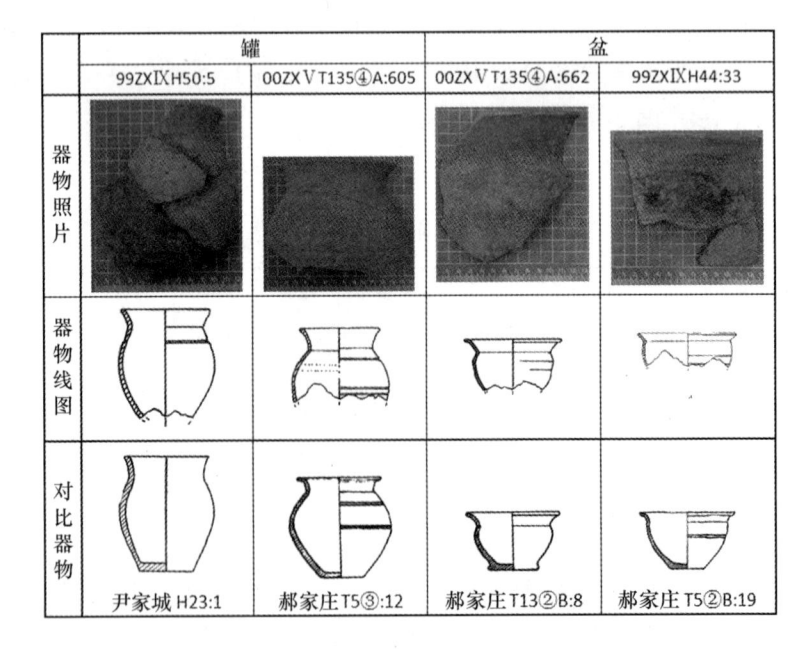

图 4.5　小双桥遗址所出岳石文化风格陶片

图 4.6　郑州商城所出岳石文化风格陶片

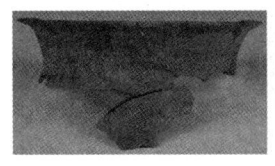

4.2.2　分析方法

我们使用北京大学 HORIBA XGT–7000 型能量散射 X 射线荧光分析仪（EDXRF）测定了上述样品陶胎的化学组成，共分析了 Mg、Al、Si、P、S、K、Ca、Ti、Mn、Fe 等元素，均以氧化物表示。

4.2.3　分析结果

分析结果见表 4.2。我们使用统计学软件 SPSS 20.0 对上述样品陶胎所含元素进行了数据处理，并绘制了不同背景下的 Fe_2O_3 – CaO – Al_2O_3 和 CaO – Fe_2O_3 含量散点图（图 4.7、图 4.8、图 4.9）。

表 4.2　测试结果（%）

实验室编号	MgO	Al_2O_3	SiO_2	P_2O_5	SO_3	K_2O	CaO	TiO_2	MnO	Fe_2O_3
A01	3.92	19.13	60.99			3.62	5.55	0.53	0.09	6.14
A02	1.82	16.28	64.41			2.57	3.83	0.68	0.07	10.34
A03	3.76	17.33	60.84			3.27	7.3	0.43		7.08
A04	3.56	17.46	54.23	0.7	8.99	2.92	4.94	0.56	0.12	6.53
A05	3.17	20.7	59.17	0.69		2.52	2.52	0.78	0.06	10.4
A06	2.9	19.57	63.95		1.09	3.01	2.44	0.61	0.07	6.36
A07	3.54	21.52	52.51		1.33	2.03	5.18	0.77	0.67	12.36
A08	2.09	16.93	68.64		0.5	2.24	1.85	0.52	0.05	7.14
A09	3.95	20.53	57.25	0.26	1.31	2.8	5.92	0.71	0.03	7.21
A10	2.16	17.05	70.29			2.12	1.29	0.53	0.05	6.52

续表

实验室编号	MgO	Al_2O_3	SiO_2	P_2O_5	SO_3	K_2O	CaO	TiO_2	MnO	Fe_2O_3
A11	3.6	19.34	62.69			3.28	3.51	0.5		7.03
A12	2.28	17.8	57.66	1.13	0.82	2.71	4.18	0.57	0.6	12.25
A13	2.93	17.8	61.34		1.13	3.72	4.71	0.64	0.17	7.57
A14	2.71	15.71	58.51	1.58	0.4	2.71	5.48	0.8	0.19	11.91
A15	3.47	16.68	64.04	1.08	0.65	3.22	2.37	0.58	0.11	7.8
A16	3.73	16.39	54.85		5.89	3.67	3.69	0.67	0.12	10.98
B01	2.54	17.09	64.84		3.92	2.4	2.59	0.63	0.12	5.86
B02	3.45	17.36	66.72			4.3	1.93	0.44	0.06	5.74
B03	1.95	17.47	68.31		0.27	3.2	1.18	0.78	0.07	6.73
B04	3.62	16.45	63.21	0.93	2.3	4.1	2.83	0.52	0.06	5.98
B05	1.47	17.7	65.51			2.32	5.82	0.59		6.57
B06	2.23	15.29	61.61	2.71	1.73	4.07	3.95	0.57	0.14	7.7
B07	1.26	18.03	67.07		1.48	2.84	1.77	0.6	0.07	6.77
B08	3.45	16.73	59.73	1.07	4.04	3.89	2.98	0.72	0.1	7

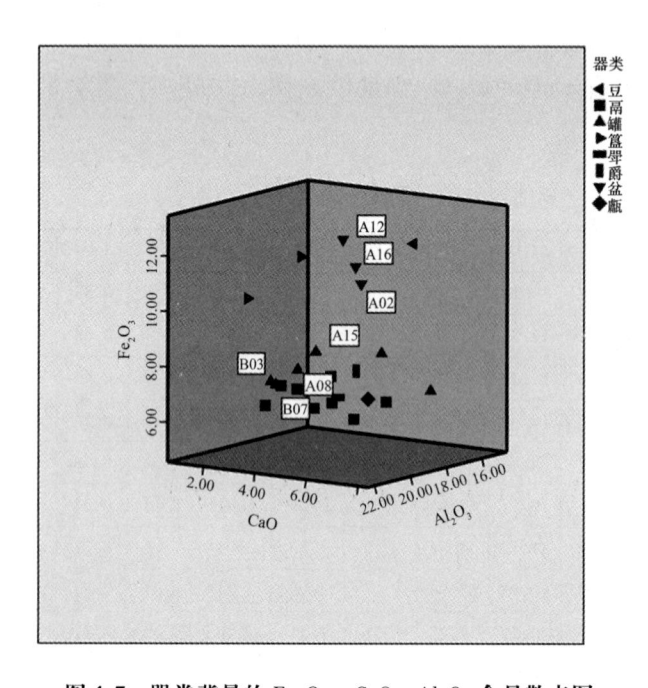

图 4.7 器类背景的 $Fe_2O_3 - CaO - Al_2O_3$ 含量散点图

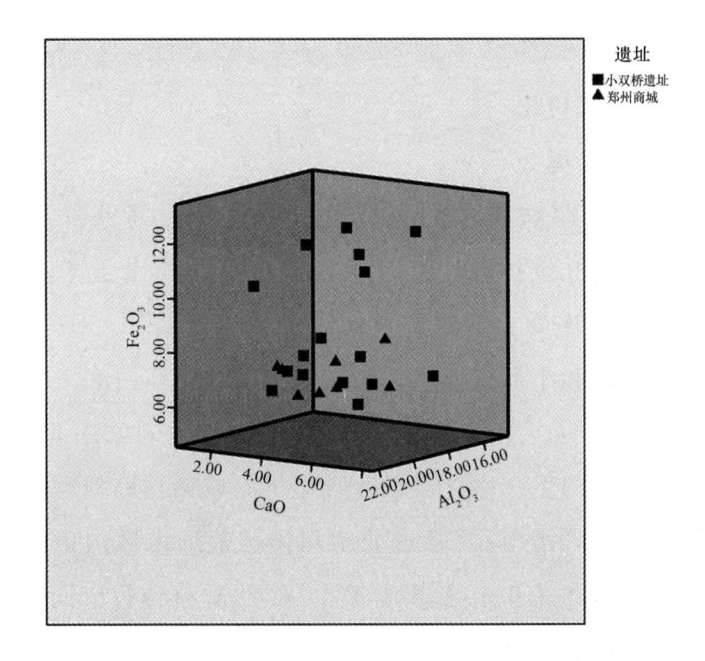

图 4.8 遗址背景的 $Fe_2O_3 - CaO - Al_2O_3$ 含量散点图

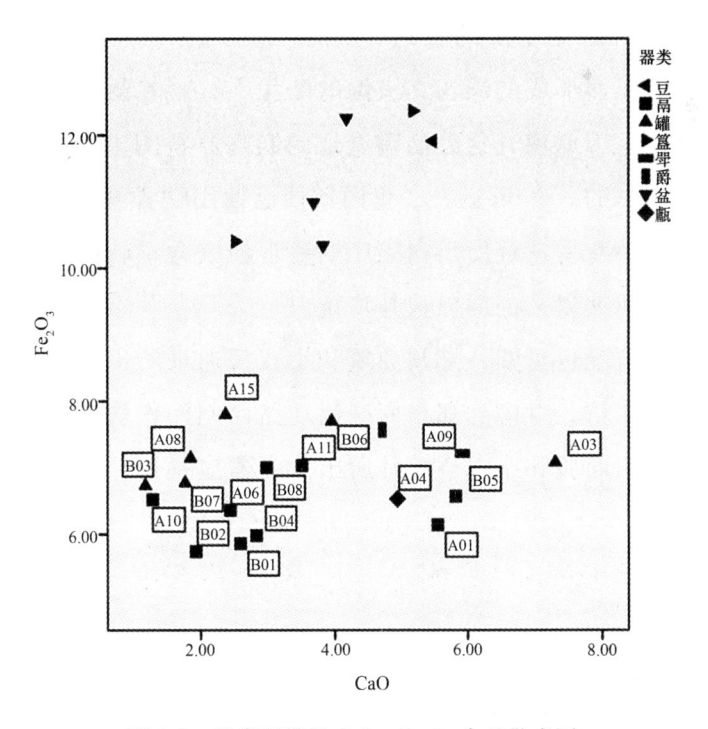

图 4.9 器类背景的 $CaO - Fe_2O_3$ 含量散点图

4.2.4 结果讨论

4.2.4.1 器类

检测样品按照铁含量的高低可以明显分为高铁群和低铁群（图4.7），高铁群包括盆、簋、豆等盛食器，均出土于小双桥遗址，年代为白家庄期，低铁群包括罐、鬲、甗、斝、爵等炊煮器，出土于郑州商城和小双桥遗址，年代为二里冈期和白家庄期。

考古发掘表明，郑州商城铭功路西[①]和殷墟刘家庄北地[②]发现的制陶作坊均专门生产盛食器。针对郑州商城铭功路西制陶作坊的原料来源，发掘者指出："从这处制陶作坊遗址区域内出土的经过淘洗的制陶原料陶泥和未经烧制的陶器胚胎质料分析，证明都是属于含铁元素较高的红色黏土。这种红色黏土在这处制陶遗址区的地下就相当丰富，红黏土的厚度达0.9—1.4米。在遗址区内的中部有一条略呈西北至东南的长约36米、宽约8—9米、深约4—6.5米因人工取土而形成的壕沟，壕沟的断崖上，就暴露着人工取土时留下的痕迹。因此说，这处制陶遗址的制陶原料陶土，是就地取材经过淘洗而用的。"[③] 可见，二里冈期便已使用铁含量较高的粘土制作盛食器，小双桥遗址所出白家庄期盛食器铁含量较高的情况应是继承了二里冈期以来的原料选择传统。

由上述情况也可知，郑州商城和小双桥遗址所出炊煮器应产自另外的制陶作坊。考虑到郑州商城铭功路西制陶作坊就近取土的情况，推测郑州商城和小双桥遗址所出炊煮器应是选择了铁含量较低

[①] 河南省文物考古研究所：《郑州商城：1953—1985年考古发掘报告》，文物出版社2001年版。

[②] 中国社会科学院考古研究所安阳工作队：《河南安阳市殷墟刘家庄北地制陶作坊遗址的发掘》，《考古》2012年第12期。

[③] 河南省文物考古研究所：《郑州商城：1953—1985年考古发掘报告》，文物出版社2001年版。

的粘土进行制作。已有的研究成果显示，洹北商城和殷墟遗址所出盛食器和炊煮器分别选取不同来源的陶土[①]，也可为上述推测提供旁证。

尽管郑州商城与小双桥遗址所出炊煮器的化学成分基本相同（图4.8），但仍存在细微差别（图4.9）。炊煮器样品中以陶鬲的数量最多，由于甑和斝的主体部分与鬲的形制相近，故将其归入鬲类。鬲类按照钙含量的高低可分为低钙组和高钙组，低钙组包括A10、B02、A06、B01、B04、B08、A11，高钙组包括A01、B05、A04、A09。由于鬲类样品的年代分属二里冈下层、二里冈上层和白家庄期，需要进行历时性考察。B05（87ZDT1H2：40）的口沿为二里冈下层C1H17阶段特征（图4.10，1），B01（87ZDT1H1：3）为二里冈上层时期特征（图4.10，2），A01（99ZXⅨT205H23：76）为白家庄期特征（图4.10，3），故可知二里冈文化的鬲类长期存在低钙组和高钙组之分。

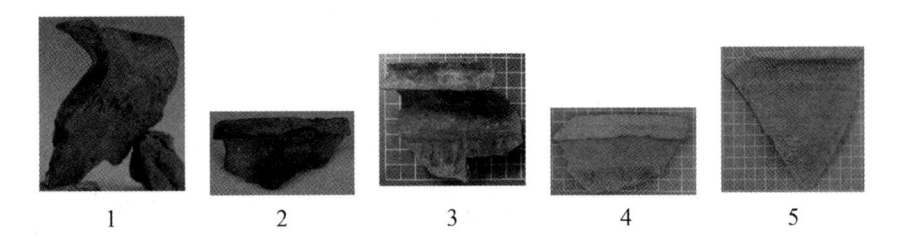

图4.10　郑州商城与小双桥遗址所出二里冈文化陶器残片
1. 鬲 87ZDT1H2：40　2. 鬲 87ZDT1H1：3　3. 鬲 99ZXⅨT205H23：76
4. 罐 00ZXⅤT97④：106　5. 盆 00ZXⅤT131④A：8

作为炊器的陶罐也需要进行历时性考察。B06（98C8Ⅱ

[①] James Stoltman、荆志淳、唐际根、George（Rip）Rapp：《商代陶器生产——殷墟、洹北商城出土陶器的岩相学分析》，《多维视域：商王朝与中国早期文明研究》，科学出版社2008年版。

T225H310：01）和 B07（98C8Ⅱ T225H310：02）为红陶罐口沿（图4.6，1、2），通过对该单位部分标本的实物观察，其年代至迟为二里冈下层时期。B03（87ZDT1H2：23）亦为红陶罐口沿（图4.6，3），所出单位的年代可晚至二里冈上层时期，但考虑到此样品相对较早的时代特征，或为混入二里冈上层时期灰坑的二里冈下层时期遗物。A03（99ZXⅨT203H50：5）、A15（00ZXⅤT135④A：605）、A08（00ZXⅤT97④：106）的年代均为白家庄期（图4.5；图4.10，4），除A03与高钙组鬲类的成分相近外，其余陶罐均与低钙组鬲类的成分相近。

由此可见，郑州商城和小双桥遗址的陶器原料选择具有明显的规律性特征，不仅体现在盛食器和炊煮器之间，还呈现出时间上的稳定性。此外，我们还注意到陶盆的化学成分明显相近，陶罐的铁含量普遍稍高于鬲类（图4.7），是否意味着不同器类之间也存在原料选择上的差别，还有待于进一步的探讨。

4.2.4.2 文化风格

在实践操作中，往往可以见到受本地文化影响的外来文化风格的器物，尽管仍然保持外来文化的主体特征，但由于受到本地文化的影响，又与母体文化在细节特征上存在明显差异。郑州商城所出年代相对较早的岳石文化风格红陶罐的纹饰、陶色等特征仍然与母体的岳石文化相似，但其形制和薄胎特征已受到"漳河·二里冈"文化传统的影响。小双桥遗址所出年代相对较晚的岳石文化风格陶罐和陶盆与该遗址所出二里冈文化陶器均为灰陶，仅在形制特征上与岳石文化偏晚阶段的相关器类相似。

将考古类型学判断出的岳石文化风格陶器纳入分析结果（图4.7），年代均为白家庄期的岳石文化风格陶盆A16（00ZXⅤT135④A：662）、A02（99ZXⅨH44：33）（图4.5）与二里冈文化陶盆A12（00ZXⅤT131④A：8）（图4.10，5）的原料选择十分接近。与之类似，白家庄期的岳石文化风格陶罐 A15（00ZXⅤT135④A∶605）（图4.5）不但与二里冈文化陶罐 A08（00ZXⅤT97④∶106）（图4.10，4）的成分相近，而且也与二里冈期的岳石文化风格陶罐 B03（87ZDT1H2∶23）和 B07（98C8ⅡT225H310∶02）（图4.6）的成分相近，可见郑州商城和小双桥遗址所出岳石文化风格陶罐与二里冈文化陶罐的原料选择呈现相似的规律性特征。

需要着重讨论的是岳石文化风格陶罐 A03（99ZXⅨT203H50∶5），原因是其钙含量远远超出其他陶罐，而与钙含量稍高的鬲类接近（图4.9）。我们曾指出 99ZXⅨT203H50 可能是夷人遗存，与罐 99ZXⅨT203H50∶5 共出的是 1 件混合风格陶鬲 99ZXⅨT203H50∶28。通过对实物的观察，鬲 99ZXⅨT203H50∶28 不论裆部还是内部的袋足粘接处制作工艺均较差（图4.11），其制作者应不熟悉商式分裆鬲的制作工艺。考虑到鬲 99ZXⅨT203H50∶28 与罐 99ZXⅨT203H50∶5 均具有素面、肩部饰一道旋纹的共同特征，推测鬲 99ZXⅨT203H50∶28 应是熟悉岳石文化制陶技术者仿制的"商式鬲"。罐 99ZXⅨT203H50∶5 与高钙组鬲类成分相近的情况可能意味着制作者使用了制作陶鬲的原料来制作陶罐，罐 99ZXⅨT203H50∶5 棕褐色的陶色更加接近岳石文化特征，反映出掌握岳石文化制陶技术者对二里冈文化的陶器选料规律并不完全"循规蹈矩"。

已有的成功案例表明，运用化学成分分析方法可以区分出同一遗址内不同来源的陶器[1]，也可以区分出同一文化中不同遗址所出的陶器[2]。上述实验结果及相关分析表明，郑州商城及小双桥遗址所出陶器在原料选择方面具有相似的规律性特征。将考古类型学的观察结果纳入上述规律性特征可知，郑州商城与小双桥遗址所出岳

---

[1] 崔剑锋、吴小红、杨颖亮：《四川茂县新石器时代遗址陶器的成分分析及来源初探》，《文物》2011年第2期。

[2] 王海圣、李伟东、罗宏杰、邓泽群、鲁晓珂、栾丰实、高明奎：《山东龙山文化陶器的科技分析》，《科技考古》第3辑，科学出版社2011年版。

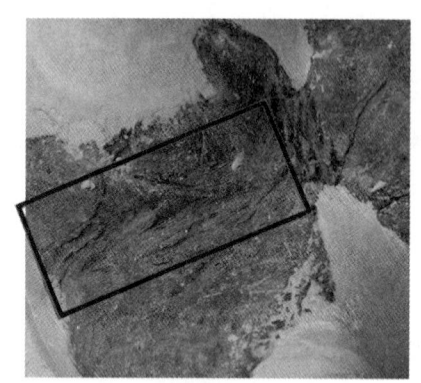

档部袋足粘接处　　　　　　　　内部袋足粘接处

图 4.11　鬲 99ZX IX T203H50：28 制作工艺观察

石文化风格陶器在原料选择上基本遵循了二里冈文化陶器在原料选择上的规律性特征。事实上，郑州商城和小双桥遗址出土的部分岳石文化风格陶器并非真正意义的岳石文化陶器，考虑到规律性地采用了本地陶器的制作原料，可知这些岳石文化风格陶器应是熟悉岳石文化制陶技术者在郑州地区制作的陶器。

第 五 章

人骨分析

5.1 引言

根据生命科学研究可知，生物个体生长与发育过程中所需的营养和能量皆来自其对外界空气、水和食物等的摄取，经过体内消化吸收之后，部分物质即转化为生物自身的组成成分。在这一过程中，生物体内的稳定同位素会与外界物质不断地交换，保持动态平衡。由于固碳方式不同和瑞利分馏效应的存在，不同种类植物和不同地域环境中水的稳定同位素值存在一定的差异，使得摄取不同食物种类和不同地域饮用水的生物体内蛋白质的稳定同位素值存在明显差异，即"我即我食"原理[1]。由此可知，生物体内蛋白质的稳定同位素值与其所处环境背景和摄取食物中的稳定同位素值密切相关，通过对其体内的稳定同位素值进行测试，可以重建个体食物结构及其所处的古环境。利用稳定同位素测试来重建古食谱的研究方法自20世纪70年代创立以来，已成为当今古代蛋白质研究最为成熟、应用最为广泛的领域之一。通过对人和动物骨胶原的化学成分分析，尤其是C稳定同位素分析，可以直接揭示先民的植物类及其

---

[1] 胡耀武：《古代人类食谱及相关研究》，博士学位论文，中国科学技术大学，2002年。

所食动物中植物类的主要食物来源①，对其 N 稳定同位素分析可以直接判断其营养级水平及肉食资源的摄取②。在此基础上，可望揭示动物和先民的食物结构，并借此探明动物的饲养方式，了解先民生活方式的差异，结合个体所处的考古学文化背景，进而探索其文化归属和来源，对相关考古学问题展开讨论，在考古研究中具有十分重要的应用③。

因此，本研究选取小双桥遗址出土的人和动物骨为研究对象，利用骨胶原的 C、N 稳定同位素分析来重建先民和动物的食物结构，探讨商代先民的农业模式，比较不同地点和埋藏方式的先民在生业模式上的差异，结合已有的农业考古证据，比较多个地域考古遗址人骨的稳定同位素测试结果，尝试辨识出小双桥遗址中不同社

---

① Craig H. "The geochemistry of the stable carbon isotopes". *Geochimica et Cosmochimica Acta*, No. 3, 1953, pp. 53 – 92; Smith B N. "Natural Abundance of the Stable Isotopes of Carbon in Biological Systems". *BioScience*, Vol. 22, No. 4, 1972. pp. 226 – 231; Park R, Epstein S. "Carbon isotope fractionation during photosynthesis". *Geochim et Cosmochim Acta*, No. 21, 1960, pp. 110 – 126; Hatch M D, Slack C R, Johnson H S. "Further studies on a new pathway of photosynthetic carbon dioxide fixation in sugar-cane and its occurrence in other plant species". *Biochemical Journal*, Vol. 102, No. 2, 1967, pp. 417 – 422; O'Leary M H. "Carbon isotope fractionation in plants". *Phytochemistry*, Vol. 20, No. 4, 1981, pp. 553 – 567; Epstein H E, Lauenroth W K, Burke I C, Coffin D P. "Productivity patterns of C_3 and C_4 functional types in the U. S. Great Plains." *Ecology*, Vol. 78, No. 3, 1997, pp. 722 – 731.

② DeNiro M J, Epstein S. "Influence of diet on the distribution of nitrogen isotopes in animals". *Geochimica et Cosmochimica Acta*. No. 45, 1981, pp. 341 – 351; Minagawa M, Wada E. "Stepwise enrichment of ^{15}N along food chains: Further evidence and the relation between d15N and animal age". *Geochimica et Cosmochimica Acta*, Vol. 48, No. 5, 1984, pp. 1135 – 1140; Hedges R E M, Reynard L M. "Nitrogen isotopes and the trophic level of humans in archaeology" *Journal of Archaeological Science*, Vol. 34, No. 8, 2007, pp. 1240 – 1251.

③ Van der Merwe N J. "Carbon isotopes, photosynthesis and archaeology" *American Scientist*, No. 70, 1982, pp. 596 – 606; DeNiro M J. "Stable isotope and archaeology." *American Scientist*, No. 75, 1987, pp. 182 – 191; 胡耀武、Michael P. Richards、刘武、王昌燧：《骨化学分析在古人类食物结构演化研究中的应用》，《地球科学进展》2008 年第 23 卷第 3 期，第 228—235 页；张雪莲、王金霞、冼自强、仇士华：《古人类食物结构研究》，《考古》2003 年第 2 期，第 62—75 页；张雪莲：《应用古人骨的元素、同位素分析研究其食物结构》，《人类学学报》2003 年第 22 卷第 1 期，第 75—84 页。

会身份的先民群体。

5.2 C、N 稳定同位素分析

5.2.1 样品的选择

本研究共选取了小双桥遗址中出土的 66 例不同种属动物和先民的骨骼样品,包括 15 例动物(牛 6 例、猪 5 例、羊 3 例、狗 1 例)和 51 例先民个体样品。所有样品的编号、出土位置、种属等详细信息,如表 5.1 所示。

5.2.2 骨胶原的制备

骨骼样品的处理程序,依据 Jay 等[1]的文章中描述的方法,略作修改。首先,利用打磨机机械去除骨样内外表面的污染物后。称取古骨样品约 2g,在 4℃下浸于 0.5mol/L HCl,每隔两天更换酸液,直至骨样松软,无明显气泡,去离子水清洗至中性。其次,将古骨样品在 0.125mol/L NaOH 溶液浸泡 20h,去离子水洗至中性,浸于 0.001mol/L HCl 溶液 70℃下加热 48h,趁热过滤,收集滤液,进而冷冻干燥得骨胶原。最后称重,计算骨胶原得率(骨胶原重量/骨骼样品重量),详见表 5.1。

5.2.3 测试分析

骨胶原中 C、N 元素含量及 C、N 稳定同位素比值的测定在中国农业科学院农业环境与可持续发展研究所环境稳定同位素实验室进行。首先,取少量骨胶原样品,称重。然后,利用 Elementar Vario-

---

[1] Jay M, Richards M P. "Diet in the Iron Age cemetery population at Wetwang Slack, East Yorshire, UK: Carbon and nitrogen stable isotope evidence." *Journal of Archaeological Science*, No. 33, 2006, p. 653–662.

Isoprime100 型稳定同位素质谱分析仪（Isoprime 100 IRMS coupled with Elementar Vario）测试样品的 C、N 含量及同位素比值。测试 C、N 含量所用的标准物质为磺胺（Sulfanilamide）。C、N 稳定同位素比值分别以 USGS 24 标定碳钢瓶气（以 PDB 为基准）和 IEAE-N-1 标定氮钢瓶气（以 AIR 为基准）为标准，每测试 10 个样品中插入一个实验室自制胶原蛋白标样（$\delta^{13}C$ 值为 -14.7‰±0.2‰，$\delta^{15}N$ 值为 6.88‰±0.2‰）。分析精度都为 ±0.2‰，测试结果以 $\delta^{13}C$（相对于 V-PDB）、$\delta^{15}N$（相对于 AIR）表示，详见表 5.1。

5.2.4 数据的统计分析

运用 Origin8.0 和 SPSS 20.0 软件对所测数据进行处理。

表 5.1　小双桥遗址先民和动物骨样信息和测试结果

序号	探方	单位	编号	性别/种属	年龄	C(%)	N(%)	C/N	$\delta^{13}C$(‰)	$\delta^{15}N$(‰)
1	2000ZXⅨ T283	H63	R3	女	10—12	42.8	15.3	3.3	-9.4	6.0
2	2000ZXⅨ T283	H63	R48	女	20	42.8	15.2	3.3	-7.0	8.5
3	2000ZXⅨ T283	H63	R50	女	18—20	41.3	14.8	3.3	-8.1	10.0
4	2000ZXⅨ T283	H63	R51	女	15—18	39.3	13.7	3.4	-8.6	9.9
5	2000ZXⅨ T283	H63	R52	男	25	40.1	14.2	3.3	-7.7	9.1
6	2000ZXⅨ T283	H63	R54	男	20—25	40.9	14.5	3.3	-8.8	9.8
7	2000ZXⅨ T283	H63	R55	女	20—25	41.2	14.5	3.3	-9.5	10.7
8	2000ZXⅨ T283	H63	R56	男	30—34	41.4	14.7	3.3	-8.0	10.3
9	2000ZXⅨ T283	H63	R57	—	—	41.9	15.0	3.3	-7.9	9.3
10	2000ZXⅨ T283	H63	R58	—	—	41.8	14.9	3.3	-7.1	8.8
11	2000ZXⅨ T283	H63	南部	—	—	41.4	14.8	3.3	-7.6	9.1
12	2000ZXⅤ T15	H66	R2	男	青年	42.6	15.2	3.3	-9.2	9.2
13	2000ZXⅤ T15	H66	R3	男	青年	40.7	14.5	3.3	-9.9	6.9
14	2000ZXⅤ T15	H66	R5	男	青年	41.7	14.7	3.3	-8.6	9.8
15	2000ZXⅤ T15	H66	R7	男	青年	43.3	15.5	3.3	-11.2	7.4

续表

序号	探方	单位	编号	性别/种属	年龄	C(%)	N(%)	C/N	$\delta^{13}C$(‰)	$\delta^{15}N$(‰)
16	2000ZXⅤT15	H66	R8	男	青年	42.4	15.1	3.3	-9.6	6.6
17	2000ZXⅤT15	H66	R9	男	青年	42.9	15.2	3.3	-9.6	9.3
18	2000ZXⅤT15	H66	R10	男	青年	42.6	15.1	3.3	-11.9	10.1
19	2000ZXⅤT15	H66	R13	男	青年	45.5	16.8	3.2	-11.3	10.1
20	2000ZXⅤT15	H66	R15	男	青年	41.3	15.2	3.2	-8.5	7.3
21	2000ZXⅤT19	M38		—	—	40.4	14.4	3.3	-11.8	9.3
22	1995ZXⅤT68	H45	RA:2	女	13—14	41.9	14.9	3.3	-12.2	8.3
23	2000ZXⅤT68	H45	RB	女	13—14	38.9	14.1	3.2	-9.2	9.8
24	2000ZXⅤT53	H108		女	11	44.7	16.1	3.2	-9.6	7.8
25	2000ZXⅤT15	H110	R22:4	—	—	41.8	15.0	3.3	-8.9	10.5
26	2000ZXⅤT95	H114	RA	女	—	43.0	15.4	3.2	-12.0	10.3
27	2000ZXⅤT95	H114	RB	男	—	42.6	15.3	3.2	-10.4	6.9
28	2000ZXⅤT57	④A	R4	男	30—35	40.8	14.5	3.3	-9.0	10.0
29	2000ZXⅤT57	④A	R5	女	25左右	40.2	14.3	3.3	-7.5	10.4
30	2000ZXⅤT57	④A	R6	男	25左右	40.8	14.5	3.3	-7.9	9.5
31	2000ZXⅤT57	④A	R30:2	—	15—17	41.4	14.7	3.3	-9.6	9.1
32	2000ZXⅤT95	④B	R35:2	男	9—11	37.6	13.3	3.3	-10.1	10.9
33	2000ZXⅤT95	④A	R14		—	43.0	15.4	3.2	-7.9	8.0
34	2000ZXⅤT97	④A	R1	男	16—18	39.9	14.3	3.3	-9.1	9.5
35	2000ZXⅤT97	④A	R26:3	—	—	43.0	14.9	3.4	-12.0	9.0
36	2000ZXⅤT133	④B	R38	男	—	25.1	8.7	3.4	-9.6	10.4
37	2000ZXⅤT97	④A	R39:1	男	—	40.3	14.4	3.3	-11.2	9.4
38	2000ZXⅤT135	④A	R40:1	男	—	38.9	14.0	3.2	-7.7	9.1
39	2000ZXⅤT135	④A	R41:1	男	15—17	41.3	14.5	3.3	-6.9	9.3
40	2000ZXⅤT135	④A	R42:1	—	—	41.0	14.2	3.4	-8.9	10.1
41	2000ZXⅤT135	④A	R44:3	男	20—22	40.0	14.3	3.3	-12.3	10.6
42	2000ZXⅤT135	④A	R45.3	女	14—16	41.5	15.0	3.2	-8.9	6.7
43	2000ZXⅤT135	④A	R46:1	男	40左右	41.4	14.8	3.3	-7.7	11.1
44	2000ZXⅨT283	④A	R15	男	40—45	34.3	12.1	3.3	-7.4	9.1
45	2000ZXⅨT283	④A	R24	男	16—18	38.1	13.5	3.3	-9.8	9.7

续表

序号	探方	单位	编号	性别/种属	年龄	C(%)	N(%)	C/N	$\delta^{13}C$(‰)	$\delta^{15}N$(‰)
46	2000ZXⅨT283	④A		—	—	42.2	15.2	3.2	-7.3	9.0
47	2000ZXⅨT283	④A	R27	—	—	39.4	13.8	3.3	-7.9	9.4
48	2000ZXⅨT283	④A	R29	男	15—17	39.1	13.9	3.3	-10.1	9.9
49	2000ZXⅨT283	④A	R25	女	14—16	34.1	12.2	3.3	-8.3	8.5
50	2000ZXⅨT283	④A	R3	—		34.0	11.8	3.4	-8.1	10.2
51	2000ZXⅨT283	④A	R48	—	—	38.0	13.4	3.3	-7.0	9.3
52	1997ZXⅣT112			牛		44.2	16	3.2	-9.9	6.3
53	1999ZXⅨT164	H46		牛		41.1	14.5	3.3	-10.3	6.7
54	2000ZXⅨT283	H63		牛		44.8	16.2	3.2	-12.3	6.8
55	2000ZXⅤT135	④A		牛		41.7	14.8	3.3	-9.4	4.5
56	2000ZXⅤT15	H66		牛		42.1	15	3.3	-11.1	6.2
57	2000ZXⅨT211	H37		牛		43.8	15.8	3.2	-10.5	7.7
58	2000ZXⅤT193	H72		羊		42.2	15.1	3.3	-15.9	7.1
59	2000ZXⅤT97	②		羊		42.9	15.3	3.3	-15.4	6.7
60	2000ZXⅤT97	④		羊		42.4	15.1	3.3	-15.2	7.2
61	1999ZXⅨT205	H23		猪		42.6	15.4	3.2	-9	8.4
62	1999ZXⅨT211	H24		猪		44.6	16	3.3	-8	8.4
63	2000ZXⅤT129	H98		猪		43.9	15.8	3.2	-10.6	8.3
64	2000ZXⅤT137	③		猪		42.5	15.3	3.2	-10.8	8.2
65	2000ZXⅤT93	H77		猪		42.2	15	3.3	-8.7	7.6
66	2000ZXⅨT211	H37		狗		40	14.5	3.2	-7.5	8.4

注："—"表示部分人骨因肢解或者保存情况不佳，无法识别个体的性别或年龄。

5.3 结果

5.3.1 骨样污染的鉴别

在生物生命过程中，体内的胶原蛋白不断地进行合成和降解，保持着自身的完整性和生物活性。但在生物死亡以后，个体的新陈代谢活动停止，体内胶原蛋白的合成活动也随之停止。之后，骨骼在地下长期埋藏后，经过水、温度、微生物、无机基质等多种外界的影响，其胶原蛋白的肽链发生断裂，完整的胶原蛋白分子以及其中大分子量和长肽链等不可溶性组分逐渐减少，而小分子量、短肽链或游离氨基酸等可溶性组分则会相对增加，即不可溶性胶原蛋白逐渐转变为可溶性胶原蛋白[1]。

这一过程中，水解后的氨基酸又在水、光、热及微生物所含酶的作用下发生分解，转变成一系列小分子量的脂肪酸、胺类、烃类化合物和结构稳定的氨基酸。或者，氨基酸又可与木质素、单宁、多酚、糖、腐殖质等成分发生缩合反应。最终，使得完整的胶原蛋白分子基本上彻底降解并丧失绝大部分生物学信息。另外，地下水也能使短肽链、氨基酸组分从人体骨骼体系向周围环境迁移扩散，使其氨基酸流失。此外还有，骨骼中出现的各种空洞，也为土壤和微生物中有机质的进入创造条件，如各种腐殖质等，也同样污染了骨胶原，造成骨胶原的化学污染这一系列作用，皆使骨骼中的胶原蛋白逐渐丧失其自身的生物学特性，其结构和化学组成将可能发生改变[2]。因此，判断骨样是否被污染是进行 C、N 稳定同位素分析的前提。其中，判断骨胶原是否污染的最重要指标当属骨胶原的 C、N 含量和 C/N 摩尔比值。由表 5.1 可知，样品 C、N 含量分别在 34.3%—45.5% 和 12.1%—16.8% 之间，接近于现代骨胶原的 C、N 含量（41%，15%）[3]。尤其重要的是，所有样品的 C/N 摩尔比值在 3.2—3.4 之间，也都落于未受污染样品的范围内（2.9—

---

[1] 胡耀武：《古代人类食谱及相关研究》，博士学位论文，中国科学技术大学，2002 年。

[2] Hedges R E M. "Bone Diagenesis: An Overview of Processes." *Archaeometry*, Vol. 44, No. 3, 2002, pp. 319–328.

[3] Ambrose S H. "Preparation and Characterization of Bone and Tooth Collagen for Isotopic Analysis." *Journal of Archaeological Science*, No. 17, 1990, pp. 431–451.

3.6)①。由此可见，全部样品提取出的骨胶原均可用作稳定同位素分析。

5.3.2 动物的食物结构分析

图 5.1 为小双桥遗址动物骨胶原的 $\delta^{13}C$ 和 $\delta^{15}N$ 散点图。如图 5.1 所示，不同种属动物的 $\delta^{13}C$ 值和 $\delta^{15}N$ 值相差极大，初步表明这些家畜在饲养方式和食物来源上存在较为明显的差异。总体而言，根据食性不同，本次研究所选取的动物可以分为三大类，即草食动物（羊和牛）、杂食动物（猪）和肉食动物（狗）。

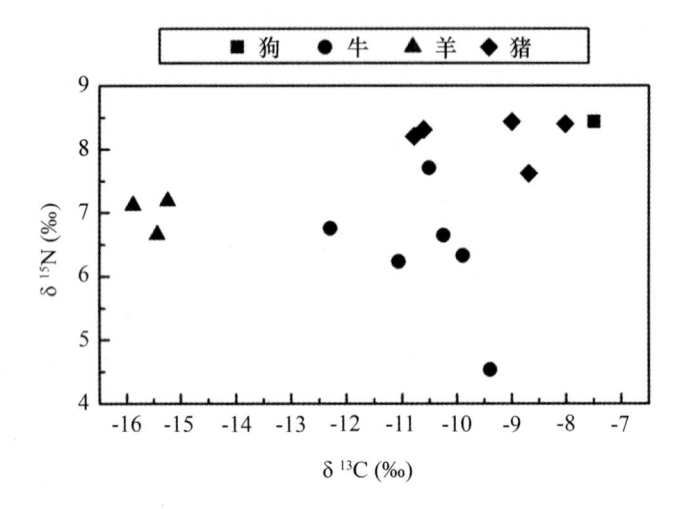

图 5.1 动物骨胶原的 $\delta^{13}C$ 值和 $\delta^{15}N$ 值散点图

从图 5.1 可以看出，在所有动物中，羊的 $\delta^{13}C$ 值最低。具体而言，3 例样品的 $\delta^{13}C$ 值位于 -15.9‰——-15.2‰ 范围内，均值为 -15.5‰±0.4‰（$n=3$），表明这些个体的食物来源中主要为 C_3

---

① DeNiro M J. "Postmortem preservation and alteration of in vivo bone collagen isotope ratios in relation to palaeodietary reconstruction." *Nature*, Vol. 317, No. 6040, 1985, pp. 806-809.

类植物，并辅以少量 C_4 类植物。3 例样品的 $\delta^{15}N$ 值位于 6.7‰—7.2‰范围内，均值为 7.0‰±0.3‰（$n=3$）。与羊相比，另一类草食动物的牛 $\delta^{13}C$ 值明显偏高，6 例样品的 $\delta^{13}C$ 值位于 -12.3‰——9.4‰范围内，均值为 -10.6‰±1.0‰（$n=6$），表明这些个体的食物来源中包含了大量的 C_4 类植物。明显偏大的 $\delta^{15}N$ 值变化范围（4.5‰—7.7‰）表明牛可获取的草本食物种类丰富。

营养级稍高的杂食类动物（猪）和肉食类动物（狗）的 $\delta^{13}C$ 和 $\delta^{15}N$ 值均明显高于草食类动物。其中，5 例猪的 $\delta^{13}C$ 值位于 -10.8‰——8.0‰范围内，均值为 -9.4‰±1.2‰（$n=5$），狗的 $\delta^{13}C$ 值为 -7.5‰，表明这两种动物的食物中包含了大量的 C_4 类植物。尤其是狗，在所有动物中其食物来源中的 C_4 类植物所占比例最高。作为杂食动物的猪，5 例个体的 $\delta^{15}N$ 值位于 7.6‰—8.4‰范围内，均值为 8.2‰±0.3‰（$n=5$），稍高于草食类动物（牛和羊）。作为肉食类动物代表的狗，$\delta^{15}N$ 值仅为 8.4‰，与杂食类动物（猪）相当。

总而言之，根据小双桥遗址动物骨胶原的 $\delta^{13}C$ 和 $\delta^{15}N$ 值分析可知，在所有动物中，羊的 $\delta^{13}C$ 值最低，狗的 $\delta^{13}C$ 值最高，猪和牛的 $\delta^{13}C$ 值介于两者之间。这表明，羊的食物中 C_4 类植物的比例最高，狗的食物中 C_4 类植物的比例最低，猪和牛介于两者之间。在反映营养级的 $\delta^{15}N$ 值方面，狗的数值最高，猪其次，牛和羊最低。

5.3.3 先民的食物结构分析

图 5.2 为小双桥遗址先民骨胶原的 $\delta^{13}C$ 和 $\delta^{15}N$ 散点以及四种动物的 $\delta^{13}C$ 和 $\delta^{15}N$ 误差棒图。如图 5.2 所示，51 例先民的 $\delta^{13}C$ 值变化范围为 -12.3‰——6.9‰，其均值为 -9.1‰±1.4‰（$n=51$），表明先民总体上以 C_4 类食物为主，兼具少量 C_3 类食物。实

验结果发现不同个体之间的 $\delta^{13}C$ 值差异较大，表明先民个体之间的食物结构存在明显差异。此外，51 例先民的 $\delta^{15}N$ 值变化范围为 6.0‰—11.1‰，均值为 9.2‰±1.2‰（$n=51$），初步表明不同先民在动物蛋白的摄取上差别较大。

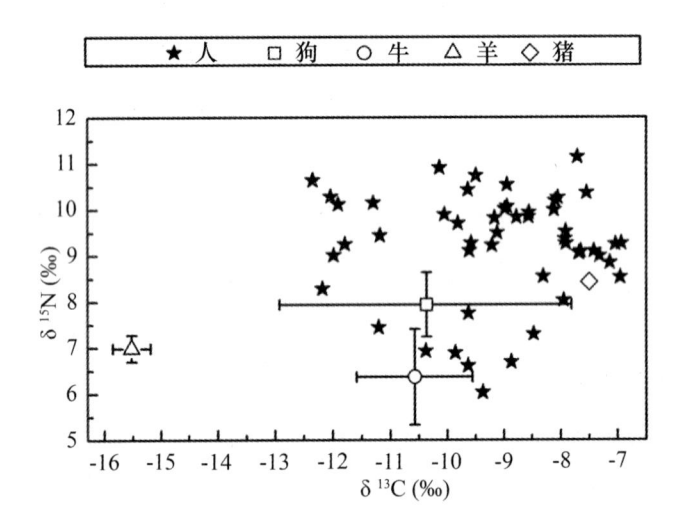

图 5.2　人骨胶原的 $\delta^{13}C$ 值和 $\delta^{15}N$ 值散点图和动物的 $\delta^{13}C$ 值和 $\delta^{15}N$ 值误差棒图

一般而言，C、N 稳定同位素值在食物链中传递时存在明显的分馏效应，即在食物链中每上升一个营养级，这一营养等级层次的 $\delta^{13}C$ 值和 $\delta^{15}N$ 值将分别富集 1‰—1.5‰ 和 3‰—5‰。由此，可以根据先民与动物在 $\delta^{13}C$ 值和 $\delta^{15}N$ 值上的差异状况揭示先民的主要肉食来源。由图 5.2 可见，先民与羊的 $\delta^{13}C$ 值之差明显大于 1‰—1.5‰，表明羊肉可能不是先民的主要食物来源，而先民与其他动物（牛、猪和狗）的 $\delta^{13}C$ 值之差则相对较小，显示上述动物极可能是先民主要的肉食资源。然而，不同先民个体与其他动物（牛、猪和狗）$\delta^{15}N$ 值的差异表明先民食物中的动物蛋白来源可能有所不同。

已有的植物考古学研究成果显示，商代中原和北方地区先民种植的主要粮食作物包括粟、黍、水稻和小麦等不同种类，并且粟和黍占据主要地位[①]。其中，粟和黍是典型的 C_4 类植物，水稻和小麦为典型的 C_3 类植物。那么，根据小双桥遗址中先民和动物的 $\delta^{13}C$ 值测试结果可以推断不同个体食物来源中的具体植物种类。

具体而言，牛的高 $\delta^{13}C$ 值显然源于粟类作物（包括种植粟和黍）的副产品（秸秆等），推测这一时期牛的饲养方式以人工饲养为主。羊主要以野外环境中的大量 C_3 类植物为食，包括野草等植物，推测这一时期先民对羊的饲养方式以放养为主。猪和狗的食物包括了大量的粟类植物副产品或先民的残羹冷炙，同样以人工饲养为主。先民以粟类作物（包括粟和黍）和家畜（猪、狗、牛）为生，但部分先民的食物来源中也包含一定比例的水稻或者小麦。

5.4 讨论

5.4.1 不同性别先民的食物结构差异

由前所述，不同先民个体之间的 $\delta^{13}C$ 值和 $\delta^{15}N$ 值相差较大，初步表明小双桥遗址先民的食物来源存在相当大的差异。那么，小双桥遗址先民个体的食物结构差异究竟是什么原因导致？我们首先展开讨论食物结构差异与个体性别之间的关系。

图 5.3 是小双桥遗址男性和女性的 $\delta^{13}C$ 值和 $\delta^{15}N$ 值标准误差棒图。在小双桥遗址的 51 例人骨中，受到埋藏方式和保存状况的影响，可进行性别判断的个体共有 38 例，其中包括男性 27 例，女性 11 例。如图 5.3 所示，男性和女性的 $\delta^{13}C$ 均值分别为 $-9.3‰ \pm 1.4‰$（$n = 27$）和 $-9.2‰ \pm 1.7‰$（$n = 11$），统计差异仅为

---

① 赵志军：《中国古代农业的形成过程——浮选出土植物遗存证据》，《第四纪研究》2014年第1期，第73—84页。

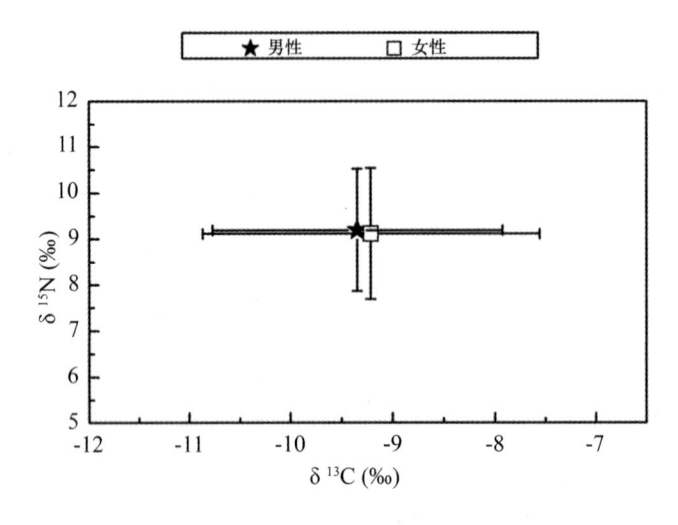

图 5.3　男性和女性的 $\delta^{13}C$ 值和 $\delta^{15}N$ 值标准误差棒图

0.1‰，低于同位素质谱测试的分析精度（±0.2‰），表明男性和女性的 $\delta^{13}C$ 均值并无明显差异（t = -3.176，df = 19，P = 0.005）。据此可知，小双桥遗址中男性和女性先民的食物结构极为类似，两者没有明显差别，因此，可以判定小双桥先民群体间的食物结构差异并不是由性别差异所导致的。

5.4.2　不同遗迹单位先民的食物结构差异

由考古发掘和体质人类学鉴定可知，不同遗迹单位内所出人骨的状况存在差异。如，V 区的祭祀坑 H66 中所出人骨全部属于青年男性，但商代地层中所出人骨存在女性和未成年人个体。这些现象暗示，不同遗迹单位所出人骨可能存在一定的差异，不同先民个体的同位素值差异是否与个体的埋藏方式和地点有关，值得进一步探讨。

本研究选取的样品包括 V 区的 H66（9 例）、H45（2 例）、H114（2 例）、H108（1 例）、H110（1 例）、M38（1 例）、V 区第

④A 层（14 例）和 V 区第④B 层（2 例），选取 IX 区的 H63（11 例）和 T283 第④A 层（8 例），共计 51 例个体。

图 5.4 是不同单位先民的 $\delta^{13}C$ 值和 $\delta^{15}N$ 值标准误差棒图。由图 5.4 可见，不同遗迹单位先民的 $\delta^{13}C$ 值和 $\delta^{15}N$ 值具有较为明显的差异。具体而言，H66、H114、H45 内先民的 $\delta^{13}C$ 平均值分别是 $-10.0‰ \pm 1.2‰$（$n=9$）、$-11.2‰ \pm 1.2‰$（$n=2$）和 $-10.7‰ \pm 2.1‰$（$n=2$），M38 墓主人的 $\delta^{13}C$ 值为 $-11.8‰$。H63 内先民的 $\delta^{13}C$ 平均值为 $-8.2‰ \pm 0.8‰$（$n=11$），相比 H66 存在明显差异（$p=0.001$），C_3 类食物的比重更高。

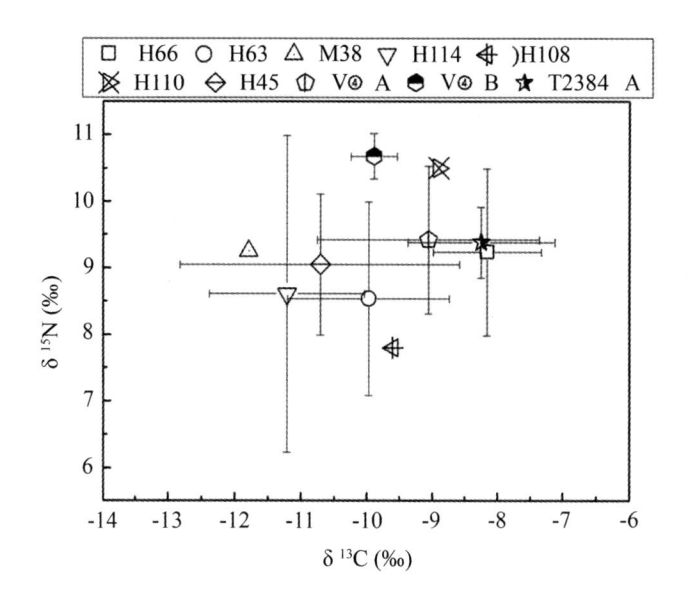

图 5.4　不同遗迹单位出土人骨的 $\delta^{13}C$ 值和 $\delta^{15}N$ 值标准误差棒图

V 区第④A 层和 T283 第④A 层内先民的 $\delta^{13}C$ 平均值分别为 $-9.1‰ \pm 1.7‰$（$n=14$）和 $-8.2‰ \pm 1.1‰$（$n=8$），但第④A 层所出人骨个体之间的 $\delta^{13}C$ 差异较大，可能包含有不同的人群。此外，V 区第④B 层先民的 $\delta^{13}C$ 平均值为 $-8.0‰ \pm 0.9‰$（$n=2$），H108 和 H110 个体的 $\delta^{13}C$ 值分别为 $-9.6‰$ 和 $-8.9‰$。

根据已有的测试结果，以不同遗迹单位中埋藏个体的骨胶原 $\delta^{13}C$ 值的高低为基本参考依据，可将小双桥遗址的先民分为甲、乙两类人群。

甲类人群为 $\delta^{13}C$ 值相对较小的个体，以 H66、M38、H114、H45 等单位出土的个体为代表。这些遗迹单位中先民个体的 $\delta^{13}C$ 平均值十分接近，均低于 $-9.0‰$。

乙类人群为 $\delta^{13}C$ 值相对较大的个体，以"H63底部"[①] 出土的个体为代表。H63中所出人骨的 $\delta^{13}C$ 值差异较大，第①层和第②层出土人骨的N值与底部人骨有明显差异（图5.5），"H63底部"代表了不同于甲类人群的另一类先民，$\delta^{13}C$ 值较高，且 $\delta^{13}C$ 平均值 $-8.2‰ \pm 0.8‰$（$n=11$）高于 $-9.0‰$。

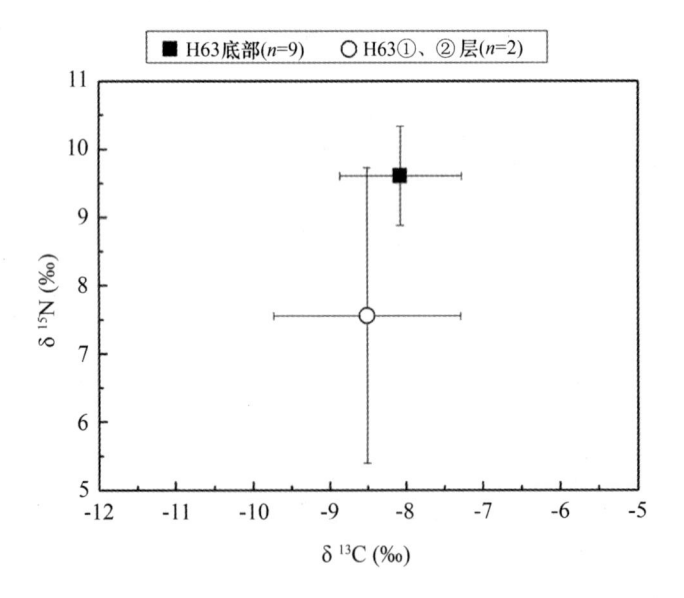

图5.5　H63不同层位出土人骨的 $\delta^{13}C$ 值和 $\delta^{15}N$ 值标准误差棒图

[①] H63第①层和第②层实际上属于压在其上的T283第④A层，"H63底部"应属独立单位，论证详见第六章。

除上述 $\delta^{13}C$ 值较为单纯的遗迹单位外，小双桥遗址的第④A 层中所出人骨的 $\delta^{13}C$ 值差异较大，既包括甲类人群这种 $\delta^{13}C$ 值相对较小的个体，同时也包括乙类人群这种 $\delta^{13}C$ 值相对较大的个体，以 V 区 T97 和 T135 的第④A 层等为代表。关于这些先民的身份，将在接下来的第六章结合个体的考古背景展开深入讨论。

5.4.3 先民食物结构差异

通过对出土人骨胶原的 C、N 稳定同位素分析，小双桥遗址不同遗迹单位所出人骨的 $\delta^{13}C$ 值和 $\delta^{15}N$ 值存在明显的差异，表明这些先民的食物结构存在一定的差异。具体而言，小双桥遗址的先民至少包括两种食物种类的人群，并且这种差异与其出土地点和埋藏方式密切相关。结合已有的植物考古研究成果，可对先民的食物种类进行探讨。

根据 C 稳定同位素分析的原理可知，主要植物种类可以分为 C_3、C_4 和 CAM 类。其中，C_3 类代表性植物有水稻、灌木、草等一些适于温和或阴凉环境的植物，其 $\delta^{13}C$ 值分布范围从 -34.0‰ 到 -22.0‰，平均值为 -26.5‰，C_4 类代表性植物有玉米、粟、黍以及在高温和太阳辐射较强区域生长的甘蔗和一些草等，其 $\delta^{13}C$ 值分布范围从 -16.0‰ 到 -9.0‰，平均值为 -12.5‰。结合 $\delta^{13}C$ 值在生物体内的分馏和富集效应可知，纯以 C_3 类植物为食的人（动物）其骨胶原中的 $\delta^{13}C$ 平均值应大约为 -21.5‰，纯以 C_4 类植物为食的人（动物）其骨胶原中的 $\delta^{13}C$ 平均值则相应约为 -7.5‰。

根据小双桥遗址先民的 C 稳定同位素分析结果可知，甲类人群的 $\delta^{13}C$ 值相对较小，典型单位的 $\delta^{13}C$ 平均值均低于 -9.0‰，表明食物结构中包含一定比例的水稻和粟黍类粮食，生前从事稻、粟混作的农业模式，乙类人群的 $\delta^{13}C$ 值相对较高，典型单位的 $\delta^{13}C$ 平均值均高于 -9.0‰，表明食物结构中粟黍类粮食的比例较高，生前从事较为单一的粟黍农业模式。

　　文献记载和考古材料均表明，由于气候、环境和土壤状况差异，我国不同地区的先民遵循各自的农业生产方式[①]。甲类人群和乙类人群的食物结构差异有可能与其生前所居的自然环境有关。那么，这两批人分别是什么人？他们之间具有怎样的历史关联？

---

① 郭怡：《稳定同位素分析方法在探讨稻粟混作区先民（动物）食物结构中的运用》，浙江大学出版社2014年版。

第 六 章

考古背景下的商与夷

6.1 商人东进(第Ⅵ组—第Ⅶ组)

二里冈上层一期属于商文化分布范围最广的时期之一[①]，以郑州为中心，顺河、济而下，在东北方向可抵达鲁西南的安邱堌堆[②]、梁山青堌堆[③]和鲁西北的大辛庄[④]，顺淮河支流而下，在东南方向可抵达豫东南的柘城孟庄[⑤]和鹿邑栾台[⑥]，这些地域的商文化遗存均延续到了殷墟文化时期。

然而，商文化在正东方向的拓展却十分有限。在豫东的夏邑清凉山[⑦]，至二里冈下层二期仍然属于岳石文化分布区（图6.1）。豫东的商丘地区和鲁西南的济宁地区自先商时期以来便是夷人聚居

[①] 王立新：《早商文化研究》，高等教育出版社1998年版。
[②] 北京大学考古系商周组、菏泽地区博物馆、菏泽市文化馆：《山东菏泽安邱堌堆遗址1984年发掘报告》，《考古学研究》（八），科学出版社2011年版。
[③] 中国科学院考古研究所山东发掘队：《山东梁山青堌堆发掘简报》，《考古》1962年第1期；吴秉楠、高平：《对姚官庄与青堌堆两类遗存的分析》，《考古》1978年第6期。
[④] 徐基、陈淑卿：《论岳石文化的终结——兼谈大辛庄商文化第二类遗存的性质》，《东方考古》第4集，科学出版社2008年版。
[⑤] 中国社会科学院考古研究所河南一队、商丘地区文物管理委员会：《河南柘城孟庄商代遗址》，《考古学报》1982年第1期。
[⑥] 河南省文物研究所：《河南鹿邑栾台遗址发掘简报》，《华夏考古》1989年第1期。
[⑦] 北京大学考古学系、商丘地区文管会：《河南夏邑清凉山遗址发掘报告》，《考古学研究》（四），科学出版社2000年版。

区，这一地域在二里冈上层一期时自东向西伸入商王朝的版图（图6.2）。这样特殊的文化分布应与商人沿黄河及淮河流域而下的扩张路线有关，正东方向的苏鲁豫皖交界地带在此时并未纳入商文化的版图，可能与该地区的"地势低洼，处于河流决溢、湖泊泛滥的侵袭和威胁之中"① 有关。

图 6.1　夏邑清凉山岳石文化地层所出商式鬲

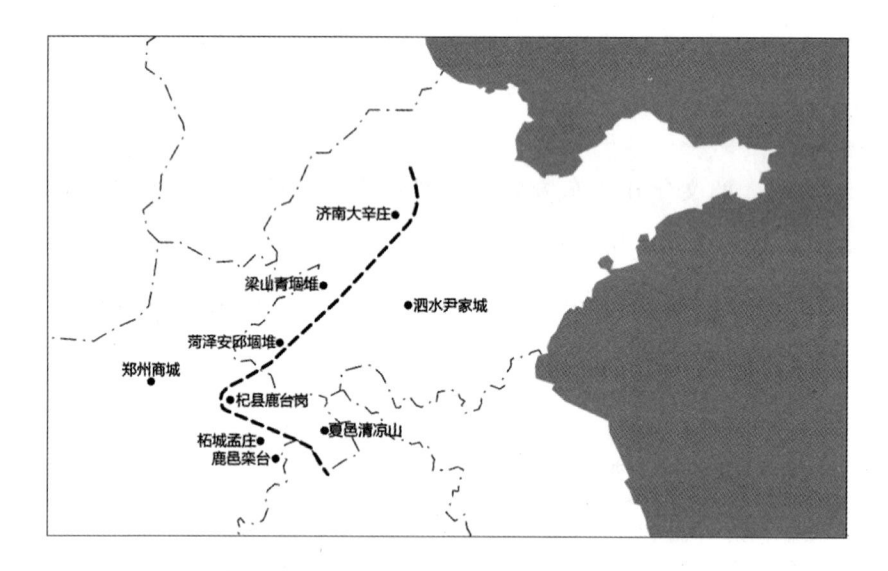

图 6.2　二里冈上层一期的商、夷分界（参考）

---

① 郅田夫、张启龙：《菏泽地区的堌堆遗存》，《考古》1987 年第 11 期。

如果把岳石文化分布区的西界比作一把插入商王朝版图的"铜矛",杞县鹿台岗①无疑是"矛头"所在。豫东的杞县属于"夷夏商三种考古学文化交汇地域"②,曾是商人由冀南豫北地区向郑洛地区挺进的中转站。商人在鹿台岗 H39 阶段到达此地,在略晚于鹿台岗 H39 时已到达郑州地区③。尽管商人的主力已西去,鹿台岗的商文化仍然在延续。

鹿台岗 H9 打破 H39,所出薄胎卷沿鬲的锥足下部已为素面,仅有上部仍饰绳纹。与橄榄形深腹罐、薄胎卷沿鬲等商式陶器共出的有岳石文化典型形制的尊形器 H9:37、豆 H9:30、罐 H9:1 等(图 6.3)。

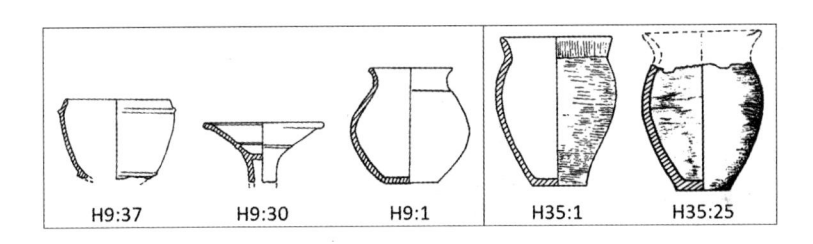

图 6.3　鹿台岗所出岳石文化风格陶器

情况在相对年代更晚的鹿台岗 H35 发生了较大变化,"一是体现在大量岳石文化因素的融入;二是体现在大量夹细砂薄胎红褐陶的产生,这一陶系或为岳石文化夹粗砂红褐陶与先商文化夹细砂薄胎灰陶结合的产物"④。在鹿台岗 H9 中,橄榄形深腹罐和薄胎卷沿鬲是炊煮器,岳石文化特征陶器主要是盛储器。在相对年代更晚的鹿台岗 H35 中,岳石文化特征的厚胎篦纹罐已出现在炊煮器中

---

① 郑州大学文博学院、开封市文物工作队:《豫东杞县发掘报告》,科学出版社 2000 年版。
② 宋豫秦:《夷夏商三种考古学文化交汇地域浅谈》,《中原文物》1992 年第 1 期。
③ 参见本书第三章。
④ 郑州大学文博学院、开封市文物工作队:《豫东杞县发掘报告》,科学出版社 2000 年版。

（图 6.3），表明此时已更为强烈地受到了岳石文化的影响。

由于鹿台岗 H9 所出陶鬲"显然与二里冈下层早段 H9 者相似"①，可知其年代与二里冈下层一期大体相当，故鹿台岗 H35 年代不早于二里冈下层一期，绝对年代应已进入商纪年。鹿台岗 H39 压在 T2 北扩第⑥层下，鹿台岗 H9 压在 T2 第⑥层下，T2 第⑥层中已出有陶鬲的素面锥足。鹿台岗 H35 压在 T2 北扩第⑤层下，打破第⑥层和 H39，又被房址 F1 打破，F1 也出有陶鬲的素面锥足（图 6.4）。综上可知，鹿台岗遗址仅有 H39 阶段属于"先商"，鹿台岗 H9→H39 是早商灰坑打破先商灰坑的层位关系，鹿台岗遗址自 H9 阶段已进入商纪年。

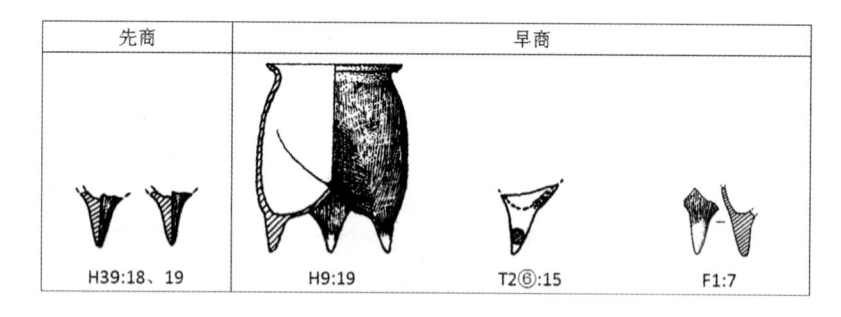

图 6.4　鹿台岗遗址所出鬲足对比

压在鹿台岗 F1 之上的 T24 第⑤层和第④层是岳石文化层，由于鹿台岗 H35 的绝对年代已进入商纪年，故相对年代更晚的岳石文化层也已进入商纪年，且距离二里冈下层一期可能存在相当长的一段时间。当鹿台岗再次出现商文化时已晚至第Ⅵ组（以 T4 第③层为代表），不排除岳石文化层 T24 第④层的年代下限有可能晚至第Ⅵ组。

由此可见，商人主力在略晚于鹿台岗 H39 阶段已挺进郑州地

---

① 郑州大学文博学院、开封市文物工作队：《豫东杞县发掘报告》，科学出版社 2000 年版。

区，在随后的鹿台岗 H9、H35 和 F1 阶段，豫东杞县附近地区越来越多地受到岳石文化的影响，最终在商代早期的某一时间（T24 第⑤层的年代上限）被岳石文化取代。尽管商人与夷人在早年结盟成功灭夏，建立了邦畿千里的商王朝，但夷人在东方的侵蚀足以令商王朝感到"后院起火"，因为鹿台岗距离郑州商城仅有约 110 公里！

在这样的历史背景下，商王朝对近在咫尺的夷人进行征伐已不可避免。杞县鹿台岗、民权牛牧岗和李岗等地再次出现的商文化遗存已晚至第Ⅵ组（图 6.5），器物群中不见岳石文化因素。可以说，商人的到来属于革命性的回归。已有的研究认为，小双桥遗址出现的岳石文化因素与文献记载中"仲丁征蓝夷"的事件有关①，那么文献中的"蓝夷"很有可能就是豫东杞县、民权等地使用岳石文化的人群。

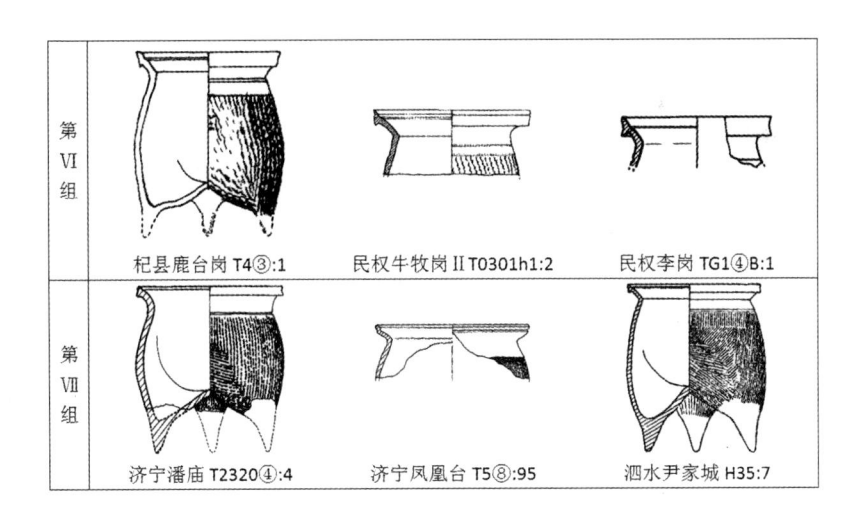

图 6.5　豫东、鲁西所出商式鬲

尽管如此，商人在第Ⅵ组的豫东地区仅取得了微弱的进展，商

---

① 陈旭：《郑州小双桥商代遗址即隞都说》，《中原文物》1997 年第 2 期；任相宏：《郑州小双桥出土的岳石文化石器与仲丁征蓝夷》，《中原文物》1997 年第 3 期。

文化仅推进至豫东的民权县①附近（图6.6）。夏邑清凉山商文化遗存的年代上限为殷墟文化第一期（第Ⅷ组），表明商人并没有继续向正东方向推进。

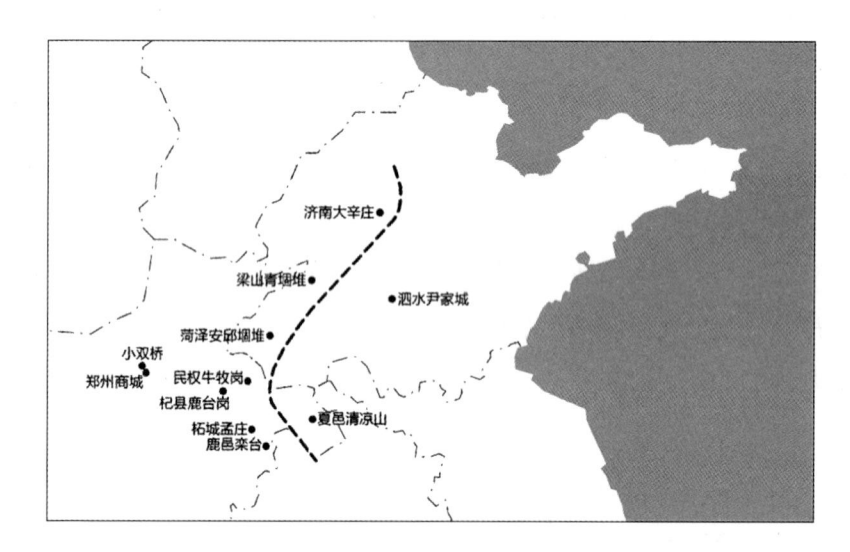

图6.6　第Ⅵ组的商、夷分界（参考）

在随后的第Ⅶ组，济宁潘庙②、凤凰台③、泗水尹家城④、天齐庙⑤等地出现了单纯的商文化遗存（图6.5），岳石文化已无迹可寻。

济宁凤凰台遗址的文化堆积分为8层，第⑧层属于该遗址年代最早的商文化堆积，所出陶鬲T5⑧：95颈部饰二道旋纹，腹部所

---

① 郑州大学历史学院考古系：《豫东商丘地区考古调查简报》，《华夏考古》2005年第2期；郑州大学历史学院考古系：《民权牛牧岗与豫东考古》，科学出版社2013年版。
② 国家文物局考古领队培训班：《山东济宁潘庙遗址发掘简报》，《文物》1991年第2期。
③ 国家文物局考古领队培训班：《山东济宁凤凰台遗址发掘简报》，《文物》1991年第2期。
④ 山东大学历史系考古专业教研室：《泗水尹家城》，文物出版社1990年版。
⑤ 国家文物局田野考古领队培训班：《泗水天齐庙遗址发掘的主要收获》，《文物》1994年第12期。

饰绳纹已超越下侧旋纹抵达上侧旋纹处，属于第Ⅶ组特征。由于第Ⅵ组陶鬲腹部所饰绳纹绝无超过颈部旋纹者，可知济宁凤凰台遗址的商文化堆积年代早不到第Ⅵ组。尽管在第⑧层和第⑦层中出有特征看似第Ⅵ组的陶鬲，但并不足以将该遗址商文化遗存的年代上限提早至第Ⅵ组。

济宁潘庙遗址的文化堆积分为5层，其中第④层属于商文化层，该层所出陶鬲T2320④：4束颈已不显著，颈部饰一道旋纹，为第Ⅶ组特征。压在第④层之下的还有灰坑H63、H62和H68，由于发表材料的限制无法获知这些单位的年代上限，但《山东济宁潘庙遗址发掘简报》发表的器物线图和照片中并没有可早到第Ⅵ组的器物。潘庙遗址与凤凰台遗址毗邻，可知济宁市区附近在第Ⅶ组才纳入商文化版图。

泗水尹家城的文化堆积分为8层，其中第⑥层属于商文化层，该层所出陶盆T191⑥：6腹部所饰绳纹已向颈部上升，为第Ⅶ组特征。尹家城遗址商文化遗存所出陶鬲时代特征最早的当属H35：7和H35：8，束颈特征已不显著，颈部饰一道旋纹，为第Ⅶ组特征。陶鬲H552：2看似具有第Ⅵ组特征，但颈部二道旋纹距离较远，实足根较粗矮，考虑到济宁凤凰台T5第⑦层和洹北H8等年代为第Ⅶ组的单位中仍然存在少量看似第Ⅵ组特征的陶鬲，并不足以将这些单位的年代提早至第Ⅵ组。

此外，泗水天齐庙遗址的"第四阶段遗存"属于商文化，陶鬲H1393：1的实足根已变粗矮，为第Ⅶ组特征。天齐庙遗址相比济宁潘庙、凤凰台和同属泗水的尹家城遗址更靠东，其年代上限显然不会超过第Ⅶ组。

上述情况表明，在第Ⅵ组至第Ⅶ组之际，商王朝对济宁地区展开了攻势，将岳石文化尹家城类型分布范围纳入了版图（图6.7）。尹家城遗址"T247、T257、T267和T277东壁"的地层剖面显示压在第⑥层（商文化层）之下的第⑦A层（岳石文化层）"夹杂大量的红烧土块"，"T203、T213、T223和T233西壁"的地层剖面显示压在第⑥层（商文化层）之下的第⑦A层（岳石文化层）"内含大量的红烧土块，往往成片分布"，商文化取代岳石文化似乎经历了毁灭性的过程。

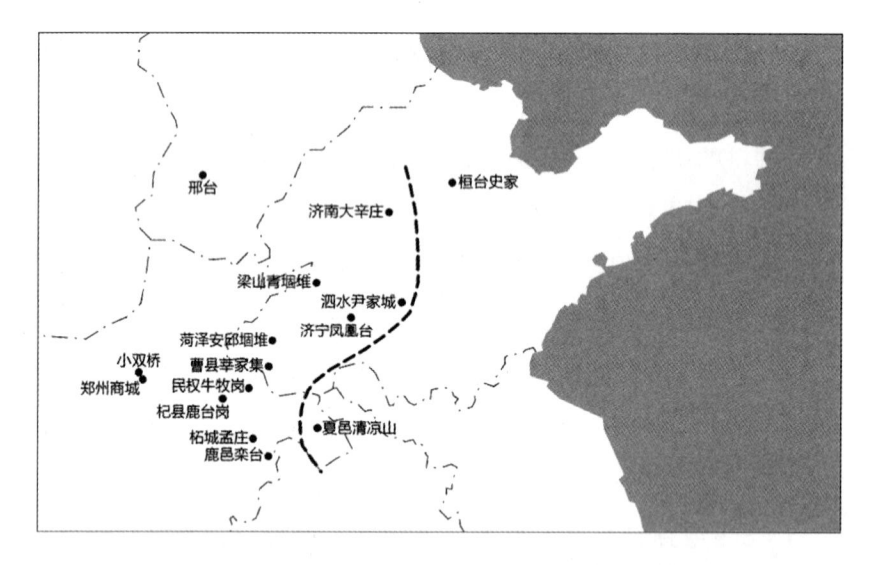

图6.7 第Ⅶ组的商、夷分界（参考）

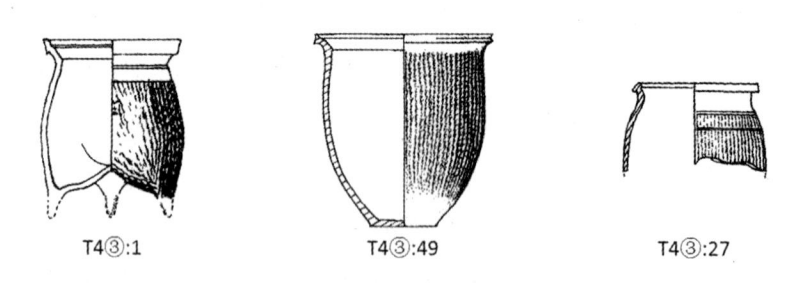

图6.8 鹿台岗所出第Ⅵ组晚段陶器

《太平御览》卷八三皇王部引《纪年》曰："河亶甲整即位，自嚣迁于相。征蓝夷，再征班方"，表明对杞县、民权地区夷人的征伐已延续至商王河亶甲在位时期，而杞县鹿台岗发现的第Ⅵ组遗存根据器物形制和组合特征，年代确实属于第Ⅵ组偏晚阶段（图6.8）。按照商文化向东推进的态势推测，商王河亶甲再征的"班方"很有可能与岳石文化尹家城类型相对应。

综上可知，至迟在商王太戊时，夷人势力已抵达豫东的杞县、民权一带，由于距离亳都仅有约110千米，已对商王室造成安全威胁。经非正常途径获取王位的商王仲丁将都邑迁往郑州商城西北约20千米的隞都，并对杞县、民权附近的"蓝夷"展开攻势。商王河亶甲迁离隞都时，商王朝已占领豫东的杞县、民权一带。至邢都诸王在位时期，商王朝已占领"班方"所在的济宁地区。

小双桥遗址主体堆积偏早阶段的杀殉遗存应与"仲丁征蓝夷"的事件相关。小双桥遗址主体堆积偏晚阶段所出岳石文化风格陶器与岳石文化尹家城类型陶器形制相似，有銎石锄恰好也流行于岳石文化尹家城类型，表明小双桥遗址出现的岳石文化风格器物与岳石文化尹家城类型有关。根据陶器化学成分和石器岩相分析可知，小双桥遗址的岳石文化风格陶器和有銎石锄属于本地制造，这意味着岳石文化尹家城类型所代表的夷人来到了小双桥遗址。那么，夷人的到来与小双桥遗址的兴废有何关联？是否又与岳石文化尹家城类型的旋即覆灭存在关联？小双桥遗址发现有数量丰富的人骨，其中可能包含夷人骨骼，对于小双桥遗址出土人骨的典型单位进行背景分析是揭开"小双桥遗址商与夷"问题的重要突破口。

6.2 小双桥遗址的商与夷

6.2.1 典型单位分析

考古学研究需要"见物又见人"，人骨材料为探讨"小双桥遗址的商与夷"问题提供了直接的物质文化材料。遗址是由遗存构成，遗存是由遗迹和遗物构成。遗物并非孤立存在，而是依附于遗迹之中。人骨作为考古学的重要研究对象，也同样依存于其所在的背景之中。在以陶器群为核心的考古类型学研究中，首先要进行的是典型单位的选取，对于人骨的研究同样需要选择典型单位进行重点分析。

在本书的第五章中，我们曾根据C、N稳定同位素测试结果将小双桥遗址发现的人骨初步划分为甲、乙两类人群，尽管两类人群食谱均以粟类食物为主，但甲类人群的食谱中稻类食物的比重高于乙类人群。甲类人群出自M38、H114、H66、H45等单位，乙类人群出自"H63底部"，兹对其考古背景进行考察。

6.2.1.1　00ⅤM38

位于T19西南部的夯土墙南侧。《郑州小双桥》指出其层位关系为"第④B层→M38→第⑤层"，但据发掘日记实为"第④A层→M38→第④B层"[①]。00ⅤM38与夯土墙的方向平行，属于商代常见的"环城墓"，表明此墓下葬时夯土墙已存在。由于夯土墙的层位关系为"第④A层→夯土墙基槽→第④B层"，可知此墓不应开口于第④B层下，故层位关系应以发掘日记为准。墓口近长方形，斜壁内收，平底，填土浅灰、稍硬，出有人骨1具，墓主人的骨骼保存较差，仅剩两股骨和胫骨残段，应为仰身直肢，头东向，性别、年龄不详。墓中出有陶鼎1、豆1、簋2（图6.9）。

发掘者指出00ⅤM38"从形制、埋葬方式和成组的随葬品分析，该遗迹有可能是一座有别于人祭坑的墓葬"。此墓应为夷人墓，原因有二：

其一，随葬陶器组合的核心为陶鼎（图6.10）。众所周知，商文化陶器群的核心器物为陶鬲，因其数量多、变化快，成为商代考古分期断代的标志性器物。二里冈文化中存在少量陶鼎，但墓葬随

---

① 河南省文物考古研究院资料。

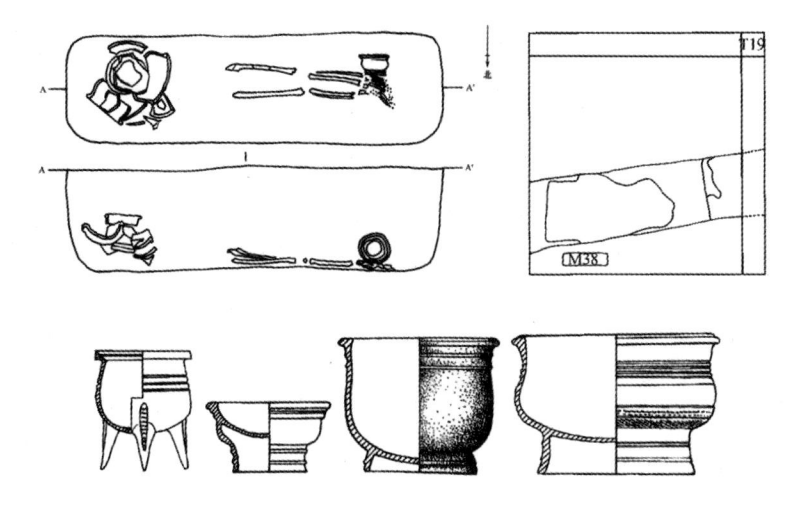

图6.9　00ⅤM38平剖面图、所在位置及随葬器物

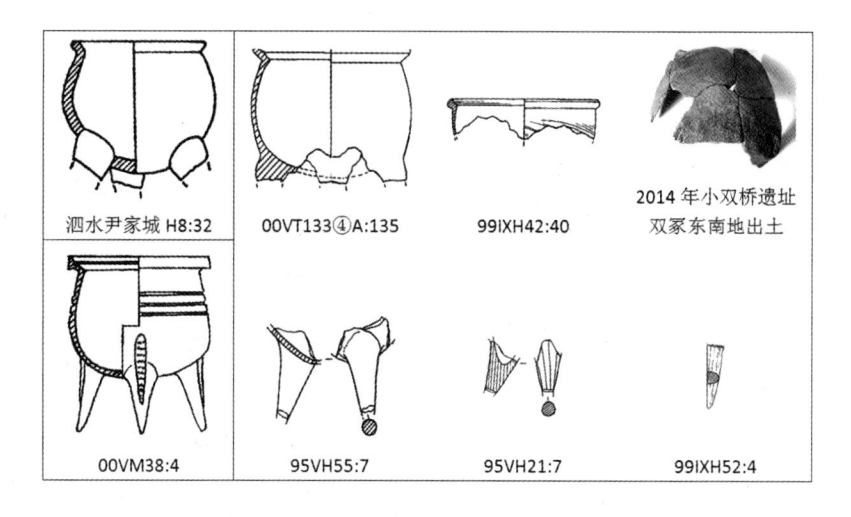

图6.10　小双桥遗址所出陶鼎及对比器物

葬组合以陶鼎为核心的情况却并不常见。在夏商周考古研究中，随葬陶器组合核心的炊煮器往往是墓主人族属的重要指示性器物，陶鼎的出现与通常随葬的陶鬲形成鲜明的对比，暗示墓主人具有鼎文

化背景。山东地区自新石器时代以来便属于"鼎文化圈"①，陶鼎属于岳石文化常见的炊煮器之一。在小双桥遗址以往的发掘中，曾发现少量岳石文化特征的陶鼎及鼎足。2014年，小双桥遗址双冢东南的白家庄期灰坑中再次发现岳石文化特征的陶鼎②，陶色为棕色，器表有刮抹痕迹，与泗水尹家城所出者几乎完全相同。尽管00ⅤM38所出陶鼎的口沿和实足根与二里冈文化的陶鬲相似，且陶色为灰陶，但器物形制仍然可以明显看出是受到了岳石文化的影响。

其二，墓主人头向东（图6.9）。据研究，商代墓葬以南、北向居多③，东西向墓葬可能具有特殊的族群背景。下文将要论证的夷人墓H114也是东西向墓葬。

尽管00ⅤM38为夷人墓，却受到了商文化的影响，表现在以下两点：

其一，随葬陶鼎00ⅤM38：4为二里冈文化与岳石文化混合特征（6.11）。尽管器物形制与岳石文化保持有一定的相似之处，但实足根与小双桥遗址所出陶鬲的实足根几乎完全相同。尽管方唇的宽度不及陶鬲，但方唇本身就是受到了商文化的影响。更为重要的是，沿面之上有一道旋纹，与小双桥遗址所出陶鬲的沿面特征完全相同。这表明，陶鼎00ⅤM38：4应属掌握二里冈文化制陶技术者为夷人墓主所制。

其二，平行埋葬于夯土墙内侧属于商文化特征的"环城墓"。墓葬分布于城墙之旁是二里冈文化的重要特征之一④，墓主人下葬时遵循了商文化传统。需要指出的是，作为夷人的墓主能够安葬在

---

① 严文明：《中国古代文化三系统说——兼论赤峰地区在中国古代文化发展中的地位》，《中国北方古代文化学术国际研讨会论文集》，中国文史出版社1995年版。
② 河南省文物考古研究院资料，承蒙李素婷研究员惠允使用，此致谢忱！
③ 郜向平：《商系墓葬研究》，科学出版社2011年版。
④ 冉宏林：《早商"环城墓"研究》，《夏商都邑与文化》（一），中国社会科学出版社2014年版。

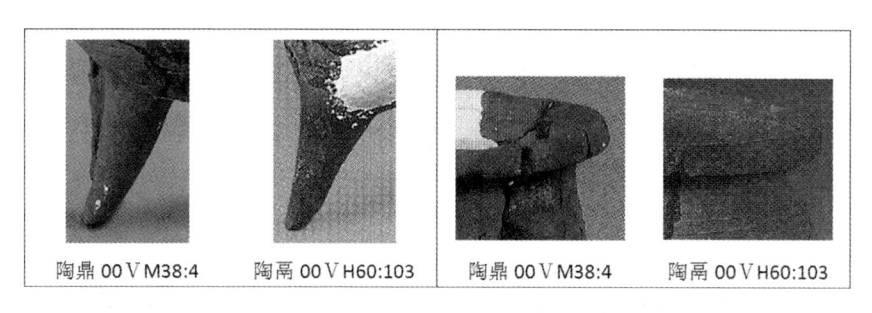

图 6.11　陶器细部特征对比

小双桥遗址核心区的夯土墙内侧，表明此人具有一定的社会地位，显然不是夷人战俘。

6.2.1.2　00ⅤH114

位于 T95 东南部，开口于第③层下，打破第④B 层，坑口为不规则长方形，坑壁近直，平底，填土为浅灰褐色花土，出有人骨 2 具，为男女合葬，女性仰身直肢，头向东，男性俯身直肢，头向西。此类葬式并非商文化特征，却见于岳石文化（图 6.12），山东长清仙人台遗址发现的岳石文化墓葬 M7 埋入一男一女，头向相反，男性北向，女性南向[①]。山东章丘焦家遗址 M21 为二人合葬墓，头向相反，其中一人为俯身葬，随葬大汶口文化陶豆[②]，进一步表明海岱地区早在大汶口文化时期即已出现此类葬俗。

经查，小双桥遗址Ⅴ区西北部的空地上零星发现有一批东西向墓葬，其中以 T95、T93 和 T133 三个探方相接处发现最为密集。00ⅤH103 开口于第④A 层下，00ⅤH104 开口于第④A 层下，打破第④B 层及第⑤层，00ⅤH113 开口于第④A 层下，打破第④B 层及 HJ6，这三座墓葬距离夷人墓 H114 不远，均开口于第④A 层下，后

---

①　山东大学考古系：《山东长清县仙人台遗址发掘简报》，《考古》1998 年第 9 期。

②　王芬、路国权、唐仲明、宋艳波：《山东章丘焦家大汶口文化遗址 2016—2017 年发掘收获》，《2017 中国重要考古发现》，文物出版社 2018 年版。

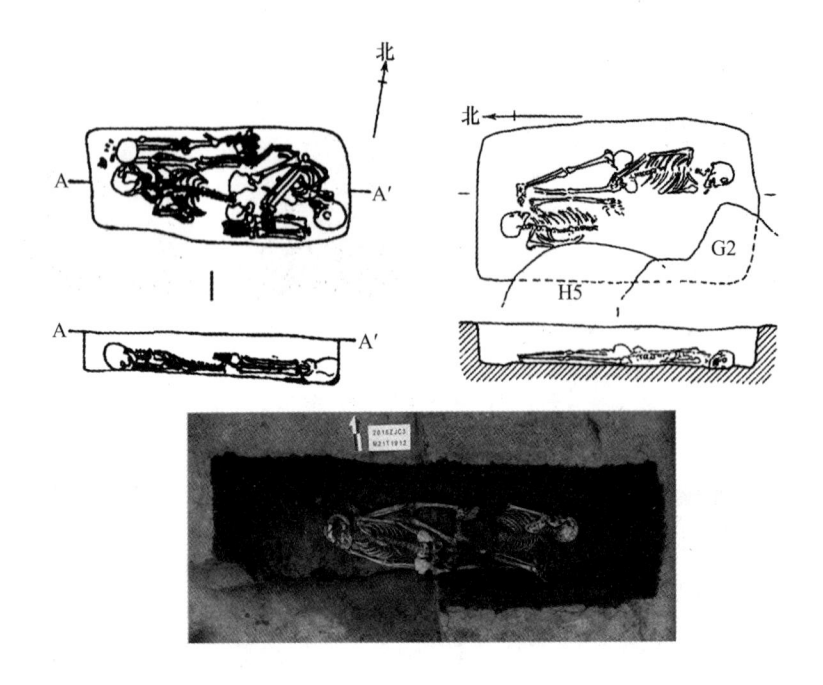

图 6.12 小双桥 VT95H114、长清仙人台 M7 和焦家 M21 对比

两座明确打破第④B层。H103墓主人为男性,头向西,H104墓主人为女性,头向东,H113墓主人性别不明,头向西。值得注意的是,在H114中,RA为女性,头向东;RB为男性,头向西。H103和H104的情况与之完全相同。可见,小双桥遗址的夷人墓遵循了"男西女东"的头向规律,这就为辨识小双桥遗址更多的夷人墓提供了重要线索。

以"男西女东"的头向规律为线索,可进一步判断00ⅤH67(开口于③层下,打破④B层、⑤层及生土,墓主人东向)、00ⅤH107(开口于第④A层下,打破④B、⑤层及生土,墓主人西向)也有可能属于夷人墓。

6.2.1.3 00ⅤH66

开口于第④B层下,打破第⑤层,平面呈圆角长方形,近南北向,直壁,坑底内凹,坑口长1.88米、宽0.85米,坑深0.60米。

坑内堆积可分为三层：第①层人骨约 20 个个体，系被肢解后埋葬，多具头骨上有锐器穿孔或钝器伤痕，第②、③层的四肢骨较多，第③层另有一具拦腰砍断的骨架。坑内人骨的最小个体数不少于 32 个，经鉴定皆为青年男性，均为非正常死亡。00ⅤH66 平面形状规整，分层埋葬，所埋人骨皆为非正常死亡的青年男性，这些特征与殷墟西北冈[①]发现的商代晚期祭祀坑十分相似（图 6.13），故将其判断为一处性质明确的"人祭坑"。

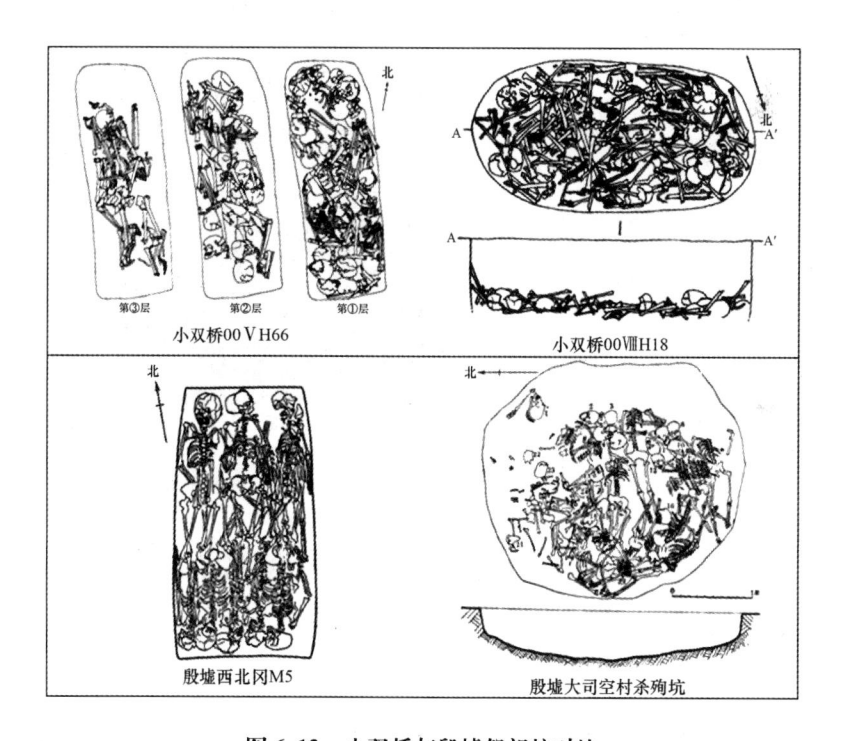

图 6.13 小双桥与殷墟祭祀坑对比

秦、赵长平之战遗迹——永录 1 号尸骨坑[②]发现的人骨皆为男

[①] 安阳亦工亦农文物考古短训班、中国科学院考古研究所安阳发掘队：《安阳殷墟奴隶祭祀坑的发掘》，《考古》1977 年第 1 期。

[②] 山西省考古研究所、晋城市文化局、高平市博物馆：《长平之战遗址永录 1 号尸骨坑发掘简报》，《文物》1996 年第 6 期。

性，以30岁左右的最多，人骨发现有箭痕、砸痕、刃痕、骨折等创伤。小双桥00ⅤH66所出人骨皆属青年男性，12号、13号等人头骨所见创伤与永录1号尸骨坑所出创伤标本具有明显的相似之处（图6.14），00ⅤH66所出人骨与永录1号尸骨坑的人骨均应属于被杀害的战俘。

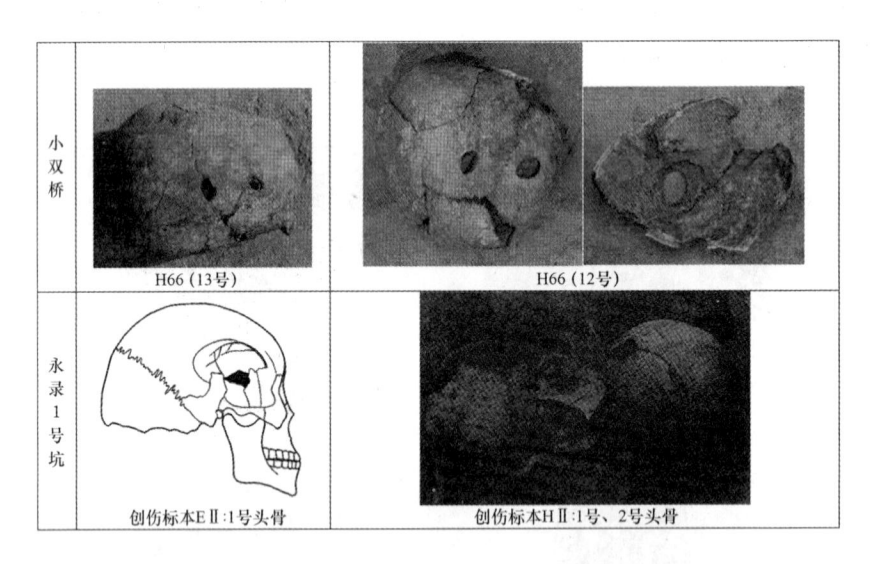

图6.14　小双桥00ⅤH66与永录1号坑出土头骨对比

此外，小双桥遗址还发现另一处与00ⅤH66相似的人祭坑00ⅧH18（图6.13），位于T377内夯土墙西北拐角的内侧，开口于第④A层下，打破第④B层。坑口略呈椭圆形，坑壁近直，人骨主要是头骨和肢骨，少见肋骨、盆骨。保护起见，仅清理第①层人骨，初步估计不少于30个个体。人祭坑00ⅧH18的特征与殷墟大司空村[①]发现的杀殉坑十分相似（图6.13），也可认定为一处性质明确的"人祭坑"。

---

① 安阳市博物馆：《安阳大司空村殷代杀殉坑》，《考古》1978年第1期。

6.2.1.4　95ⅤH45

位于 T68 中部，开口于第④层下，打破第⑤层，坑口不规则，坑壁近直，下部略内收。坑内发现 4 个个体，但保存较好的仅有 2 名青年女性，年龄在 13—14 岁（图 6.15）。下层个体的左侧股骨表面有密集的纤细划痕，推测与啮齿类动物啃咬腐肉有关。

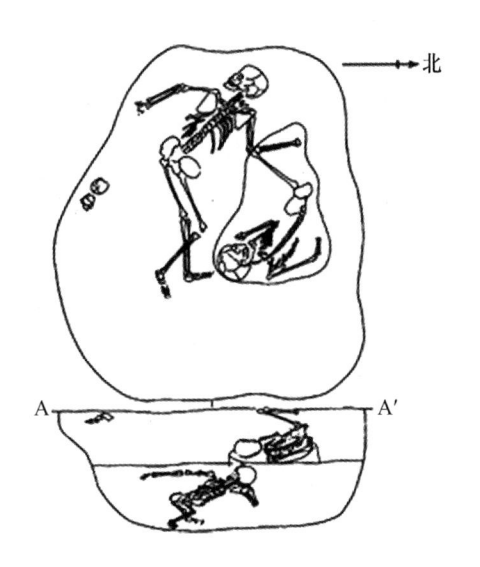

图 6.15　小双桥 95ⅤH45 平、剖面图

性别与年龄的特殊选择表明 95ⅤH45 应属一座性质明确的"人祭坑"。不同于 00ⅤH66 和 00ⅧH18 对青年男性战俘的杀殉，95ⅤH45 可能是对青年女性的一种特殊处理方式。

6.2.1.5　00ⅨH63

位于 T283 中部，开口于第④层下，平面形状不规则，坑壁为斜坡状，凹凸不平，坑底不平整，与人骨伴出有丰富的陶片、兽骨等（图 6.16）。第①层出有大量陶片和散乱人骨，与Ⅴ区第④A 层的情况极为相似。第②层同样出有大量陶片和散乱人骨，但相比第①层仅局限于地势较低的中心部位。从第①层和第②层的实际情况看，似乎应归入压在其上的地层，而非坑内堆积，仅是由于该坑在地层形成时尚未填平，故看似属于坑内分层。根据发掘日记①，00ⅨH63的第①、②层在发掘过程中确实是当作T283的第④A层来处理的。

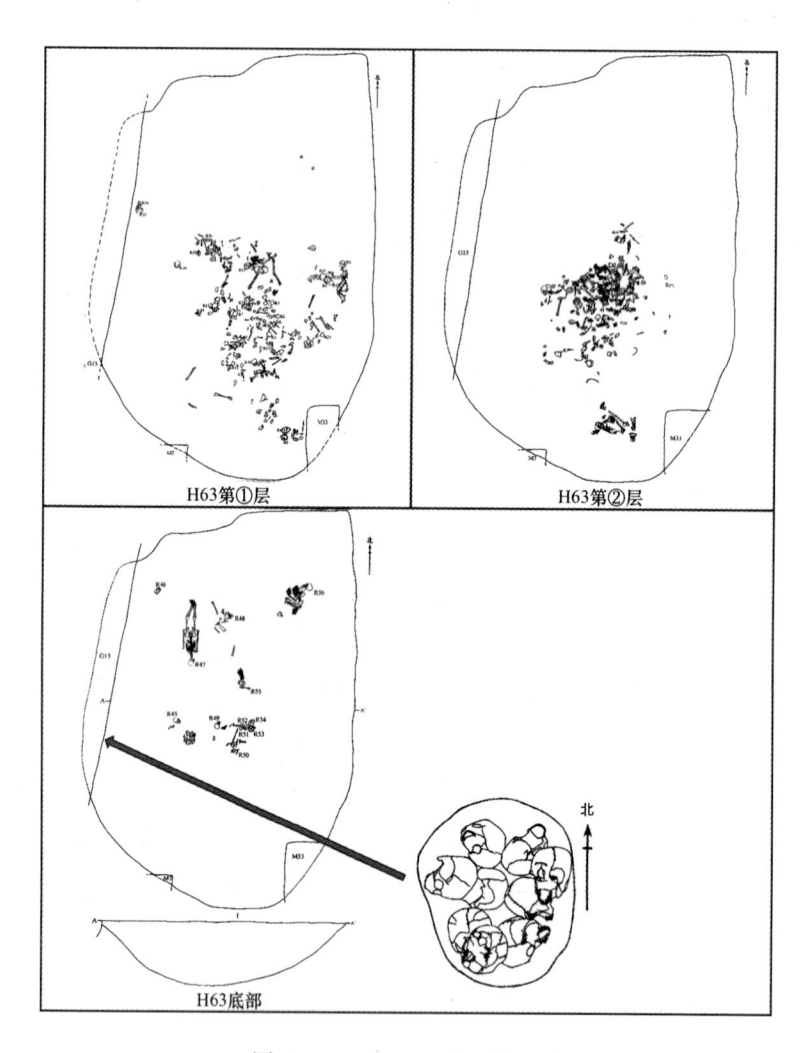

图6.16　00ⅨH63平、剖面图

00ⅨH63底部的近圆形小坑内发现有人头集中摆放的现象，似

---

① 河南省文物考古研究院资料。

乎具有祭祀的性质。发掘者指出9个颅骨"均无下颌骨……未见有穿孔,砍和砸、骨折、塌陷性孔洞等外力导致的创伤,估计砍头是他们死亡的主要原因。据其牙齿的磨损程度推测,9个人骨的年龄在20—40岁,多属男性"。值得注意的是这9个颅骨"均无下颌骨",可能经历了特殊的处理方式。

00ⅨH63底部除9个集中放置的头骨以外,还发现有12个个体(表6.1),男女比例大体相当,年龄为中、青年,分布较为散乱,人骨姿态不固定,多呈非正常死亡状态,有的呈捆绑状或被抛掷状,部分人骨不全或仅剩颅骨。

表6.1　　　　　　　　"00ⅨH63底部"人骨信息

编号	性别	年龄	位置	保存情况
R45	男	30—35	西部	残留部分颅骨,无下颌,上颌牙齿残断,磨损严重
R46	女	25上下	西北部	余颅骨,无下颌骨,余上和左右第二白齿
R47	男	30—40	北部偏西	俯身,缺右肱骨,右小腿弯曲,呈捆绑状
R48*	女	20上下	东北部	四肢骨零乱,置于颅骨西侧
R49	男	35上下	中部	有颅骨,盆骨、肋椎骨保存完好,缺四肢
R50*	女	18—20	中部偏东	枕骨右侧有一穿孔,缺肋、椎、盆骨,无下颌
R51*	女	15—18	中部偏东	仅余颅骨,无下颌,上颌牙齿完好
R52*	男	25上下	中部偏东	颅骨,无下颌,上颌牙齿完好
R53	女	30—35	东部	颅骨,下颌完好,上下牙齿完好
R54*	男	20—25	东部	颅骨,下颌完好,上下牙齿完好
R55*	女	20—25	东部	俯身,右侧颞骨有两个小穿孔,无下肢及右上肢
R56*	男	30—34	东北角	俯身屈肢,颅骨完好,右枕骨有一穿孔

注：标*者为取样测试者。

"00ⅨH63底部"[1] 与00ⅤH66所出人骨存在巨大差异,表现

---

[1] 考虑到00ⅨH63底部12个个体的特殊性,我们将以"00ⅨH63底部"特指这12个个体。

在以下两点：其一，00ⅤH66 表现为有秩序的祭祀活动，"00Ⅸ H63 底部"表现为无秩序的非正常死亡状态；其二，00ⅤH66 均为青年男性，"00Ⅸ H63 底部"男女比例相当，年龄结构复杂。"00Ⅸ H63 底部"与以 00ⅤH66 和 00ⅧH18 为代表的一类人祭坑存在显著差异，其背后反映的应是不同的杀殉目的，相比后者有秩序的祭祀活动，"00Ⅸ H63 底部"呈现出一种缺乏秩序的屠杀行为，这也是发掘者将其称为"'杀牲祭祀'的第一现场"的原因。根据"00Ⅸ H63 底部"人骨的性别和年龄特指推测应不是直接参加战争的作战人员，而是属于战败一方作战人员以外的受害者。

根据《郑州小双桥》提供的遗迹平面图可知，R1 至 R26 属于 00Ⅸ H63 的第①层（表 6.2）。第①层的人骨中有相当一部分无法鉴定性别、年龄，但仍有 11 例提供了较为详细的信息。可以见到这批人骨有男有女，既有未成年人也有青年人和中年人，30 岁以上者占绝大多数，这与"00Ⅸ H63 底部"人骨的年龄分布情况形成明显反差。另外，未成年人 R3 被叠压在成年人 R21、R22、R23 之上，情况十分特殊。

表 6.2　　　　　　　　00Ⅸ H63 第①层人骨信息

编号	性别	年龄	位置	保存情况
R2	—	—	中部偏西南	颅骨残片，颅骨表面有一个长圆形穿孔
R3*	女？	10—12	东北部	右侧顶骨下端有一不规则圆形穿孔，肋骨及盆骨破碎
R8	女？	25—30	东南部	颅骨残片，残留上颌左第一、二白齿
R11	—	30—35	西中部	颅骨残片，颅骨表面有一椭圆形穿孔
R17	男	40—45	中北部	颅骨右侧有一椭圆形穿孔，左上肢未见肱骨，无右下肢
R20	—	—	东部偏南	颅骨残片，颅骨表面有一椭圆形穿孔
R21	男	40—45	中部	残颅骨，无下颌
R22	女	30—35	中部	颅骨已变形，无下颌，仅余上颌第二白齿

续表

编号	性别	年龄	位置	保存情况
R23	女	30—35	中东部	上颌左上有一近椭圆形穿孔,仅余上颌左第一、二白齿
R24	—	—	东南部	颅骨残片,带有刀砍痕迹及椭圆形穿孔
R25	男	30—35	西中部	颅骨残片,已变形

注：标 * 者为取样测试者。

《郑州小双桥》未交代哪些人骨属于 00ⅨH63 的第②层，但根据报告提供的线索推测 R27 至 R35 可能属于第②层。从性别、年龄以及人骨保存情况看，与第①层的情况基本相同（表6.3）。

表6.3　　　　　　　　　　00ⅨH63 第②层人骨信息

编号	性别	年龄	位置	保存情况
R27	男	35上下	中部	颅骨残片,下颌骨及下颌左侧1—3白齿和右侧1、3白齿
R28	女	—	中部	颅骨碎片,缺下颌及上颌门齿
R29	女	35—40	中部	颅骨残片,缺下颌及上颌门齿
R30	女	35—40	中部偏西	颅骨自然变形,缺下颌,上颌余左右1、2白齿
R31	男？	13—17	中南部	颅骨仅余残片,上下颌残缺破裂,缺上肢,下肢残断,无指、趾骨,股骨头未愈合
R32	男	25—30	中南部	仅余颅骨,无下颌,余上颌两侧1—3白齿
R33	女	18—20	中南部	无颅骨,仅余盆骨以下部分,股骨头未完全愈合
R34	男	30上下	南部	颅骨,下颌骨下带三节颈椎骨（其他颅骨不见）
R35	男	23—25	南部	颅骨自然变形

可以看到，00ⅨH63 的第①层和第②层中散乱人骨与大量陶片共存，此情况与Ⅴ区第④A层的情况相似，性别、年龄及人骨保存情况也存在诸多相似之处。在 00ⅨH63 之上叠压 T283 第④A层，所出人骨及陶片情况与 00ⅨH63 的第①层和第②层相同。由此可

见，00ⅨH63 的第①层和第②层与压在其上的 T283 第④A 层属于相同性质的文化堆积，实际上可以并为同一地层，"00ⅨH63 底部"则可视为一处独立的遗迹单位。

6.2.2　人群辨析

植物考古研究成果表明，中原地区的先民自仰韶时代以来已大量种植粟类作物，尽管麦类作物和水稻在龙山时代即已出现，并且在二里头文化时期至二里冈文化时期的遗址中时有出土，却并没有改变粟类食物在先民饮食结构中"一家独大"的基本格局[①]。中原地区新石器时代晚期至商代遗址中出土人骨的 C 稳定同位素比值，诸如：南寨遗址（$-9.6‰ \pm 1.3‰$，$n=9$）[②]、二里头遗址（$-8.6‰ \pm 0.9‰$，$n=20$）[③]、刘庄墓地（$-7.6‰ \pm 0.6‰$，$n=29$）[④]、偃师商城（$-7.6‰ \pm 0.8‰$，$n=3$）[⑤]、殷墟（$-8.2‰ \pm 2.5‰$，$n=39$）[⑥]、殷墟新安庄（$-8.96‰ \pm 0.7‰$，$n=39$）[⑦] 充分证实了这一点。

与中原地区相比，山东地区的农业经济自大汶口文化以降已呈现出稻粟混作的生业模式，如两城镇遗址出土粟黍植物和稻谷遗存

[①] 赵志军：《公元前 2500 年—公元前 1500 年中原地区农业经济研究》，《科技考古》第 2 辑，科学出版社 2007 年版。

[②] 张雪莲、王金霞、冼自强、仇士华：《古人类食物结构研究》，《考古》2003 年第 2 期。

[③] 张雪莲、仇士华、薄官成、王金霞、钟健：《二里头遗址、陶寺遗址部分人骨碳十三、氮十五分析》，《科技考古》第 2 辑，科学出版社 2007 年版。

[④] Liangliang Hou, Yaowu Hu, Xinping Zhao, Suting Li, Dong Wei, Yanfeng Hou, Baohua Hu, Peng Lv, Tao Li, Guoding Song, Changsui Wang. "Human subsistence strategy at Liuzhuang site, Henan, China during the proto-Shang culture by stable isotopic analysis". *Journal of Archaeological Science*, Vol. 40, No. 5, May 2013.

[⑤] 张雪莲、王金霞、冼自强、仇士华：《古人类食物结构研究》，《考古》2003 年第 2 期。

[⑥] 同上。

[⑦] Christina Cheung, Zhichun Jing, Jigen Tang, Zhanwei Yue, Michael P. Richards. "Examining social and cultural differentiation in early Bronze Age China using stable isotope analysis and mortuary patterning of human remains at Xin'anzhuang, Yinxu." *Archaeological and Anthropological Sciences*, Vol. 9, No. 5, 2017, pp. 799 – 816.

概率分别为36%和49%[①]。山东地区多处遗址先民的C稳定同位素比值,如北阡遗址(-10.0‰±0.6‰,$n=18$)[②]、西公桥遗址(-14.8‰±2.9‰,$n=8$)[③]、两城镇遗址(-9.8‰±2.0‰,$n=15$)[④],均低于-9‰,相比中原地区,C_3类食物(稻类)在先民食谱中占有更大的比重。由于岳石文化极少发现墓葬,目前尚缺乏岳石文化人骨的C、N稳定同位素研究成果,但根据植物考古学的相关成果[⑤]推测此时的先民可能依然基本遵循着原有的农业生产方式。

前已论及,根据考古背景推测00ⅤM38和00ⅤH114为夷人墓,00ⅤH66属于青年男性战俘的人祭坑,95ⅤH45属于青年女性(俘虏?)的人祭坑。根据第五章的分析,00ⅤM38、00ⅤH114、00ⅤH66和95ⅤH45均属于兼食粟、稻的甲类人群,考古背景分析和人骨稳定同位素都倾向于甲类人群可能是夷人。将这4个夷人典型单位与"00ⅨH63底部"人骨置于散点图6.17中可见,以00ⅤM38、00ⅤH114、00ⅤH66和95ⅤH45为代表的夷人人骨与"00ⅨH63底部"人骨的C、N稳定同位素测试结果几乎呈现出截然不同的分离态势。

"00ⅨH63底部"人骨有可能是中原地区的商人,原因有以下三点:

其一,食物结构与商人典型的食物结构较为类似。在商代都邑遗址中,目前已公布人骨C、N稳定同位素测试结果的有偃师商城

---

① 赵志军:《两城镇与教场铺龙山时代农业生产特点的对比分析》,《东方考古》第3辑,科学出版社2006年版。

② 王芬、樊荣、康海涛、靳桂云、栾丰实、方辉、林玉海、苑世领:《即墨北阡遗址人骨稳定同位素分析:沿海先民的食物结构》,《科学通报》2012年第57卷第12期。

③ 胡耀武、何德亮、董豫、王昌燧、高明奎、兰玉富:《山东滕州西公桥遗址人骨的稳定同位素分析》,《第四纪研究》2005年第25卷第5期。

④ Lanehart Rheta E.、Tykot Robert H.、方辉、栾丰实、于海广、蔡凤书、文德安、加里·费曼、琳达·尼古拉斯:《山东日照市两城镇遗址龙山文化先民食谱的稳定同位素分析》,《考古》2008年第8期。

⑤ 陈雪香:《岳石文化农业初探》,《东方考古》第9集,科学出版社2012年版。

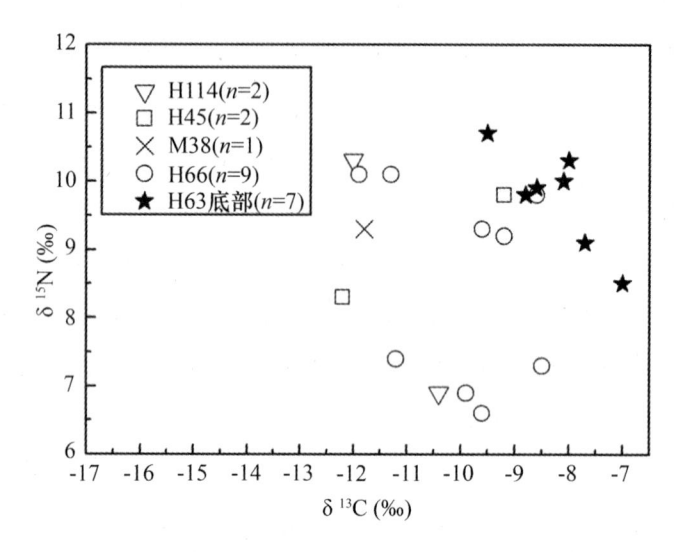

图 6.17 甲类人群与"00ⅨH63底部"人骨 C、N 稳定同位素散点图

和殷墟两处[①]。小双桥遗址的主体堆积年代介于偃师商城和殷墟之间,从以偃师商城为代表的商代早期[②]到以殷墟遗址为代表的商代晚期,商人的 C 稳定同位素值并未发生显著变化,主要集中于 -8‰左右(图 6.18),小双桥"00ⅨH63底部"人骨的 C 稳定同位素值也集中分布于这一区间,表明这些与夷人人骨测试结果呈现明显差异的人骨有可能属于商人范畴。"00ⅨH63底部"人骨的 C 稳定同位素值呈现出接近纯粟作的特点,表明其有可能来自商代的

[①] 张雪莲、王金霞、冼自强、仇士华:《古人类食物结构研究》,《考古》2003 年第 2 期;Christina Cheung, Zhichun Jing, Jigen Tang, Zhanwei Yue, Michael P. Richards. "Examining social and cultural differentiation in early Bronze Age China using stable isotope analysis and mortuary patterning of human remains at Xin'anzhuang, Yinxu." Archaeological and Anthropological Sciences, Vol. 9, No. 5, 2017, pp. 799 – 816.

[②] 我们同样测试了一批出自郑州商城二里冈文化墓葬和殷墟文化墓葬的人骨,除少量具有特殊考古背景的墓葬外,郑州商城的商人人骨 C 稳定同位素值也主要集中于 -8‰左右,与偃师商城和殷墟遗址的情况基本相同。测试数据及研究成果待发表。

粟作农业区。文献记载商王朝也曾对西北地区的羌方、鬼方等进行征伐，殷墟西北冈人祭坑与卜辞记载的"用羌"具有相关性[①]，所出人骨绝大部分为成年男性，仅有少量女性和未成年人[②]，但"00ⅨH63底部"人骨与这些情况差异显著，应不是俘虏。另外，西北地区由于狩猎和畜牧业占据相当比重，人骨的N稳定同位素值通常要明显高于中原地区（特别是在二里冈文化时期）[③]，同样表明"00ⅨH63底部"人骨并非来自西北的粟作农业区，而是局限于商王朝控制区以内。

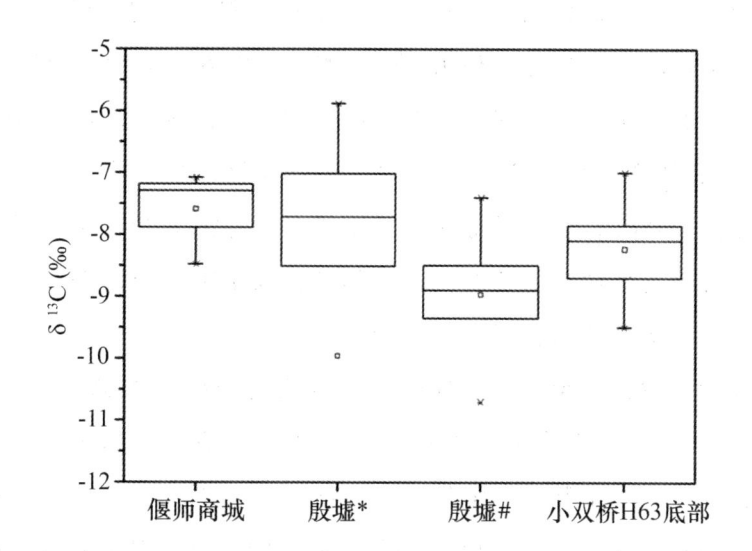

**图6.18　偃师商城、殷墟和小双桥"00ⅨH63底部"
人骨C稳定同位素箱型图**

注：殷墟＊（张雪莲等，2003），殷墟#（Christina Cheung et al.，2015）。

其二，N稳定同位素值偏高表明肉食资源摄取量较大，可能与

[①] 杨锡璋、杨宝成：《从商代祭祀坑看商代奴隶社会的人牲》，《考古》1977年第1期；唐际根、汤毓赟：《再论殷墟人祭坑与甲骨文中羌祭卜辞的相关性》，《中原文物》2014年第3期。

[②] 中国科学院考古研究所体质人类学组：《安阳殷代祭祀坑人骨的性别年龄鉴定》，《考古》1977年第3期。

[③] 张雪莲、王金霞、冼自强、仇士华：《古人类食物结构研究》，《考古》2003年第2期。

这一人群拥有较高的社会地位有关。郑州小胡村殷墟文化墓地的C、N稳定同位素测试结果显示，商代晚期先民的N稳定同位素值与社会地位存在正相关的上升关系[①]。"00ⅨH63底部"人骨相比夷人人骨的营养级明显偏高，且数据相对集中，表明其属于社会地位相对较高的人群，人群内部关系相对亲密。

其三，不符合商王朝"献俘"的礼制。在殷墟西北冈的人祭坑中所出人骨绝大多数为成年男性，被认为属于羌人战俘[②]。小双桥00ⅤH66和00ⅧH18内的人骨也均为成年男性，被认为属于夷人战俘。由此可见，商代的"献俘"祭祀具有礼制层面的选择性，通常选取参加作战的男性俘虏作为人牲，尽管也存在诸如95ⅤH45使用青年女性的情况，但仍然可见明确的性别、年龄等礼制层面的选择性。"00ⅨH63底部"人骨的性别、年龄及保存状态均明显缺乏礼制层面的选择性，该坑的形制特征也缺乏明显的人为加工，显然属于另一种缺乏秩序的屠杀行为，并不符合商王朝祭祀活动的礼制规定，暗示死者并非东夷战俘。

我们推测，"00ⅨH63底部"人骨有可能属于被杀害的商人。《史记·殷本纪》记载"自仲丁以来，废适而更立诸弟子，弟子或争相代立，比九世乱"，内乱有可能导致祭祀活动以外的杀戮行为，杀戮行为不必完全遵守"献俘"的祭祀礼制，杀戮对象完全有可能是商人本身。当然，也并不排除施暴的一方属于商人以外的其他人群。"00ⅨH63底部"人骨为探讨"小双桥遗址的商与夷"问题提供了重要的商人典型单位。

探讨"小双桥遗址的商与夷"问题的关键在于对该遗址Ⅴ区第④A层所出散乱人骨的分析。小双桥遗址的第④A层是该遗址年代

---

① 数据及研究成果待发表。
② 杨锡璋、杨宝成：《从商代祭祀坑看商代奴隶社会的人牲》，《考古》1977年第1期；唐际根、汤毓赟：《再论殷墟人祭坑与甲骨文中羌祭卜辞的相关性》，《中原文物》2014年第3期。

最晚的商代地层（第③层为东周地层），其中出有数量较多的散乱人骨。发掘者针对地层中散乱人骨的出土状态指出："骨架葬式不一，有侧身屈肢者，有俯身屈肢者，部分带有明显的外伤如颅骨锐器击穿孔洞，肢骨、下颌骨锐器击穿或折断，钝器打击等"，这些散乱人骨除男性外，还包含青年女性、未成年者和婴幼儿。地层中散乱人骨的出土状态与00ⅤH66处理夷人战俘的方式差异显著，更像是被杀害后随意丢弃所致，其性别和年龄构成也与00ⅤH66所出人骨皆为青年男性的情况明显不同。除人骨外，小双桥遗址的第④A层中还发现有铜镞和骨镞（如00ⅤT133④A：79、00ⅤT135④A：130、00ⅤT97④A：49等）。与上述散乱人骨、箭镞共出的还有大量商代遗物，其中包括大量可复原的商式陶器、骨笄，少量岳石文化风格陶器、有銎石锄等。相比发掘者认为的"杀牲祭祀"，小双桥遗址的第④A层更像是都邑废弃后的文化堆积。

上文已确定00ⅤM38、00ⅤH114、00ⅤH66和95ⅤH45属于夷人典型单位，"00ⅨH63底部"属于商人典型单位，根据这些典型单位可对Ⅴ区和Ⅸ区的第④A层中所出散乱人骨的族群归属进行辨析。将Ⅴ区和Ⅸ区的第④A层所出散乱人骨与夷人典型单位、商人典型单位的人骨C、N稳定同位素测试结果置于同一散点图（图6.19），清晰可见Ⅴ区和Ⅸ区的第④A层中既包含有夷人人骨也包含有商人人骨。

Ⅴ区和Ⅸ区的第④A层中可以相对明确判断为夷人的样品为R44、R39、R26和R45，分别来自Ⅴ区的T97和T135，但由于《郑州小双桥》并未发表R26的材料，T97平面图上又不见R26，加之R39的保存情况极差，故仅将T135的第④A层作为典型单位进行重点讨论。需要指出的是，小双桥遗址的第④A层中与散乱人骨共出的还有大量可复原的陶器残片（图6.20），但在遗址的平面图上仅显示有人骨，并未显示与之共存的大量陶片。

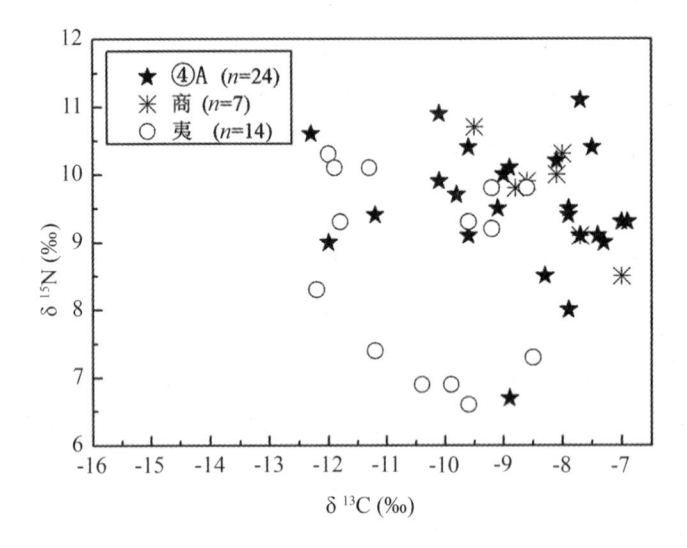

图 6.19　小双桥遗址第④A 层与典型单位所出
人骨 C、N 稳定同位素散点图

图 6.20　Ⅴ区第④A 层所出人骨及陶片

　　T135 位于Ⅴ区的东北部，东邻夯土基址 95ⅤHJ5，南邻夯土基址 95ⅤHJ6，两者的层位关系为 95ⅤHJ5→95ⅤHJ6，根据发掘记录可知第④A层叠压夯土基址 95 V HJ5[①]。00 V F3 被 95 V HJ5 打破，可知其为夯土建筑之前的小型建筑。《郑州小双桥》还披露了"遭到晚期严重破坏"的"商代居住址"F2，并指出 F3 东部被 F2 和 95 V HJ5 打破。尽管发掘者未交代 F2 的层位关系，但根据发掘者将 F2 标示于 95 V HJ5 之上的情况推测应晚于 95 V HJ5。发掘者将 F2 明确指为"商代居住址"，但并未交代 F2 与第④A层之间的关系，《郑州小双桥》发表的 F2 所出陶鬲 F2∶8 已出现第Ⅶ组特征，T135 的第④A层中也发现一定数量的第Ⅶ组特征陶鬲（图 6.21），仅能判断 F2 与第④A层的年代接近。00 V H86 开口于第④A层下，打破第④B层，平面略呈长方形，出有鬲、盆、罐、尊、龟等陶器残片。

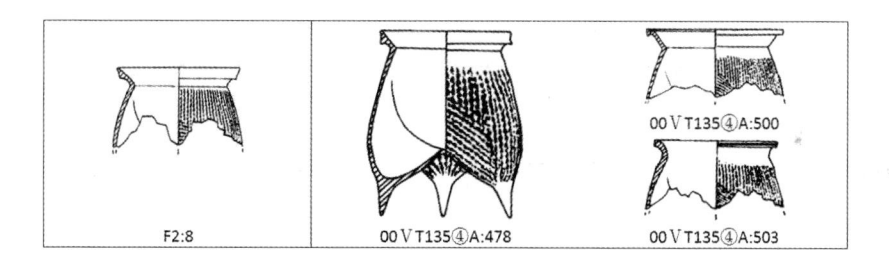

图 6.21 第Ⅶ组陶鬲

T135 第④A层中发现有散乱人骨 R40、R41、R42、R44、R45、R46、R47、R53，另有 R55 被抛掷于 H86 中，基本信息见表 6.4。

表 6.4　　　　　　　　T135 所出人骨信息

编号	性别	年龄	保存情况
R40*	男	—	仅余下肢部分残段，放置凌乱，似为随意抛掷
R41*	男	15—17	仅余下肢部分残段

---

① 河南省文物考古研究院资料。

续表

编号	性别	年龄	保存情况
R42*	—	—	仅存数段残骨，较为凌乱，似为随意扔抛所致
R44*	男	20—22	在R45之上，无头，左股骨缺失
R45*	男	14—16	侧身屈肢，头向南，腹向背东，双腿微屈
R46*	男	40上下	仅余残头骨碎片及几枚残肢骨，且肢骨分布极零乱，头正直向上立于地层中，面向西
R47	女	10—12	仅余几枚椎骨，残髋骨和残下肢，侧身屈肢，双下肢极度弯曲于腹前，右肢压左肢，脚骨置于臀下
R53	—	不过17	仅存左下肢胫腓骨、趾骨及散乱碎骨，胫骨下端骨骺未愈合，胫骨完整
R55	女	45—50	颅骨、股骨、肱骨、椎骨、盆骨均错位，零乱，不在同一平面

注：标 * 者为取样测试者。

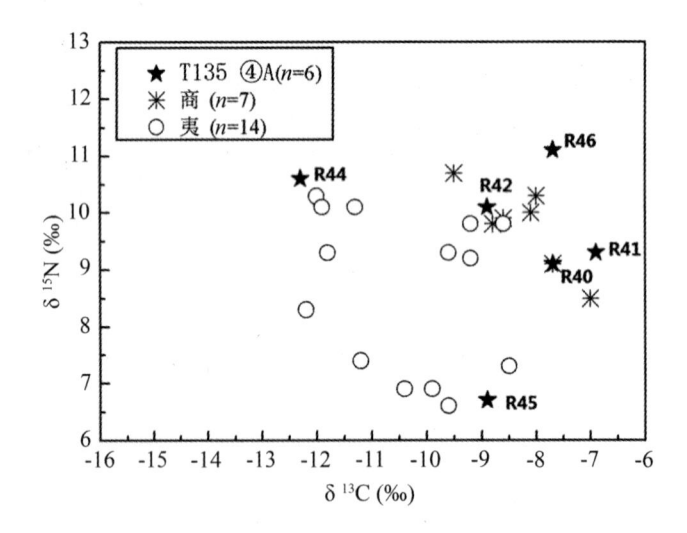

图 6.22　T135 第④A 层所出人骨 C、N 稳定同位素散点图

T135 第④A 层中所出散乱人骨的性别和年龄情况与"00 Ⅸ H63 底部"人骨有一定的相似之处，既发现有人头骨也发现有似随意丢掷的残缺人骨架。然而情况不同的是，T135 第④A 层中人骨的 C、

N稳定同位素比值几乎同时涵盖了甲、乙两类人群，其中R44和R45属于夷人区间范围，R40、R41和R46属于商人区间范围，R42属于商夷交界区间范围（图6.22）。

回归至发掘现场可见，R44和R45上下叠压，"R40、R41、R42与陶片共存于T135④A层内"（图6.23）。尽管分属两群人，却均呈现出非正常死亡状态。

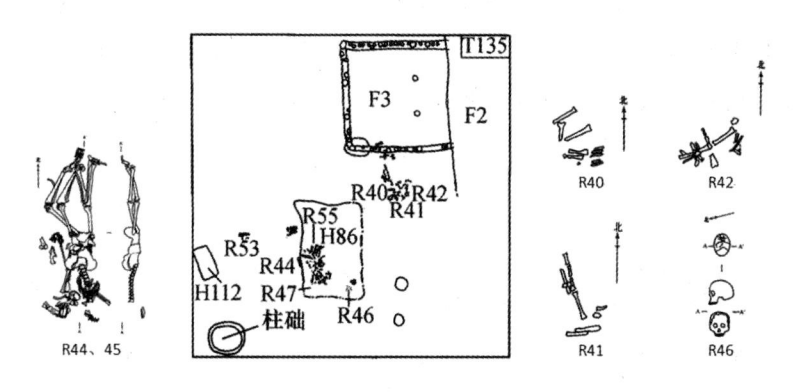

图6.23　T135所出人骨分布及出土状态

T135第④A层中与人骨同出的遗物同样证实了两类人群的确切存在（图6.24）。与大量商式陶器共出的包括罐00ⅤT135④A：605、盆00ⅤT135④A：662等岳石文化风格陶器，该层中还出有岳石文化风格的有銎石锄00ⅤT135④A：592。此类岳石文化风格器物经科技分析证实属于本地产品，表明夷人在小双桥遗址制造和使用了自身文化特征的陶器和石器。

陶罐00ⅤT135④A:605　　陶盆00ⅤT135④A:662　　有銎石锄00ⅤT135④A:592

图6.24　T135第④A层所出岳石文化风格器物

通常情况下，杀殉祭祀活动会开挖形状规则的土坑，如殷墟西北冈人祭坑群[①]、大司空村圆形人祭坑[②]、后冈圆形祭祀坑[③]、永录1号坑[④]、燕下都人头坑[⑤]等，这些祭祀坑往往与杀俘活动有关。T135第④A层的情况与上述情况存在极大差异，显然并非祭祀活动形成。尽管T135第④A层中的散乱人骨可分为两群，且又与商人和夷人相对应，却呈现出相似的非正常死亡状态。

T135第④A层中的死者多为成年男性，具备作战人员的可能，双方均有死伤的情况也符合通常战争中的实际情况。小双桥遗址的第④A层中还发现有铜镞和骨镞（图6.25），成为战争活动的重要物证。

骨镞 00ⅤT97④A:49　　铜镞 00ⅤT133④A:79　　铜镞 00ⅤT135④A:130

图6.25　小双桥遗址Ⅴ区第④A层所出箭镞

根据上述遗迹现象及出土遗物推测，T135第④A层可能是一次互有死伤的冲突事件留下的遗存。

6.2.3　人群行为过程

小双桥遗址Ⅴ区T135第④A层等典型单位揭示了该遗址在经历

---

① 安阳亦工亦农文物考古短训班、中国科学院考古研究所安阳发掘队：《安阳殷墟奴隶祭祀坑的发掘》，《考古》1977年第1期；中国社会科学院考古研究所安阳工作队：《安阳武官村北地商代祭祀坑的发掘》，《考古》1987年第12期。

② 安阳市博物馆：《安阳大司空村殷代杀殉坑》，《考古》1978年第1期。

③ 中国社会科学院考古研究所：《殷墟发掘报告》，文物出版社1987年版。

④ 山西省考古研究所、晋城市文化局、高平市博物馆：《长平之战遗址永录1号尸骨坑发掘简报》，《文物》1996年第6期。

⑤ 河北省文物研究所：《燕下都》，文物出版社1996年版。

了一次伤亡事件之后最终废弃，夷人在这次伤亡事件之前就已出现在小双桥遗址，能够生产和使用岳石文化风格陶器和有銎石锄[①]，能够在死后埋葬在小双桥遗址的核心区（如00ⅤM38）。夷人以何种方式居葬于小双桥遗址？他们在小双桥遗址的废弃过程中扮演了怎样的角色？探讨这些问题便需要还原小双桥遗址的人群行为过程。

2014年的考古发掘成果显示，小双桥遗址西北部的于庄西地发现有商文化早商期第二段第Ⅲ组（二里冈下层C1H17阶段）至第Ⅵ组（白家庄期）的陶鬲系列标本，遗址南部的双冢东南发现有第Ⅴ组（二里冈下层C1H1阶段）到第Ⅷ组（殷墟文化第一期）的陶鬲系列标本[②]，表明小双桥遗址在作为商王朝都邑之前和之后均有人类活动留下的文化遗存。小双桥遗址核心区的T137第④A层内也发现有颈部饰同心圆的陶鬲，暗示核心区附近可能存在稍早于第Ⅵ组的遗存。但经1990—2000年的发掘，小双桥遗址核心区的第Ⅵ组遗存均建立在生土之上，这就意味着核心区在第Ⅵ组可能随着商王仲丁的到来而突然兴起。

6.2.3.1 第一阶段（第⑥层下）

在Ⅴ区南部的第⑥层下已出现95ⅤHJ1，在Ⅷ区（图6.26）的第⑥层下也出现了96ⅧHJ1，这表明小双桥遗址核心区的Ⅴ区和Ⅷ区在第⑥层形成之前已出现了大型夯土建筑基址。95ⅤHJ1仅有北缘和西缘较为清楚，95ⅤHJ2位于95ⅤHJ1西侧，两者以壕沟分隔，平面形状已不清楚。96ⅧHJ1为北偏西走向的长条形夯土建筑基址，揭露部分南北长37.6米，宽10.8米。96ⅧHJ2位于其西南侧，揭露部分东西长21.8米，宽4.9米。96ⅧHJ1和96ⅧHJ2形成

---

① 2014年在小双桥遗址西北部于庄西地的第Ⅵ组地层中，笔者曾发掘到1件岳石文化典型特征的半月形双孔石刀，为小双桥遗址首次发现。在小双桥遗址南部双冢东南的第Ⅵ组单位中发现有岳石文化特征的陶鼎、甗等器物。这表明岳石文化对于小双桥遗址的影响不仅仅局限于核心区，而且在周边区也形成了渗入式的影响。

② 河南省文物考古研究院资料，承蒙李素婷研究员惠允使用，此致谢忱！

曲尺形，有可能分属同一处四合院的东厢房和南厢房。96Ⅷ H22 位于 96Ⅷ HJ1 东侧，开口于第⑥层下，打破生土，破碎的陶器与动物骨骼共出，有可能属于与西侧建筑有关的祭祀遗存。在Ⅳ区，殉狗坑 96Ⅳ H90 开口于第⑥层下，打破第⑦层，埋入幼狗 1 只，发掘者推测有可能属于奠基坑。

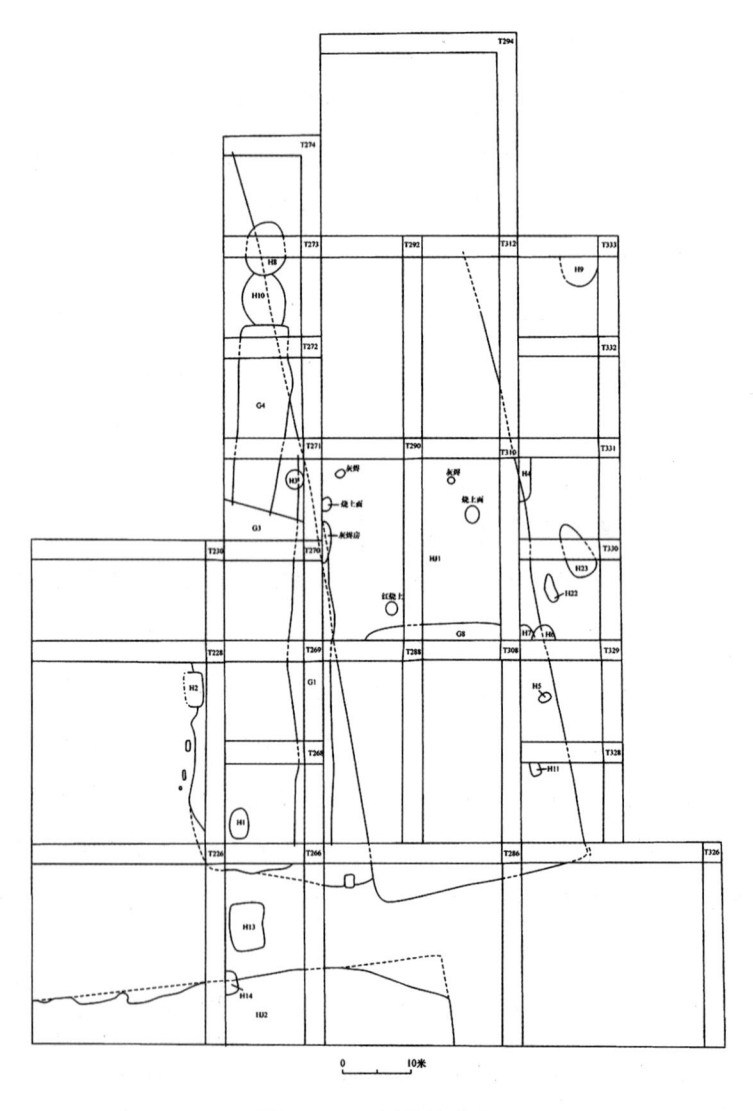

图 6.26　Ⅷ区遗迹分布

至第⑤层和第⑥层之间，Ⅴ区发现牛头坑95ⅤH36和二次葬T49R50，Ⅳ区的T92内集中出现了牛角坑96ⅣH139和牛角器物坑96ⅣH138、96ⅣH144、96ⅣH140，表明此时的Ⅳ区已进行了一定的祭祀活动。

6.2.3.2 第二阶段（第④B层与第⑤层之间）

在第一阶段遗存出现之后，第⑤、⑥层叠压其上。根据发掘者的认识，Ⅴ区T44、T45、T46、T47、T48、T49、T51、T53、T55、T57、T59西壁剖面上的第⑥层"类似于一个建筑的基槽"，这意味着营建了新的建筑基址。

第⑤层是Ⅳ区、Ⅴ区和Ⅷ区分布较广的地层，"红褐色粘土堆积，土质较纯净，质地坚硬，结构紧密，偶有零星碎小的商代陶片出土"，根据笔者在小双桥遗址的田野经验，此类地层土系破坏红褐色生土而形成的"活土"。在小双桥遗址的Ⅳ区、Ⅴ区和Ⅷ区，第⑤层下或为类似于第⑥层之类的基槽土，或即生土。第⑤层的广域分布表明此时的小双桥遗址已出现一定规模的人类活动。

需要指出的是，常见于Ⅴ区和Ⅷ区的第④A层并不见于Ⅳ区。据发掘者之一的河南省文物考古研究院李素婷研究员介绍，1995年发掘的Ⅳ区和Ⅴ区的第④层与此后在Ⅴ区和Ⅷ区的第④B层相同，故将此后在Ⅴ区和Ⅷ区内介于第③层和原先第④层之间新发现的地层称为第④A层，而将原先的第④层称为第④B层。将两者统归入"④层"是因为两者均为商代层，但实际上第④A层与第④B层之间的差异十分显著，第④A层土质较疏松，内含大量商代遗物，非正常死亡的散乱人骨也多在其中，第④B层土较致密，也有一定的商代遗物（其中包含的少量非正常死亡的人骨可能实属第④A层）。

至本阶段，Ⅳ区兴建了一座长条形夯土基址95ⅣHJ1，压在第⑤层之上，又被第④层叠压，东西残长50米，宽12米。在95ⅣHJ1以南的夯土表面上发现数量较多的祭祀遗存，包括牛角坑95Ⅳ

H47 和牛角器物坑 95ⅣH17、96ⅣH132、99ⅣH188。此外，95ⅣH12开口于第④层下，打破生土，出有陶片和少量铜炼渣，表明Ⅳ区已有熔铜活动。水井98ⅣJ1 在 95ⅣHJ1 北部，两者以 G2 相隔，"打破" 98ⅣJ1 的 H137 实属水井的井眼部分，98ⅣJ1 的范围属于水井的井台。由于 H137 开口于第④层下，打破第⑤层，可知此水井与 95ⅣHJ1 有可能存在一段时间的共存关系。

在Ⅴ区，西北部的空旷地带出现人祭坑 00ⅤH66，表明此时与东方的夷人正发生着战争，商人将青年男性进行"献俘"祭祀。Ⅴ区的南部出现人祭坑 95ⅤH45，青年女性也被用于祭祀活动。由此可知，商人对于夷人按照性别的差异采用不同的处理方式。

Ⅴ区西北部的空旷地带上出现了多个埋入侧身屈肢人骨的"人祭坑"。00ⅤH108 内埋入侧身屈肢的儿童 1 人，00ⅤH117 内埋入侧身屈肢的人骨 1 具，00ⅤH109 和 00ⅤH111 东西并列，00ⅤH109 内埋入侧身屈肢人骨 1 具，00ⅤH111 人骨保存状况不佳，但仍可看出为侧身屈肢人骨 1 具，00ⅤH116、00ⅤH118 与 00ⅤH111 的情况相似，也应是埋入了侧身屈肢人骨 1 具。

在Ⅷ区，96ⅧH2、96ⅧH3 和 96ⅧH9 中陶器与动物骨骼共出，推测陶器内原装有带肉的动物骨骼，应具有一定的祭祀功能。96ⅧH2 和 96ⅧH3 位于夯土建筑的院落之内，暗示这处四合院式建筑有可能沿用至了本阶段。

6.2.3.3 第三阶段（第④A、④B 层之间）

根据性质的不同可将本阶段的遗存分为甲、乙、丙三类。

6.2.3.3.1 甲类遗存

第④B 层形成后叠压在 00ⅤH66 之上，但杀殉夷人战俘的"献俘"活动仍在进行，00ⅧH18 叠压在第④A 层之下，又打破了第④B 层和第⑤层。考虑到其所在位置处于夯土墙西北角的内侧，推测在 00ⅧH18 举行"献俘"活动之时夯土墙已建成。夯土墙的层位关系为"第④A层→夯土墙基槽→第④B层",夯土墙的年代尽管有可能略早于00ⅧH18,但两者属于同一阶段遗存。

根据发掘日记①,00ⅤHJ5的层位关系为"第④A层→00ⅤHJ5→F3→第④B层",表明此时的Ⅴ区东北部存在大型夯土建筑。00ⅤHJ5南北残长23.8米,东西残宽11.2米,为一处封闭的院落,其北墙已靠近夯土墙。

6.2.3.3.2　乙类遗存

在Ⅸ区,锅底状大坑H63的底部发现9个人头(R36—R44)置于一个小圆坑内,多数为成年男性,显然是屠杀者有意为之。在人头小圆坑附近还发现有12个非正常死亡的个体,性别比例相当,年龄差异较大,伤亡原因复杂,与商文化祭祀遗存的特征差异显著,更有可能死于祭祀活动以外的其他伤亡事件。根据人骨C、N稳定同位素测试结果,这批非正常死亡的死者以粟食为主,营养等级较高,有可能属于本地的商人。

6.2.3.3.3　丙类遗存

在Ⅴ区的夯土墙内侧出现了与城墙平行的夷人墓00ⅤM38,随葬二里冈文化与岳石文化融合特征的陶鼎,属于二里冈文化制陶技术者专门为其制作,墓主人显然拥有一定的社会地位,头向为东向,应为女性。在Ⅴ区西北部的空旷地带还发现多座夷人墓(图6.27),如00ⅤH114为男女合葬墓,00ⅤH103为男性墓,00ⅤH104为女性墓。00ⅤH113、00ⅤH67、00ⅤH107也有可能是夷人墓,头向向东的00ⅤH67墓主人有可能是女性,头向向西的00ⅤH113、00ⅤH107墓主人有可能是男性。这些墓葬均为东西向,与商墓通常的南北向特征不同。

---

① 河南省文物考古研究院资料。

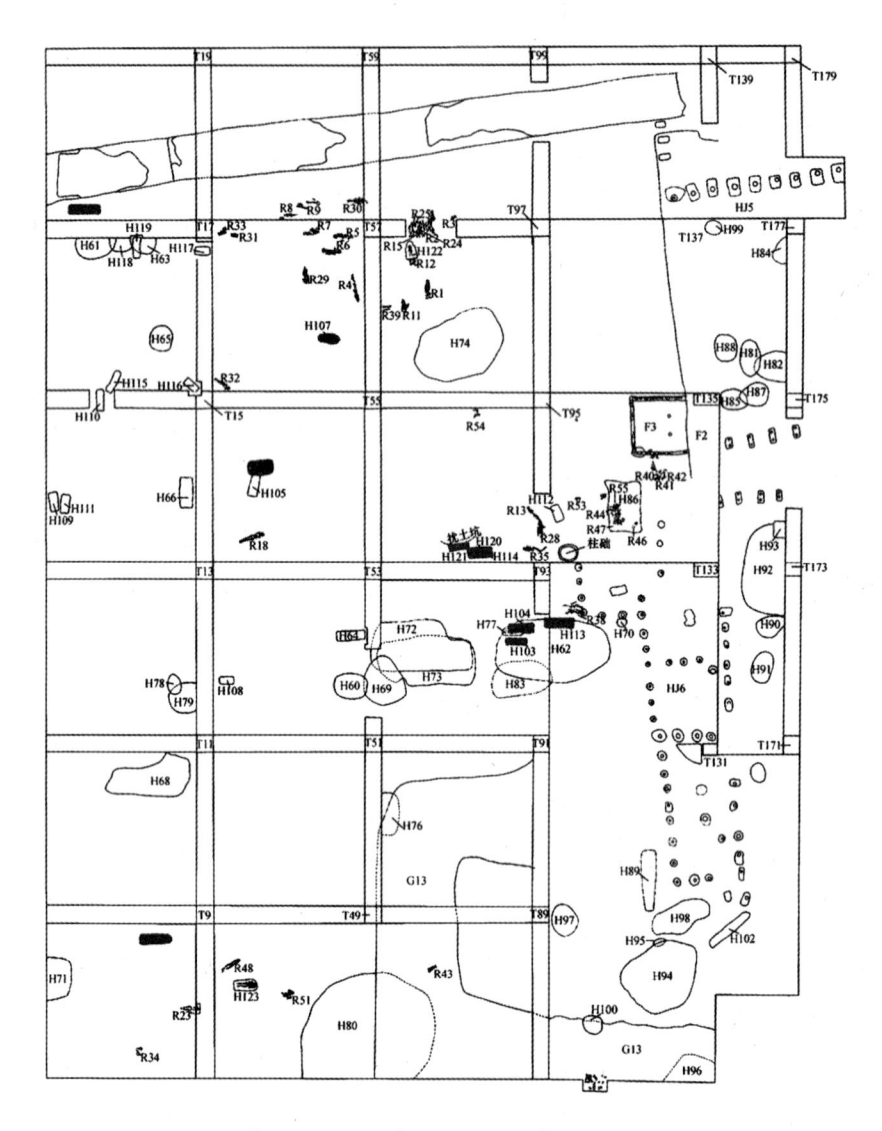

图 6.27　小双桥 2000 年 V 区夷人墓分布

注：标灰者为夷人墓。

需要重点讨论的是夷人墓 00ⅤH104 与殉猪坑 00ⅤH77 之间的关系。《郑州小双桥》并未交代两者具有打破关系，但从 V 区遗迹平面图上可见两者存在打破关系：夷人墓 00ⅤH104 → 殉猪坑

00ⅤH77。据研究，在第Ⅵ组之前商人祭祀中较常见到殉猪，但至殷墟文化时期殉猪的情况已基本绝迹[1]，小双桥遗址的主体堆积年代介于郑州商城和殷墟之间，在祭祀动物的选择上更加接近殷墟文化时期，由于小双桥遗址出现了大量使用牛进行祭祀的情况，殉猪的情况就显得尤其引人注目。研究成果显示，山东地区史前墓葬的用猪现象较为常见，自大汶口文化延续至龙山文化[2]，山东泗水县尹家城遗址发现的7座大型和较大型龙山文化墓葬随葬有数量不一的猪下颌骨[3]，山东长岛县砣矶岛大口遗址[4]曾发现12座从龙山文化向岳石文化过渡阶段的墓葬及6座兽坑（图6.28），墓葬与兽坑混杂分布，并出现墓葬打破兽坑的情况。可见，墓葬与殉猪坑在一起甚至发生打破关系的情况属于夷人葬俗。

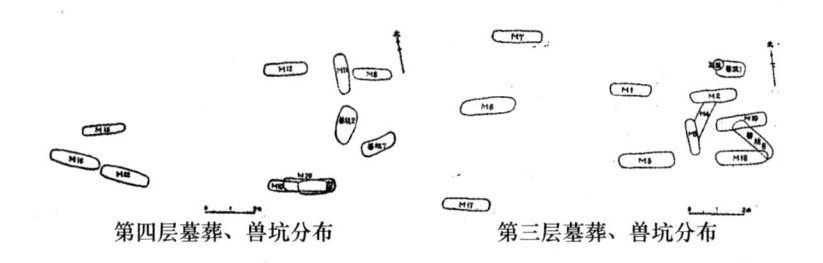

第四层墓葬、兽坑分布　　　　第三层墓葬、兽坑分布

图6.28　大口遗址发现墓葬与兽坑分布

同理，夷人墓00ⅤH114正下方的殉鹿坑00ⅤH120也应属于夷人葬俗。海岱地区还流行在房屋垫土中殉猪，而小双桥遗址T129内的00ⅤH98打破00ⅤHJ6垫土，出有1具猪骨架，也可能属于夷人风俗。

---

[1]　[日]冈村秀典：《商代的动物牺牲》，《考古学集刊》第15集，文物出版社2004年版。
[2]　罗运兵：《中国古代猪类驯化、饲养与仪式性使用》，科学出版社2012年版。
[3]　山东大学历史系考古专业教研室：《泗水尹家城》，文物出版社1990年版。
[4]　中国社会科学院考古研究所山东队：《山东省长岛县砣矶岛大口遗址》，《考古》1985年第12期。

人祭坑 00ⅤH105 内埋入俯身直肢人骨 1 具，似被捆绑，颅骨竖直向前，左肱骨有一椭圆形穿孔，胫骨下端有切削痕迹，足骨不见，根据人骨形态推测应属祭祀遗存。人祭坑 00ⅤH105 北邻夷人墓 00ⅤH106，不排除人祭坑 00ⅤH105 的祭祀对象就是夷人墓 00ⅤH106 的墓主人。

00ⅤH119 为南北向，有可能是商人墓，俯身葬，但由于仅知其层位关系为第③层下，无法判断此墓与周边遗迹之间的关系。但由于附近有多座东西向夷人墓，此墓似乎不应与这些夷人墓共时。

90ⅤM1 位于Ⅴ区东部，开口于第③层下，坑内北侧有一俯身直肢的小孩，颅骨竖直向前，与人祭坑 00ⅤH105 内人骨的姿态相同，坑内南侧有一羊头，应属祭祀坑性质，但由于揭露范围的限制，与周邻遗迹的关系不明。

夷人墓 00ⅤH115、00ⅤH110 在空间上靠近，《郑州小双桥》指出两者皆为开口于第④B层下，打破第⑤层。我们认为此二墓的层位关系可能存在问题，原因有三：

其一，00ⅤH115 与 00ⅤH110 具有夷人墓的特征，其他可以判断为夷人墓的单位均开口于第④A层下，打破第④B层。

其二，《郑州小双桥》确实存在将"第④A层→X→第④B层"误为"第④B层→X→第⑤层"者，如 00ⅤM38 的层位关系，前文已做订正。第④A层的分布并非平均，与第④B层仅有局部叠压，同一地层虽然具有自身的特点，但地层的各个部位并不一定具有完全一致的特点（如第④A层"土色呈灰褐色，局部呈深灰色"，第④B层"土色呈灰黄褐色，局部颜色较深"），加之田野发掘中不可避免地会出现误判情况，有可能出现层位关系出错的情况。

其三，从逻辑上来说，第④B层至第⑤层的阶段存在 00ⅤH66 这样的夷人战俘祭祀坑，不应出现一边杀殉夷人，另一边又对夷人礼遇，安葬于商都核心区夯土建筑旁的情况。

由此推测，00ⅤH115与00ⅤH110的层位关系很有可能是"第④A层→00ⅤH115、00ⅤH110→第④B层"。

在Ⅷ区，夯土墙拐角内侧也出现了夷人墓00ⅧH24，开口于第③层下，仅存的肢骨在坑底东侧，推测墓主人西向，应为男性。在夷人墓00ⅧH24南侧，祭祀坑00ⅧH17开口于第③层下，打破00ⅧH18和北部夯土（活动面）及生土，其内发现3具人骨，其中1具保存完好，另2具保存较差。

在Ⅷ区，00ⅧH21开口于第③层下，打破夯土墙基槽、第④B层和生土。由于直接建在夯土墙基槽之上，表明此时夯土墙已废弃。根据层位关系，"第④A层→夯土墙基槽→第④B层"，可知00ⅧH21和第④A层的年代均晚于夯土墙基槽，但两者关系并不明确。

在Ⅸ区（图6.29），发现有"纵横交错的多条小灰沟构成的沟渠网络"[①]，发掘区北部发现9个磉礅，其中SD2、SD4、SD6位于00ⅨG7之内，SD9位于99ⅨG6之内，00ⅨG7和99ⅨG6交汇呈曲尺形，应是一处"地面式房址"的"墙基"。值得注意的是，殉猪坑00ⅨH64被00ⅨG7打破，属于建筑的奠基坑，与夷人建筑有关。

99ⅨG2位于发掘区南部，"平壁直底，填土不分层，上部土质较硬，土色发白"，平面呈"ᅧ"形，应是另一处"地面式房址"的"墙基"。发现岳石文化风格深腹罐99ⅨH50：5和鬲99ⅨH50：28的99ⅨH50恰好位于99ⅨG2构成的"地面式房址"的"室内"，很有可能就是这处"地面式房址"使用时期"室内"的遗存。99ⅨH23位于99ⅨG6和99ⅨG2圈占的范围内，由于开口面积较大，应已属于破坏"地面式房址"的遗存，坑内第①层内有一仰身

[①] 河南省文物考古研究所：《郑州小双桥：1990—2000年考古发掘报告》，科学出版社2012年版。

128 / 小双桥遗址的商与夷

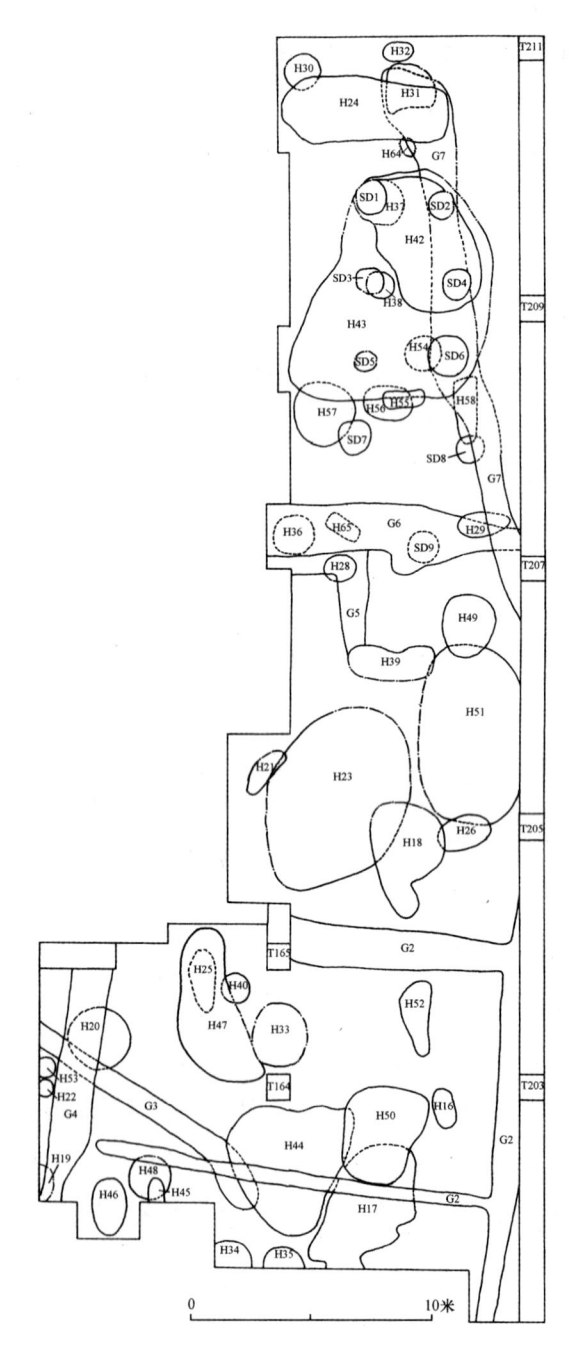

图 6.29 Ⅸ区的"地面式房址"

直肢骨架，所出陶器年代已晚至第Ⅶ组①，与小双桥遗址第④A层的年代下限相同。

在Ⅳ区南部集中出现了更多与熔铜有关的灰坑，如95ⅣH63、95ⅣH62、95ⅣH20、95ⅣH56、95ⅣH18、95ⅣH57、95ⅣH58、95ⅣH38、95ⅣH10、95ⅣH50、95ⅣH64、95ⅣH52、95ⅣH22、95ⅣH21等；牛头坑，如95ⅣH19、99ⅣH186、99ⅣH101、96ⅣH100、95ⅣH24、95ⅣH26、95ⅣH67、95ⅣH35等；牛角坑，如95ⅣH36、95ⅣH42、95ⅣH33、95ⅣH5、95ⅣH32、95ⅣH30、95ⅣH47等；牛角器物坑，如95ⅣH15、95ⅣH55、96ⅣH121、96ⅣH91、95ⅣH16等。已有的研究成果显示，上述与熔铜有关的灰坑中所出炉壁残块和炉渣应为熔铜或配制合金的遗存②。此外，Ⅳ区还发现与上述诸单位密切相关的祭祀坑95ⅣH6和95ⅣH29，其中95ⅣH29为探索上述诸单位之间的关系提供了重要材料。

祭祀坑95ⅣH29（图6.30）中最引人注目的出土遗物包括有銎石锄、铜熔炉和牛角，三者共出于同一祭祀坑的情况表明其至少在埋入时应具有关联。祭祀坑中央发现的铜熔炉内壁的铜液最厚处可达4层，表明其埋入之前已经进行了熔铜活动，坑内出土的陶缸残片、铜片、铜泡、铜镞、铜条、铜器残片、铜炼渣、孔雀石等也应与熔铜活动有关。铜熔炉旁发现1处圆形蚌壳摆塑，在数层蚌壳堆积之下叠压了3层共13件有銎石锄残块，除1件能完整拼合外，其余均已残断，石器周围还发现有陶缸残片，圆形蚌壳摆塑旁亦有1件残损的有銎石锄。上文提及，小双桥遗址出土的有銎石锄是本地生产的岳石文化风格石器，将有銎石锄置于圆形蚌壳摆塑之下，其特殊性不言而喻，将这样的特殊遗迹与铜熔炉置于同一祭祀坑的

---

① 参见本书第三章。
② 黄娟、魏国锋、宋国定、李素婷、王昌燧：《小双桥遗址出土冶铸遗物的科技分析》，《有色金属》2011年第63卷第1期。

中央，意味着以有銎石锄为载体的祭祀活动与熔铜活动存在关联。此外，祭祀坑 95ⅣH29 还出土有大象、牛、猪①、狗、鹿等动物骨骸，其中牛角的数量超过 40 只，表明其在祭祀坑 95ⅣH29 中的重要地位。据此可将Ⅳ区与熔铜活动有关的灰坑和诸牛头坑、牛角坑及牛角器物坑联系起来，表明其实为同一组关系密切的遗迹群。

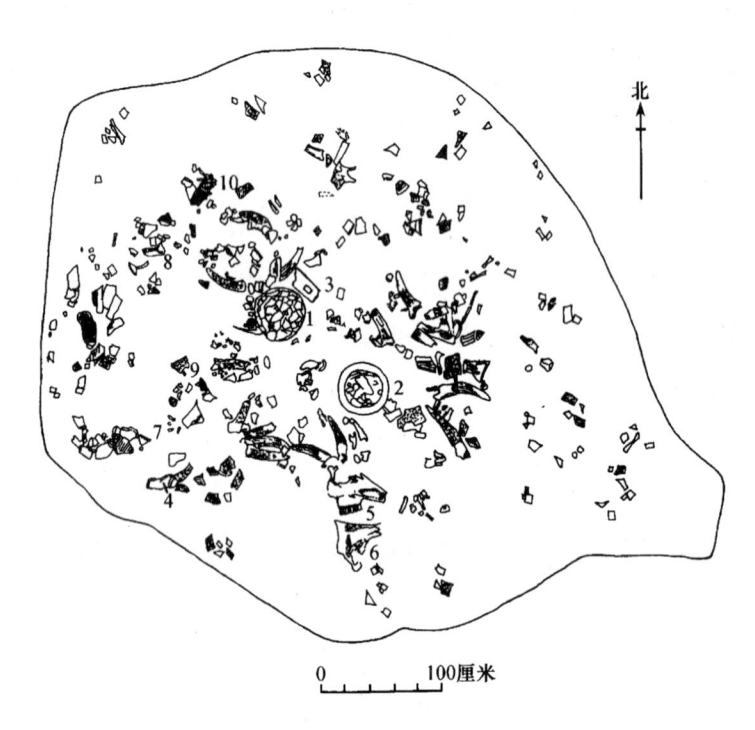

图 6.30　祭祀坑 95ⅣH29 平面图

1. 圆形蚌塑　2. 铜熔炉　3. 有銎石锄　4. 牛头骨　5. 象牙
6. 象头骨　7. 绿松石饰　8. 猪下颌骨　9. 原始瓷器片　10. 陶罐片

根据性质的差异可将上述单位分为甲、乙、丙三类。甲类遗存包括夯土墙、夯土建筑基址 00ⅤHJ5 和人祭坑 00ⅧH18，表明商王朝的都邑仍然处于正常运作状态，征伐夷人的战争也仍然在进行。

---

① 祭祀坑 95ⅣH29 内发现的猪下颌骨可能与岳石文化有关。

乙类遗存包括00ⅨH63底部，出现了非正常死亡的商人，有可能死于"比九世乱"的内乱杀戮，但也不排除其他杀殉事件的可能。丙类遗存包括夯土墙以内空旷地带上的诸多夷人墓及相关祭祀遗存、Ⅸ区与夷人有关的房址以及Ⅳ区与夷人有关的熔铜、祭祀坑等。考虑到岳石文化风格器物在小双桥遗址的出现时间相对较晚，推测丙类遗存的年代应晚于甲类遗存。乙类遗存仅发现"00ⅨH63底部"一处，其层位关系为"第④A层→'00ⅨH63底部'→生土"，推测年代可能晚于甲类遗存，但与丙类遗存之间的关系尚不确定。

从甲类遗存到丙类遗存①，夷人在小双桥遗址的地位发生了反转。在甲类遗存时期，商王朝的正常秩序仍然运行，夷人作为战俘被"献俘"。但至丙类遗存时期，夷人已具有一定的社会地位，可利用二里冈文化生产线制作岳石文化风格的陶器和有銎石锄（由农具升级为礼器），进行熔铜、祭祀活动，死后还可埋入小双桥遗址核心区夯土墙与夯土建筑基址之间的空旷地带，夷人呈现出了"翻身做主"的异常现象。鉴于夷人地位的反转，不排除乙类遗存的出现是夷人向本地的商人施暴所致。

6.2.3.4 第四阶段（第④A层）

小双桥遗址的第④A层属于废弃堆积，主要分布在Ⅴ区的北部、Ⅷ区和Ⅸ区的东南部，Ⅴ区北部的第④A层"呈浅坑状，土色灰，结构疏松，含大量的草木灰、碳屑和大量的商代文化遗物，并见多个人骨架及动物骨骼散置于该层中"。在Ⅴ区的第④A层中，除发现大量可复原的商式陶器外，还发现少量岳石文化风格陶器以及有銎石锄的残片，这些器物经科技测试已被证实属于小双桥遗址

---

① 小双桥遗址核心区的"周勃墓"实际上是一处商代夯土建筑基址，夯土之上发现大面积烧土堆积，可辨识的有屋顶及墙皮残块，并曾在夯基南侧废弃烧土堆积中发现完整的有銎石锄。由于未经考古发掘，无法对这一夯土建筑基址的年代进行具体把握，但根据废弃堆积中发现有銎石锄的情况推测建筑的使用时期应包括第三阶段的丙类遗存时期，但尚不能确定该建筑使用时期的年代上限，并不排除其使用年代属于第三阶段甲类遗存时期甚至更早的可能性。

本地制造。联系到小双桥遗址第三阶段的丙类遗存时期夷人曾在小双桥遗址一度占据主导地位，这些器物应是在该阶段制造和使用的，并最终废置于第④A层中。

在T57、T97、T135等探方内的第④A层中出有大量非正常死亡的人骨，其中既包含商人也包含夷人。与人骨同出的还有一定数量的铜镞和骨镞。与第二、三阶段时商人将夷人战俘"献俘"于00ⅤH66和00ⅧH18的情况不同，本阶段的商人和夷人均非正常死亡于地层之中，且任由其保持废墟状态直至东周时期才出现新的人类活动遗存。

商人与夷人均非正常死亡的情况可能意味着一场伤亡事件的发生。此背后可能存在两种可能：一种是商人和夷人共同被另外的人群加害，另一种是商人与夷人在小双桥遗址发生了武力冲突。考虑到第三阶段丙类遗存的情况，后一种的可能性更大，即夷人于第三阶段的丙类遗存时期在小双桥遗址占据了主导地位，商人在随后的第四阶段采取了报复行动，最终导致了小双桥遗址的彻底废弃。需要指出的是，T135等探方的第④A层所出部分陶鬲的年代已晚至第Ⅶ组，表明其年代已晚至商王祖乙时期。

6.3 结论

商王朝的扩张在二里冈上层时期达到高峰，军事的强力扩张伴随着文化的强力辐射。在商文化陶器群中，以陶鬲最为常见，二里冈上层时期陶鬲具有标志性的同心圆纹饰，因而极易辨识。根据目前掌握的考古材料，西北至夏县东下冯[①]，西至陕西西安老牛坡[②]、

[①] 中国社会科学院考古研究所、中国历史博物馆、山西省考古研究所：《夏县东下冯》，文物出版社1988年版。

[②] 刘士莪：《老牛坡》，陕西人民出版社2002年版。

耀县北村①，西南至商洛东龙山②，南至湖北荆州荆南寺③、黄陂盘龙城④、江西九江荞麦岭⑤，东南至阜南台家寺⑥，东北至济南大辛庄⑦，北至河北藁城台西⑧的广域范围内均有发现。

强力扩张带来的是地方的离心化⑨以及中央政权的弱化。在商王朝内部，由于王位继承制度的不健全，以不正当手段夺取王位的事件开始频繁发生。商王仲丁在夺取王位后，选择将都邑迁往郑州商城西北20千米的小双桥遗址以巩固自身的统治，然而根据《史记·殷本纪》中"自中丁以来，废适而更立诸弟子，弟子或争相代立，比九世乱，于是诸侯莫朝"的记载看，这仅仅是揭开了王位争夺拉锯战的序幕而已。

内忧带来的是外患，《史记·殷本纪》中"殷复衰"带来的是"诸侯莫朝"。商王仲丁面临的不仅是王室内部的不安定，更有来自东方夷人的逼近。当距离郑州商城仅约110千米的豫东杞县成为岳石文化分布区后，商王朝与东夷终于兵戎相见。在战争之初（大体相当于商王仲丁、外壬在位时期），商王朝似乎保持着作战优势，都邑聚落的小双桥遗址出现杀俘祭祀遗存。但随着战争的推进（大

---

① 北京大学考古系商周组、陕西省考古研究所：《陕西耀县北村遗址1984年发掘报告》，《考古学研究》（二），北京大学出版社1994年版。
② 陕西省考古研究院、商洛市博物馆：《商洛东龙山》，科学出版社2011年版。
③ 荆州博物馆：《荆州荆南寺》，文物出版社2009年版。
④ 湖北省文物考古研究所：《盘龙城：1963年—1994年考古发掘报告》，文物出版社2001年版。
⑤ 胡晓军：《江西荞麦岭商代遗址考古获重大进展》，《光明日报》2014年6月9日第9版。
⑥ 陈冰白、何晓琳：《安徽阜南台家寺遗址发现商代高等级聚落》，《中国文物报》2017年4月28日第8版。
⑦ 山东大学东方考古研究中心：《大辛庄遗址1984年秋试掘报告》，《东方考古》第4集，科学出版社2008年版。
⑧ 河北省文物研究所：《藁城台西商代遗址》，文物出版社1985年版。
⑨ 刘莉、陈星灿：《中国早期国家的形成——从二里头和二里岗时期的中心和边缘之间的关系谈起》，《古代文明》第1卷，文物出版社2002年版。

体相当于商王河亶甲在位时期），二里冈文化开始与岳石文化尹家城类型发生接触，岳石文化尹家城类型风格陶器以及标志性的有銎石锄出现在小双桥遗址主体堆积偏晚阶段遗存中，这些器物均为本地制造。小双桥遗址的核心区出现了一批东西向的夷人墓葬，还发现夷人居址遗存，这些夷人的身份显然不是东夷战俘。此外，这些夷人还在小双桥遗址进行熔铜、祭祀活动。此时的小双桥遗址显示出夷人占据主导地位的局面，商王室应已迁往他处。但在随后不久（大体相当于商王祖乙在位时期），小双桥遗址彻底毁弃，在废弃堆积的V区第④A层中既发现有商人人骨也发现有夷人人骨，共出的是大量商式陶器及少量本地生产的岳石文化风格陶器，应是发生了一场较为惨烈的伤亡事件。同时，商王朝对夷人展开了强力攻势，导致岳石文化尹家城类型分布区域纳入了商文化的版图。我们认为这样的文化现象之间应存在因果关联，即由于夷人以某种形式进入了作为商王朝都邑的小双桥遗址并一度占据了主导地位，才导致了此后在小双桥遗址发生的伤亡事件以及商王朝对岳石文化尹家城类型的猛烈攻势。

考古发现表明，岳石文化郝家庄类型中存在少量与尹家城类型相似形制的陶器及有銎石锄，但主要集中于郝家庄类型的偏晚阶段[1]。考虑到商人至殷墟文化第一期（第Ⅷ组）时才到达桓台附近[2]，岳石文化郝家庄类型的年代下限有可能晚至此时，推测郝家庄类型偏晚阶段出现的尹家城类型因素有可能是尹家城类型崩溃后逃至郝家庄类型分布区的夷人携带而去的文化因素。

随着统治中心的北迁以及攻打东夷，以郑州地区为核心，以二里冈文化诸城址为骨架构建的二里冈文化政治地理格局解体。商人

---

[1] 吴玉喜：《岳石文化地方类型初探——从郝家庄岳石遗存的发现谈起》，《考古学研究论集》（三），文物出版社1993年版。

[2] 燕生东、魏成敏、党浩、胡长春、许志光：《桓台西南部龙山、晚商时期的聚落》，《东方考古》第2集，科学出版社2006年版。

对鲁西南地区的攻占似乎并非出于开发目的，对其经营远不及鲁北地区。至商王帝辛时期，商王朝仍然针对人（夷）方进行征伐，并最终导致"纣克东夷而陨其身"（《左传·昭公十一年》）的结局。在很大程度上，正是因为"小双桥遗址的商与夷"问题才导致了商夷关系的最终破裂以及商夷战争的白热化，也正是由于商王朝的东方政策才导致在西方的势力收缩，最终成为周人兴起和商王朝覆亡的重要原因之一。

参考文献

Ambrose S H, Buikstra J, Krueger H W. "Status and gender differences in diet at Mound 72, Cahokia, revealed by isotopic analysis of bone". *Journal of Anthropological Archaeology*, Vol. 22, No. 3, 2003, pp. 217 - 226.

Ambrose S H. "Preparation and Characterization of Bone and Tooth Collagen for Isotopic Analysis." *Journal of Archaeological Science*, No. 17, 1990, pp. 431 - 451.

Christina Cheung, Zhichun Jing, Jigen Tang, Zhanwei Yue, Michael P. Richards. "Examining social and cultural differentiation in early Bronze Age China using stable isotope analysis and mortuary patterning of human remains at Xin'anzhuang, Yinxu." *Archaeological and Anthropological Sciences*, Vol. 9, No. 5, 2017, pp. 799 - 816.

Craig H. "The geochemistry of the stable carbon isotopes". *Geochimica et Cosmochimica Acta*, Vol. 3, No. 2, 1953, pp. 53 - 92.

DeNiro M J, Epstein S. "Influence of diet on the distribution of nitrogen isotopes in animals." *Geochimica et Cosmochimica Acta*. No. 45, 1981, pp. 341 - 351.

DeNiro M J. "Postmortem preservation and alteration of in vivo bone collagen isotope ratios in relation to palaeodietary reconstruction."

Nature, Vol. 317, No. 6040, 1985, pp. 806 – 809.

DeNiro M J. "Stable isotope and archaeology." *American Scientist*, No. 75, 1987, pp. 182 – 191.

Epstein H E, Lauenroth W K, Burke I C, Coffin D P. "Productivity patterns of C_3 and C_4 functional types in the U. S. Great Plains." *Ecology*, Vol. 78, No. 3, 1997, pp. 722 – 731.

Hatch M D, Slack C R, Johnson H S. "Further studies on a new pathway of photosynthetic carbon dioxide fixation in sugar-cane and its occurrence in other plant species". *Biochemical Journal*, Vol. 102, No. 2, 1967, pp. 417 – 422.

Hedges R E M, Reynard L M. "Nitrogen isotopes and the trophic level of humans in archaeology". *Journal of Archaeological Science*, Vol. 34, No. 8, 2007, pp. 1240 – 1251.

Hedges R E M. "Bone Diagenesis: An Overview of Processes." *Archaeometry*, Vol. 44, No. 3, 2002, pp. 319 – 328.

Jay M, Richards M P. "Diet in the Iron Age cemetery population at Wetwang Slack, East Yorshire, UK: Carbon and nitrogen stable isotope evidence." *Journal of Archaeological Science*, No. 33, 2006, pp. 653 – 662.

Liangliang Hou, Yaowu Hu, Xinping Zhao, Suting Li, Dong Wei, Yanfeng Hou, Baohua Hu, Peng Lv, Tao Li, Guoding Song, Changsui Wang. " Human subsistence strategy at Liuzhuang site, Henan, China during the proto-Shang culture by stable isotopic analysis". *Journal of Archaeological Science*, Vol. 40, No. 5, 2013.

Minagawa M, Wada E. "Stepwise enrichment of ^{15}N along food chains: Further evidence and the relation between d15N and animal age". *Geochimica et Cosmochimica Acta*, Vol. 48, No. 5, 1984, pp.

1135 – 1140.

O'Leary M H. "Carbon isotope fractionation in plants". *Phytochemistry*, Vol. 20, No. 4, 1981, pp. 553 – 567.

Park R, Epstein S. "Carbon isotope fractionation during photosynthesis". *Geochim et Cosmochim Acta*, No. 21, 1960, pp. 110 – 126.

Smith B N. "Natural Abundance of the Stable Isotopes of Carbon in Biological Systems". *BioScience*, Vol. 22, No. 4, 1972, pp. 226 – 231.

Van der Merwe N J. "Carbon isotopes, photosynthesis and archaeology". *American Scientist*, No. 70, 1982, pp. 596 – 606.

Yaowu Hu, Hong Shang, Haowen Tong, et al. "Stable isotope dietary analysis of the Tianyuan 1 early modern human". *Proceedings of the National Academy of Sciences of the United States of America*, Vol. 106, No. 27, 2009, pp. 10971 – 10974.

安金槐：《对于郑州商代南关外期遗存的再认识》，《华夏考古》1989年第1期。

安金槐：《关于郑州商代二里岗期陶器分期问题的再探讨》，《华夏考古》1988年第4期。

安金槐：《试论郑州商代城址——隞都》，《文物》1961年第4、5期。

安阳市博物馆：《安阳大司空村殷代杀殉坑》，《考古》1978年第1期。

安阳亦工亦农文物考古短训班、中国科学院考古研究所安阳发掘队：《安阳殷墟奴隶祭祀坑的发掘》，《考古》1977年第1期。

北京大学考古系商周组、菏泽地区博物馆、菏泽市文化馆：《山东菏泽安邱𡊨堆遗址1984年发掘报告》，《考古学研究》（八），科学出版社2011年版。

北京大学考古系商周组、陕西省考古研究所：《陕西耀县北村遗址1984年发掘报告》，《考古学研究》（二），北京大学出版社1994年版。

北京大学考古学系、商丘地区文管会：《河南夏邑清凉山遗址发掘报告》，《考古学研究》（四），科学出版社2000年版。

蔡莲珍、仇士华：《碳十三测定和古代食谱研究》，《考古》1984年第10期。

陈冰白、何晓琳：《安徽阜南台家寺遗址发现商代高等级聚落》，《中国文物报》2017年4月28日第8版。

陈铁梅、王建平：《古陶瓷的成分测定、数据处理和考古解释》，《文物保护与考古科学》2003年第15卷第4期。

陈相龙、袁靖、胡耀武、何驽、王昌燧：《陶寺遗址家畜饲养策略初探：来自碳、氮稳定同位素的证据》，《考古》2012年第9期。

陈旭：《郑州小双桥商代遗址即隞都说》，《中原文物》1997年第2期。

陈雪香：《岳石文化农业初探》，《东方考古》第9集，科学出版社2012年版。

程琳、冯松林、徐清、黄宇营、何伟、吕志荣：《古琉璃着色元素的同步辐射X荧光分析》，《岩矿测试》2004年第23卷第2期。

崔剑锋、吴小红、杨颖亮：《四川茂县新石器时代遗址陶器的成分分析及来源初探》，《文物》2011年第2期。

杜金鹏：《郑州南关外中层文化遗存再认识》，《考古》2001年第6期。

方辉：《"南关外期"先商文化的来龙去脉及其对夏、商文化断限的启示》，《华夏文明》第三集，文物出版社1992年版。

方辉：《岳石文化的分期与年代》，《考古》1998年第4期。

方酉生：《小双桥遗址为仲丁隞都说商讨》，《武汉大学学报》（人文社会科学版）2000年第53卷第1期。

冯向前、冯松林、张文江、樊昌生：《历代洪州窑古瓷的元素组成特征的中子活化分析研究》，《原子核物理评论》2005年第22卷第1期。

甘肃省文物考古研究所、西北大学丝绸之路文化遗产保护与考古学研究中心：《甘肃临潭磨沟墓地寺洼文化墓葬2009年发掘简报》，《文物》2014年第6期。

［日］冈村秀典：《商代的动物牺牲》，《考古学集刊》第15集，文物出版社2004年版。

［日］岡村秀典：《中国文明：農業と禮制の考古学》，京都大学学術出版会2008年版。

高炜、杨锡璋、王巍、杜金鹏：《偃师商城与夏商文化分界》，《考古》1998年第10期。

郜向平：《商系墓葬研究》，科学出版社2011年版。

古丽冰、邵宏翔、刘伟：《电感耦合等离子体发射光谱分析商代原始瓷样》，《岩矿测试》1999年第18卷第3期。

管理、胡耀武、汤卓炜、杨益民、董豫、崔亚平、王昌燧：《通化万发拨子遗址猪骨的C、N稳定同位素分析》，《科学通报》2007年第52卷第14期。

郭怡：《稳定同位素分析方法在探讨稻粟混作区先民（动物）食物结构中的运用》，浙江大学出版社2013年版。

国家文物局考古领队培训班：《山东济宁凤凰台遗址发掘简报》，《文物》1991年第2期。

国家文物局考古领队培训班：《山东济宁潘庙遗址发掘简报》，《文物》1991年第2期。

国家文物局田野考古领队培训班：《泗水天齐庙遗址发掘的主

要收获》,《文物》1994年第12期。

河北省文物研究所:《藁城北龙宫商代遗址的调查》,《文物》1985年第10期。

河北省文物研究所:《藁城台西商代遗址》,文物出版社1985年版。

河北省文物研究所:《邢台商周遗址》,文物出版社2011年版。

河北省文物研究所:《燕下都》,文物出版社1996年版。

河南省博物馆:《郑州南关外商代遗址的发掘》,《考古学报》1973年第1期。

河南省文化局文物工作队:《郑州二里冈》,科学出版社1959年版。

河南省文化局文物工作队第一队:《郑州白家庄遗址发掘报告》,《文物参考资料》1956年第4期。

河南省文物考古研究所:《河南郑州商城宫殿区夯土墙1998年的发掘》,《考古》2000年第2期。

河南省文物考古研究所:《郑州商城:1953—1985年考古发掘报告》,文物出版社2001年版。

河南省文物考古研究所:《郑州商城北大街商代宫殿遗址的发掘与研究》,《文物》2002年第3期。

河南省文物考古研究所:《郑州商城新发现的几座商墓》,《文物》2003年第4期。

河南省文物考古研究所:《郑州小双桥:1990—2000年考古发掘报告》,科学出版社2012年版。

河南省文物考古研究所郑州工作站:《郑州化工三厂考古发掘简报》,《中原文物》1994年第2期。

河南省文物研究所:《河南鹿邑栾台遗址发掘简报》,《华夏考古》1989年第1期。

河南省文物研究所：《郑州电力学校考古发掘报告》，《郑州商城考古新发现与研究 1985—1992》，中州古籍出版社 1993 年版。

河南省文物研究所：《郑州黄委会青年公寓考古发掘报告》，《郑州商城考古新发现与研究》，中州古籍出版社 1993 年版。

河南省文物研究所：《郑州小双桥遗址的调查与试掘》，《郑州商城考古新发现与研究 1985—1992》，中州古籍出版社 1993 年版。

侯卫东：《试论漳洹流域下七垣文化的年代和性质》，《早期夏文化与先商文化研究论文集》，科学出版社 2012 年版。

胡谦盈：《周文化及相关遗存的发掘与研究》，科学出版社 2010 年版。

胡晓军：《江西荞麦岭商代遗址考古获重大进展》，《光明日报》2014 年 6 月 9 日第 9 版。

胡耀武、Michael P. Richards、刘武、王昌燧：《骨化学分析在古人类食物结构演化研究中的应用》，《地球科学进展》2008 年第 23 卷第 3 期。

胡耀武、何德亮、董豫、王昌燧、高明奎、兰玉富：《山东滕州西公桥遗址人骨的稳定同位素分析》，《第四纪研究》2005 年第 25 卷第 5 期。

胡耀武：《古代人类食谱及相关研究》，博士学位论文，中国科学技术大学，2002 年。

湖北省文物考古研究所：《盘龙城：1963 年—1994 年考古发掘报告》，文物出版社 2001 年版。

黄娟、魏国锋、宋国定、李素婷、王昌燧：《小双桥遗址出土冶铸遗物的科技分析》，《有色金属》2011 年第 63 卷第 1 期。

简虎、吴松坪、姚高尚、熊腊森：《能量色 X 射线荧光光谱分析及其应用》，《电子质量》2006 年第 1 期。

荆州博物馆：《荆州荆南寺》，文物出版社 2009 年版。

James Stoltman、荆志淳、唐际根、George（Rip）Rapp：《商代陶器生产——殷墟、洹北商城出土陶器的岩相学分析》，《多维视域：商王朝与中国早期文明研究》，科学出版社 2008 年版。

李伯谦：《论文化因素分析方法》，《中国文物报》1988 年 11 月 4 日。

李伯谦：《商文化考古学编年研究中的两个问题》，《古代文明研究通讯》2012 年第 55 期。

李济：《安阳——殷商古都发现、发掘、复原记》，中国社会科学出版社 1990 年版。

辽宁省昭乌达盟文物工作站、中国科学院考古研究所东北工作队：《宁城县南山根的石椁墓》，《考古学报》1973 年第 2 期。

凌雪、陈靓、田亚岐：《陕西凤翔孙家南头秦墓出土人骨中 C 和 N 同位素分析》，《人类学学报》2010 年第 29 卷第 1 期。

刘莉、陈星灿：《中国早期国家的形成——从二里头和二里岗时期的中心和边缘之间的关系谈起》，《古代文明》第 1 卷，文物出版社 2002 年版。

刘士莪：《老牛坡——西北大学考古专业田野发掘报告》，陕西人民出版社 2002 年版。

刘效彬、李素婷、杨忆、宋国定、王昌燧：《郑州小双桥遗址出土长方形穿孔石器的岩相特征》，《华夏考古》2009 年第 2 期。

栾丰实：《试论岳石文化与郑州地区早期商文化的关系——兼论商族起源问题》，《华夏考古》1994 年第 4 期。

栾丰实：《岳石文化的分期与类型》，《海岱地区考古研究》，山东大学出版社 1997 年版。

罗运兵：《中国古代猪类驯化、饲养与仪式性使用》，科学出版社 2012 年版。

Lanehart Rheta E.、Tykot Robert H.、方辉、栾丰实、于海广、

蔡凤书、文德安、加里·费曼、琳达·尼古拉斯：《山东日照市两城镇遗址龙山文化先民食谱的稳定同位素分析》，《考古》2008 年第 8 期。

毛振伟、冯敏、张仕定、张居中、王昌燧：《贾湖遗址出土绿松石的无损检测及矿物来源初探》，《华夏考古》2005 年第 1 期。

苗建民、余君岳、李德卉：《EDXRF 无损检测青花瓷器的研究》，《核技术》1997 年第 20 卷第 9 期。

齐乌云、王金霞、梁中合、贾笑冰、王吉怀、苏兆庆、刘云涛：《山东沭河上游出土人骨的食性分析研究》，《华夏考古》2004 年第 2 期。

秦小丽：《中国初期王朝国家形成过程中的地域关系——二里头、二里岗时代陶器动态研究》，《古代文明》第 2 卷，文物出版社 2003 年版。

冉宏林：《早商"环城墓"研究》，《夏商都邑与文化》（一），中国社会科学出版社 2014 年版。

任相宏：《岳石文化的农具》，《考古》1995 年第 10 期。

任相宏：《郑州小双桥出土的岳石文化石器与仲丁征蓝夷》，《中原文物》1997 年第 3 期。

山东大学东方考古研究中心：《大辛庄遗址 1984 年秋试掘报告》，《东方考古》第 4 集，科学出版社 2008 年版。

山东大学考古系：《山东长清县仙人台遗址发掘简报》，《考古》1998 年第 9 期。

山东大学历史系考古专业教研室：《泗水尹家城》，文物出版社 1990 年版。

山西省考古研究所、晋城市文化局、高平市博物馆：《长平之战遗址永录 1 号尸骨坑发掘简报》，《文物》1996 年第 6 期。

陕西省考古研究院、商洛市博物馆：《商洛东龙山》，科学出版社 2011 年版。

宋国定、李素婷：《郑州小双桥遗址又有新发现》，《中国文物报》2000 年 11 月 1 日第 1 版。

宋豫秦：《夷夏商三种考古学文化交汇地域浅谈》，《中原文物》1992 年第 1 期。

苏秉琦：《斗鸡台沟东区墓葬》，国立北平研究院史学研究所 1948 年版。

苏秉琦：《陕西省宝鸡县斗鸡台发掘所得瓦鬲的研究》（节选），《苏秉琦考古学论述选集》，文物出版社 1984 年版。

苏秉琦：《瓦鬲的研究》，《苏秉琦考古学论述选集》，文物出版社 1984 年版。

唐际根、汤毓赟：《再论殷墟人祭坑与甲骨文中羌祭卜辞的相关性》，《中原文物》2014 年第 3 期。

王芬、樊荣、康海涛、靳桂云、栾丰实、方辉、林玉海、苑世领：《即墨北阡遗址人骨稳定同位素分析：沿海先民的食物结构》，《科学通报》2012 年第 57 卷第 12 期。

王国维：《殷卜辞中所见先公先王考》，《观堂集林》，中华书局 1959 年版。

王海圣、李伟东、罗宏杰、邓泽群、鲁晓珂、栾丰实、高明奎：《山东龙山文化陶器的科技分析》，《科技考古》第 3 辑，科学出版社 2011 年版。

王力：《同源字典》，商务印书馆 1982 年版。

王立新、胡保华：《试论下七垣文化的南下》，《考古学研究》（八），科学出版社 2011 年版。

王立新：《试论早商文化的分布过程》，《中国考古学的跨世纪反思》（下），商务印书馆（香港）有限公司 1999 年版。

王立新：《早商文化研究》，高等教育出版社 1998 年版。

王宁：《古蛋白质研究在考古学中的应用》，《大众考古》2014年第6期。

王迅：《东夷文化与淮夷文化研究》，北京大学出版社1994年版。

吴秉楠、高平：《对姚官庄与青堌堆两类遗存的分析》，《考古》1978年第6期。

吴小红、肖怀德、魏彩云、潘岩、黄蕴平、赵春青、徐晓梅、Nives Ogrinc：《河南新砦人、猪食物结构与农业形态和家猪驯养的稳定同位素证据》，《科技考古》第二辑，科学出版社2007年版。

吴玉喜：《岳石文化地方类型初探——从郝家庄岳石遗存的发现谈起》，《考古学研究论集》（三），文物出版社1993年版。

徐基、陈淑卿：《论岳石文化的终结——兼谈大辛庄商文化第二类遗存的性质》，《东方考古》第4集，科学出版社2008年版。

徐旭生：《1959年夏豫西调查"夏墟"的初步报告》，《考古》1959年第11期。

严文明：《东夷文化的探索》，《文物》1989年第9期。

严文明：《中国古代文化三系统说——兼论赤峰地区在中国古代文化发展中的地位》，《中国北方古代文化学术国际研讨会论文集》，中国文史出版社1995年版。

燕生东、魏成敏、党浩、胡长春、许志光：《桓台西南部龙山、晚商时期的聚落》，《东方考古》第2集，科学出版社2006年版。

杨锡璋、徐广德、高炜：《盘庚迁殷地点蠡测》，《中原文物》2000年第1期。

杨锡璋、杨宝成：《从商代祭祀坑看商代奴隶社会的人牲》，《考古》1977年第1期。

杨锡璋：《殷人尊东北方位》，《庆祝苏秉琦考古五十五年论文集》，文物出版社1989年版。

杨益民、毛振伟、朱铁权、冯敏、梁宝鎏、王昌燧、孙新民、郭木森、范新生：《EDXRF 探针分析古瓷产地的尝试》，《文物保护与考古科学》2005 年第 15 卷第 3 期。

殷玮璋：《二里头文化探讨》，《考古》1978 年第 1 期。

俞伟超：《楚文化的研究与文化因素的分析》，《考古学是什么：俞伟超考古学理论文选》，中国社会科学出版社 1996 年版。

俞伟超：《关于"考古类型学"问题——为北京大学七七至七九级青海、湖北考古实习同学而讲》，《考古类型学的理论与实践》，文物出版社 1989 年版。

袁广阔、秦小丽：《河南焦作府城遗址发掘报告》，《考古学报》2000 年第 4 期。

袁广阔：《关于"南关外期"文化的几个问题》，《中原文物》2004 年第 6 期。

张国硕：《论夏末早商的商夷联盟》，《郑州大学学报》（哲学社会科学版）2002 年第 35 卷第 2 期。

张国文：《拓跋鲜卑汉化过程中生业模式转变的 C、N、S 稳定同位素分析》，博士学位论文，中国科学院研究生院，2011 年。

张全超、朱泓、胡耀武、李玉中、曹建恩：《内蒙古和林格尔县新店子墓地古代居民的食谱分析》，《文物》2006 年第 1 期。

张日清、曲长芝、蔡珍莲：《X 荧光分析及其在考古研究中的应用》，《考古与文物》1982 年第 3 期。

张雪莲、仇士华、薄官成、王金霞、钟健：《二里头遗址、陶寺遗址部分人骨碳十三、氮十五分析》，《科技考古》第 2 辑，科学出版社 2007 年版。

张雪莲、仇士华、钟健、赵新平、孙福喜、程林泉、郭永淇、李新伟、马萧林：《中原地区几处仰韶文化时期考古遗址的人类食物状况分析》，《人类学学报》2010 年第 29 卷第 2 期。

张雪莲、王金霞、冼自强、仇士华：《古人类食物结构研究》，《考古》2003年第2期。

张雪莲：《碳十三和氮十五分析与古代人类食物结构研究及其新进展》，《考古》2006年第7期。

张雪莲：《应用古人骨的元素、同位素分析研究其食物结构》，《人类学学报》2003年第22卷第1期。

赵维娟、李国霞、谢建忠、郭敏、鲁晓珂、高正耀、承焕生、张斌、孙新民、郭木森、靳雯清：《用PIXE方法分析汝州张公巷窑与清凉寺窑青瓷胎的原料来源》，《科学通报》2004年第49卷第19期。

赵霞光：《郑州南关外商代遗址发掘简报》，《考古通讯》1958年第2期。

赵志军：《公元前2500年—公元前1500年中原地区农业经济研究》，《科技考古》第2辑，科学出版社2007年版。

赵志军：《两城镇与教场铺龙山时代农业生产特点的对比分析》，《东方考古》第3辑，科学出版社2006年版。

赵志军：《中国古代农业的形成过程——浮选出土植物遗存证据》，《第四纪研究》2014年第1期。

郑乃章、吴军明、吴隽、苗立峰：《古陶瓷研究和鉴定中的化学组成仪器分析法》，《中国陶瓷》2005年第43卷第5期。

郑州大学历史学院考古系：《民权牛牧岗与豫东考古》，科学出版社2013年版。

郑州大学历史学院考古系：《豫东商丘地区考古调查简报》，《华夏考古》2005年第2期。

郑州大学文博学院、开封市文物工作队：《豫东杞县发掘报告》，科学出版社2000年版。

郑州市文物工作队：《河医二附院等处商代遗址发掘简报》，

《中原文物》1986年第4期。

郑州市文物考古研究所：《郑州市铭功路东商代遗址》，《考古》2002年第9期。

郑州市文物考古研究院：《新郑望京楼：2010—2012年田野考古发掘报告》，科学出版社2016年版。

郅田夫、张启龙：《菏泽地区的堌堆遗存》，《考古》1987年第11期。

中国大百科全书总编辑委员会《考古学》编辑委员会：《中国大百科全书·考古学》，中国大百科全书出版社1986年版。

中国国家博物馆田野考古研究中心、山西省考古研究所、垣曲县博物馆：《垣曲商城（二）：1987—2003年度考古发掘报告》，科学出版社2014年版。

中国科学院考古研究所：《洛阳中州路（西工段）》，科学出版社1959年版。

中国科学院考古研究所山东发掘队：《山东梁山青堌堆发掘简报》，《考古》1962年第1期。

中国科学院考古研究所体质人类学组：《安阳殷代祭祀坑人骨的性别年龄鉴定》，《考古》1977年第3期。

中国历史博物馆、山西省考古研究所、垣曲县博物馆：《垣曲商城（一）：1985—1986年度勘察报告》，科学出版社1996年版。

中国社会科学院考古研究所、中国历史博物馆、山西省考古研究所：《夏县东下冯》，文物出版社1988年版。

中国社会科学院考古研究所：《二里头陶器集粹》，中国社会科学出版社1995年版。

中国社会科学院考古研究所：《偃师商城》第1卷，科学出版社2013年版。

中国社会科学院考古研究所：《殷墟发掘报告》，文物出版社

1987年版。

中国社会科学院考古研究所安阳工作队、中加洹河流域区域考古调查课题组：《河南安阳市洹北商城遗址2005—2007年勘查简报》，《考古》2010年第1期。

中国社会科学院考古研究所安阳工作队：《河南安阳市洹北商城的勘查与试掘》，《考古》2003年第5期。

中国社会科学院考古研究所安阳工作队：《河南安阳市洹北商城宫殿区1号基址发掘简报》，《考古》2003年第5期。

中国社会科学院考古研究所安阳工作队：《河南安阳市洹北商城宫殿区二号基址发掘简报》，《考古》2010年第1期。

中国社会科学院考古研究所安阳工作队：《河南安阳市殷墟刘家庄北地制陶作坊遗址的发掘》，《考古》2012年第12期。

中国社会科学院考古研究所河南一队、商丘地区文物管理委员会：《河南柘城孟庄商代遗址》，《考古学报》1982年第1期。

中国社会科学院考古研究所山东队：《山东省长岛县砣矶岛大口遗址》，《考古》1985年第12期。

周昕：《中国农具通史》，山东科学技术出版社2010年版。

朱剑、毛振伟、张仕定：《X射线荧光光谱分析在考古中应用现状和展望》，《光谱学与光谱分析》2006年第26卷第12期。

朱守梅：《南宋低岭头越瓷与汝瓷的对比分析》，硕士学位论文，中国科学技术大学，2005年。

朱铁权、王昌燧、王晓琪、龚明、毛振伟：《古代陶衣的微区拉曼光谱与电子探针线扫描分析》，《分析测试学报》2005年第24卷第6期。

邹衡：《论古代器物的型式分类》，《中国文物报》1988年5月13日第3版。

邹衡：《论汤都郑亳及其前后的迁徙》，《夏商周考古学论文集》，文物出版社 1980 年版。

邹衡：《试论夏文化》，《夏商周考古学论文集》，文物出版社 1980 年版。

邹衡：《试论殷墟文化分期》，《夏商周考古学论文集》，文物出版社 1980 年版。

邹衡：《试论郑州新发现的殷商文化遗址》，《夏商周考古学论文集》，文物出版社 1980 年版。

邹衡：《郑州小双桥商代遗址隞（嚣）都说辑补》，《考古与文物》1998 年第 4 期。

附录一

白家庄期崩溃初论

李宏飞

（中国社会科学院考古研究所）

考古材料表明，在二里冈文化向殷墟文化过渡阶段，商文化及周邻文化之间的格局发生了一次重大变化，突出表现是二里冈政治地理格局的解体以及殷墟时期青铜文化结构体系的建构。二里冈政治地理格局的解体发生于白家庄期的偏晚阶段，可称为"白家庄期崩溃"[①]，这一重大变革对中国早期青铜文化格局具有深远的影响。对于白家庄期崩溃及其后续变动的考古学观察，有助于探索商王朝从中衰走向复兴的历史进程，揭示物质文化背后的历史规律。

二里冈上层一期的政治地理格局

20 世纪 50 年代初，在河南郑州二里冈的考古发掘中，发掘者根据"C1H2 乙→C1H2 甲"的层位关系，将二里冈期遗存分为早、

[①] 笔者在《小双桥遗址与白家庄期商文化研究三题》一文中首次提出了"白家庄期崩溃"的概念，囿于篇幅所限，并未展开较为全面系统的论述。参见《夏商都邑与文化》（二），中国社会科学出版社 2014 年版，第 534—544 页。

晚两组，分别命名为"二里冈下层"和"二里冈上层"①。随后在郑州白家庄的考古发掘中，发现了与二里冈上层遗存面貌相近，但又具有稍晚时代特征的白家庄期遗存②，于是将原先的"二里冈上层"改称为"二里冈上层一期"，将"白家庄期"改称为"二里冈上层二期"③。

二里冈上层一期以郑州二里冈C1H2乙和C1H1为典型单位，郑州南顺城街H2④也可作为另一个重要的典型单位。二里冈上层一期陶器群以陶鬲最具时代特征，突出反映在陶鬲的窄方唇以及颈部所饰同心圆纹（或圆圈纹）等特征，因而极易辨识。

二里冈上层一期是郑州商城最繁荣的阶段。在二里冈文化形成之际，郑州商城曾出现具有异质特征的南关外类遗存、老坟岗类遗存，这些遗存最晚可延续到二里冈下层二期⑤。至二里冈上层一期，特殊面貌的文化遗存均已不见，郑州商城内的文化面貌统一为二里冈文化的典型特征。

二里冈上层一期呈现出文化的强势对外扩张。在北至河北藁城台西⑥，东北至山东济南大辛庄⑦，西北至山西夏县东下冯⑧，西至

---

① 河南省文化局文物工作队：《郑州二里冈》，科学出版社1959年版。
② 河南省文化局文物工作队第一队：《郑州白家庄遗址发掘简报》，《文物参考资料》1956年第4期。
③ 安金槐：《关于郑州商代二里岗期陶器分期问题的再探讨》，《华夏考古》1988年第4期。
④ 河南省文物考古研究所、郑州市文物考古研究院：《郑州商代铜器窖藏》，科学出版社1999年版。
⑤ 李宏飞：《二里冈文化形成之际郑州商城诸遗存分析》，《考古学集刊》第20集，社会科学文献出版社2017年版。
⑥ 河北省文物研究所：《藁城台西商代遗址》，文物出版社1985年版。
⑦ 山东大学东方考古研究中心：《大辛庄遗址1984年秋试掘报告》，《东方考古》第4集，科学出版社2008年版。
⑧ 中国社会科学院考古研究所、中国历史博物馆、山西省考古研究所：《夏县东下冯》，文物出版社1988年版。

陕西关中东部的西安老牛坡[①]、耀县北村[②]，西南至陕西商洛东龙山[③]，南至湖北荆州荆南寺[④]、黄陂盘龙城[⑤]、九江荞麦岭[⑥]，东南至安徽阜南台家寺[⑦]的广域范围内均有同心圆鬲的发现。安徽六安地区[⑧]受到来自二里冈上层一期的文化影响，出现窄方唇鬲、假腹豆等器型，更靠东南的安徽含山大城墩[⑨]也发现窄方唇鬲、假腹豆、窗棂纹大口尊等二里冈上层一期的标志性器物。二里冈文化还对晋中[⑩]和忻州[⑪]地区产生了强烈的影响。较为特殊的是，豫东的商丘西部地区至今尚未发现二里冈上层一期文化遗存，杞县鹿台岗[⑫]、民权牛牧岗[⑬]、李岗[⑭]等地年代最早的二里冈文化遗存均为白家庄期，表明二里冈文化在白家庄期之前始终未向正东方向推进，这样的文化分布格局可能与早年的"商夷联盟"[⑮]有关。

[①] 刘士莪：《老牛坡——西北大学考古专业田野发掘报告》，陕西人民出版社2002年版。

[②] 北京大学考古系商周组、陕西省考古研究所：《陕西耀县北村遗址1984年发掘报告》，《考古学研究》（二），北京大学出版社1994年版。

[③] 陕西省考古研究院、商洛市博物馆：《商洛东龙山》，科学出版社2011年版。

[④] 荆州博物馆：《荆州荆南寺》，文物出版社2009年版。

[⑤] 湖北省文物考古研究所：《盘龙城：1963年—1994年考古发掘报告》，文物出版社2001年版。

[⑥] 胡晓军：《江西荞麦岭商代遗址考古获重大进展》，《光明日报》2014年6月9日第9版。

[⑦] 陈冰白、何晓琳：《安徽阜南台家寺遗址发现商代高等级聚落》，《中国文物报》2017年4月28日第8版。

[⑧] 北京大学考古学系商周组、安徽省文物工作队：《安徽省霍邱、六安、寿县考古调查试掘报告》，《考古学研究》（三），科学出版社1997年版。

[⑨] 安徽省文物考古研究所：《安徽含山大城墩遗址发掘报告》，《考古学集刊》第6集，中国社会科学出版社1989年版。

[⑩] 许伟：《晋中地区西周以前古遗存的编年与谱系》，《文物》1989年第4期。

[⑪] 刘绪：《商文化在北方的进退》，《夏商周考古探研》，科学出版社2014年版。

[⑫] 郑州大学文博学院、开封市文物工作队：《豫东杞县发掘报告》，科学出版社2000年版。

[⑬] 郑州大学历史学院考古系：《民权牛牧岗与豫东考古》，科学出版社2013年版。

[⑭] 郑州大学历史学院考古系：《豫东商丘地区考古调查简报》，《华夏考古》2005年第2期。

[⑮] 宋豫秦：《论杞县与郑州新发现的先商文化》，《中国商文化国际学术讨论会论文集》，中国大百科全书出版社1998年版；张国硕：《论夏末早商的商夷联盟》，《郑州大学学报》（哲学社会科学版）2002年第35卷第2期。

得以支撑如此广域范围文化分布的是星罗棋布的地方性中心聚落。二里冈政治地理格局以郑洛地区为核心，形成向外辐射的城邑网络，已经发现的山西垣曲商城[①]、河南焦作府城[②]、新郑望京楼商城[③]、湖北黄陂盘龙城[④]等均属于这一政治地理格局的重要关节。

在二里头文化时期，青铜礼器的铸造和使用似乎仅局限于二里头都邑内部[⑤]。进入二里冈文化时期，统治者选择了将青铜礼器的使用权甚至铸造权下放至地方城邑。近年来的考古新发现表明，出土二里冈文化青铜器的地点通常也会发现二里冈文化城址，以河南新郑望京楼的例子最为典型[⑥]。这就促成了"青铜城邑"概念的提出。青铜礼器在地方城邑的出现，一方面维系着与中央都邑的上层社会交流网，另一方面又成为建构地方等级社会所需的重要身份标志物。

在郑州商城以外，湖北黄陂盘龙城是南方地区的一处重要青铜文化中心。近年来的科技分析结果倾向于盘龙城有可能存在独立的青铜铸造业[⑦]。青铜铸造业对于地方社会的独立运转至关重要，不再依赖于中央都邑提供青铜礼器产品或技术援助，盘龙城靠近铜矿

[①] 中国历史博物馆、山西省考古研究所、垣曲县博物馆：《垣曲商城（一）：1985—1986年度勘察报告》，科学出版社1996年版；中国国家博物馆田野考古研究中心、山西省考古研究所、垣曲县博物馆：《垣曲商城（二）：1987—2003年度考古发掘报告》，科学出版社2014年版。

[②] 袁广阔、秦小丽：《河南焦作府城遗址发掘报告》，《考古学报》2000年第4期。

[③] 郑州市文物考古研究院：《新郑望京楼：2010—2012年田野考古发掘报告》，科学出版社2016年版。

[④] 湖北省文物考古研究所：《盘龙城：1963年—1994年考古发掘报告》，文物出版社2001年版。

[⑤] 李宏飞：《铜器对早期中国社会变迁的作用试析》，《南方文物》2011年第4期。

[⑥] 新郑县文化馆：《河南新郑县望京楼出土的铜器和玉器》，《考古》1981年第6期；赵炳焕、白秉乾：《河南省新郑县新发现的商代铜器和玉器》，《中原文物》1992年第1期；郑州市文物考古研究院：《新郑望京楼：2010—2012年田野考古发掘报告》，科学出版社2016年版。

[⑦] 南普恒、秦颖、李桃元、董亚巍：《湖北盘龙城出土部分商代青铜器铸造地的分析》，《文物》2008年第8期；刘瑞良、马克·波拉德、杰西卡·罗森、唐小佳、张昌平：《共性、差异与解读：运用牛津研究体系研究早商郑州与盘龙城之间的金属交流》，《江汉考古》2017年第3期。

产地的特殊地理位置又进一步增强了地方社会独立运转的筹码。

可以说,二里冈上层一期是二里冈国家最为强盛的时期,形成了二里冈政治地理格局的成熟面貌。凭借强大的军事实力,商王朝建立了一套对地方城邑强力控制的统治体系。然而,随着国家机构运转过程中出现栓塞,中央城邑对地方城邑的控制力一旦减弱,不可避免地导致地方城邑的离心化倾向。极盛之下,埋伏着暗流汹涌的统治危机。

白家庄期的政治地理格局及其崩溃

1954—1955 年,在河南郑州白家庄的发掘中,首次发现了白家庄期地层,所出遗物"大部与郑州二里冈上层商代遗物相同,但部分陶器的陶壁较厚,形制较大,绳纹较粗,为郑州其他区域的商代遗址中所少见"[1]。白家庄商代上层所出陶鬲最具时代特征,宽方唇上翻下勾,腹部绳纹不超过颈部的双旋纹。白家庄商代上层所出唇部起榫的敛口陶罍、方唇起棱的粗绳纹平底深腹罐、宽方唇的细绳纹圜底深腹罐等都属于白家庄期陶器群的典型特征。关于此类遗存与以往发现的二里冈上层遗存之间的相对早晚关系,发掘者推测:"此层和郑州其他区域的二里冈期上层文化比较稍为晚些,是否如此,尚待将来发掘更多材料去证明。"[2]

1980 年,邹衡先生在《试论夏文化》一文中系统公布了商文化分期年代框架,将"郑州白家庄商代上层"等典型单位归为商文化早商期第三段第Ⅵ组,并指出"根据层位关系,盘龙城第Ⅵ组楼 M3 居于第Ⅴ组墓楼 M4 之上,可以证明第Ⅵ组晚于第Ⅴ组"[3],这

---

[1] 河南省文化局文物工作队第一队:《郑州白家庄遗址发掘简报》,《文物参考资料》1956 年第 4 期。
[2] 同上。
[3] 邹衡:《试论夏文化》,《夏商周考古学论文集》,文物出版社 1980 年版。

就从层位关系上确定了白家庄期遗存晚于以往发现的二里冈上层遗存。

1988年，安金槐先生提出二里冈上层时期可细分为两期的分期方案，将以往发现的二里冈上层时期改称二里冈上层一期，将白家庄期改称二里冈上层二期，并透露："在白家庄的发掘中，发现有部分属于二里冈上层二期（原定为白家庄期）的文化层或墓葬，直接叠压或打破了二里冈上层一期文化层的地层叠压关系。"[1] 在《郑州商城：1953—1985年考古发掘报告》中，发掘者直接指出"在C8T10西壁的地层关系中，第2层就是属于商代二里岗上层二期，而第2层下面叠压的两个灰坑C8H7与C8H8则是属于商代二里岗上层一期的"[2]。但在20世纪90年代以前，由于白家庄期遗存发现较少，材料并不丰富，该阶段陶器群的面貌始终不够清晰。

1990年，郑州商城西北约20千米的小双桥遗址被发现[3]。20余年来的考古发掘表明，郑州小双桥遗址是一处主体堆积年代为白家庄期的都邑级聚落，发掘获得了丰富的白家庄期遗存。相比郑州白家庄商代上层，小双桥遗址丰富的考古材料为正确认识白家庄期的陶器群面貌提供了重要资料。典型特征的宽方唇鬲是白家庄期陶器群的核心器物，但同时也流行唇部上翻、饰细绳纹的麠络纹鬲。相比二里冈上层一期陶器群，小双桥遗址仅有极少量的同心圆鬲，仍然存在少量的窗棂纹大口尊，假腹豆仍然存在，但真腹豆又重新流行。

尽管小双桥遗址兴起，郑州商城却没有完全被废弃，仍然存在

---

[1] 安金槐：《关于郑州商代二里岗期陶器分期问题的再探讨》，《华夏考古》1988年第4期。

[2] 河南省文物考古研究所：《郑州商城：1953—1985年考古发掘报告》，文物出版社2001年版。

[3] 河南省文物考古研究所：《郑州小双桥：1990—2000年考古发掘报告》，科学出版社2012年版。

一批属于白家庄期的铜器墓①，南关外和紫荆山北铸铜作坊也延续使用至白家庄期②。这表明，郑州商城在白家庄期仍然是一处较为重要的聚落。

相比二里冈上层一期的文化分布范围，白家庄期的文化分布范围略有收缩。根据目前的考古材料，可对白家庄期陶器群的分布范围进行初步探讨。

安阳地区曾发现少量白家庄期遗存，如西郊乡 H3③、洹北商城 H7④。其中，西郊乡 H3 所出宽方唇鬲的颈部内收，与郑州地区所出宽方唇鬲最为接近，洹北商城 H7 所出陶鬲的方唇稍窄，颈部内收程度不及此前，具有稍晚的时代特征。自安阳地区以北，目前尚未见到较为典型的白家庄期特征陶器群。

豫东的开封及商丘西部地区发现年代最早的二里冈文化遗存已晚至白家庄期，杞县鹿台岗⑤、民权牛牧岗⑥、李岗⑦等地的白家庄期遗存中出有典型特征的宽方唇鬲。鲁西南的菏泽安邱堌堆⑧也发现较为相似的宽方唇鬲，并有可能与当地殷墟文化"安邱类型"中流行的宽方唇鬲存在传承关系。鲁北的济南大辛庄也发现接近白家庄期特征的宽方唇鬲⑨。

---

① 王炜：《郑州商城铜器墓研究》，《中国国家博物馆馆刊》2013 年第 9 期。
② 陈旭：《郑州商代铸铜基址的年代及相关问题》，《中原文物》1992 年第 3 期。
③ 侯卫东：《试论漳洹流域下七垣文化的年代和性质》，《早期夏文化与先商文化研究论文集》，科学出版社 2012 年版。
④ 中国社会科学院考古研究所安阳工作队：《河南安阳市洹北商城的勘查与试掘》，《考古》2003 年第 5 期。
⑤ 郑州大学文博学院、开封市文物工作队：《豫东杞县发掘报告》，科学出版社 2000 年版。
⑥ 郑州大学历史学院考古系：《民权牛牧岗与豫东考古》，科学出版社 2013 年版。
⑦ 郑州大学历史学院考古系：《豫东商丘地区考古调查简报》，《华夏考古》2005 年第 2 期。
⑧ 北京大学考古系商周组、菏泽地区博物馆、菏泽市文化馆：《山东菏泽安邱堌堆遗址 1984 年发掘报告》，《考古学研究》（八），科学出版社 2011 年版。
⑨ 山东大学历史系考古专业、山东省文物考古研究所、济南市博物馆：《1984 年秋济南大辛庄遗址试掘述要》，《文物》1995 年第 6 期。

顺淮河支流而下，白家庄期陶器群的影响可及安徽中、东部。长丰三江坝遗址由于受到严重破坏，所出商代遗物被归入同一层位之中①，宽方唇鬲T8②：49属于白家庄期宽方唇鬲的典型特征。含山大城墩②未发现典型特征的宽方唇鬲，但少量陶鬲的宽方唇特征有可能受到了白家庄期陶器群的影响，由于距离商文化中心都邑太远，陶器群的地方色彩浓厚，已产生了一定程度的变异。

在江汉流域，荆州荆南寺③出有白家庄期典型特征的宽方唇鬲T54④A：1、T24④A：16等，黄陂盘龙城的杨家湾④也出有白家庄期典型特征的宽方唇鬲。相对而言，荆南寺所出陶鬲的形制特征更接近二里冈文化，盘龙城所出陶鬲中占据主导地位的陶鬲却主要是高分裆近平的地方化商式鬲。

在关中东部地区，华县南沙村⑤、耀县北村⑥、西安老牛坡⑦等地也发现有接近白家庄期特征的宽方唇鬲。但白家庄期典型特征陶器群对于关中东部地区陶器群的影响似乎较为有限，这暗示商文化在白家庄期对关中东部地区的影响开始减弱。而在陕南的商洛地区⑧，已见不到白家庄期陶器群的影响。

综上可知，白家庄期典型特征陶器群的分布范围大体上北抵安阳地区，东至商丘地区西部，南部到达武汉及荆州附近，向西对关

---

① 侯卫东：《江淮西部商时期考古学文化研究》，《东南文化》2012年第6期。
② 安徽省文物考古研究所：《安徽含山大城墩遗址发掘报告》，《考古学集刊》第6集，中国社会科学出版社1989年版。
③ 荆州博物馆：《荆州荆南寺》，文物出版社2009年版。
④ 武汉大学历史学院、盘龙城遗址博物馆、武汉市文物考古研究所：《武汉市盘龙城遗址杨家湾商代建筑基址发掘简报》，《考古》2017年第3期。
⑤ 西安半坡博物馆、陕西师范大学历史文化学院：《陕西省华县南沙遗址1983—1984年发掘报告》，《三代考古》（七），科学出版社2017年版。
⑥ 北京大学考古系商周组、陕西省考古研究所：《陕西耀县北村遗址1984年发掘报告》，《考古学研究》（二），北京大学出版社1994年版。
⑦ 刘士莪：《老牛坡——西北大学考古专业田野发掘报告》，陕西人民出版社2001年版。
⑧ 陕西省考古研究院、商洛市博物馆：《商洛东龙山》，科学出版社2011年版。

中东部地区有一定的文化影响。相比二里冈上层一期的文化分布范围，商文化向东略有拓展，但在西部和西南部的影响则在减弱。

如果将陶器群的空间分布视为二里冈政治地理格局的肌肤组织，二里冈文化的青铜城邑则可视为二里冈政治地理格局的骨骼关节。在白家庄期的偏晚阶段，二里冈政治地理格局中的青铜城邑突然在很短时间内集中废弃。

小双桥遗址在白家庄期的偏晚阶段已丧失商王朝都邑地位[1]，郑州商城内城墙外侧的张寨南街和向阳回族食品厂埋入了窖藏铜器，其中包含形体巨大的青铜方鼎[2]。这样的现象暗示商王朝的统治集团有可能已经离开了郑州地区。郑州邻境出现了联动效应，"至迟在二里冈上层二期或略晚一段，望京楼二里冈文化城址已被废弃"[3]。

西北山麓的城址同时被废弃。府城商城一号宫殿废弃于"白家庄晚期"[4]，垣曲商城的城墙废弃于"二里岗上层偏晚阶段"[5]，"二里冈上层最晚段，是城址的衰落和废弃期"[6]。

远在南方的盘龙城也受到了白家庄期崩溃带来的冲击。盘龙城遗址在白家庄期仍有铜器墓埋入李家嘴墓区，但城内的F1、F2至白家庄期偏晚阶段已被废弃[7]。盘龙城遗址并未完全废弃，聚落中

---

[1] 参见本书第六章。
[2] 河南省文物考古研究所、郑州市文物考古研究所：《郑州商代铜器窖藏》，科学出版社1999年版。
[3] 郑州市文物考古研究院：《新郑望京楼：2010—2012年田野考古发掘报告》，科学出版社2016年版。
[4] 袁广阔、秦小丽：《河南焦作府城遗址发掘报告》，《考古学报》2000年第4期。
[5] 王睿：《垣曲商城的年代及其相关问题》，《考古》1998年第8期。
[6] 中国国家博物馆田野考古研究中心、山西省考古研究所、垣曲县博物馆：《垣曲商城（二）：1987—2003年度考古发掘报告》，科学出版社2014年版。
[7] 湖北省文物考古研究所：《盘龙城：1963年—1994年考古发掘报告》，文物出版社2001年版。

心转移到了杨家湾附近，但已开始呈现明显的颓势①。

根据历史文献的记载，白家庄期已进入了商王朝"比九世乱"的动荡时期。来自统治集团的内部调整造成了物质文化层面可见的一系列变化，突出体现在统治中心转移造成的青铜城邑集中废弃，进而造成二里冈政治地理格局的解体。

政治地理格局的重构尝试

在白家庄期的偏晚阶段，商王朝的统治中心北迁至豫北冀南地区的某处地点，很有可能在今河南省内黄县附近②。伴随着中心都邑的迁移，商文化陶器群的空间分布也出现了明显的变化，河北蔚县曾发现接近白家庄期特征的陶鬲③，成为商文化北渐的重要标志。

伴随着中心都邑的长距离迁徙，二里冈文化作为外来文化开始与冀南豫北地区的本地面貌文化遗存发生整合，出现了二里冈文化和殷墟文化之间的过渡形态遗存——第Ⅶ组遗存。邹衡先生最早辨识出了这批关键性遗存，年代介于白家庄期（第Ⅵ组）和殷墟文化第一期（第Ⅷ组）之间，并以层位关系证实第Ⅶ组晚于第Ⅵ组④。

尽管郑州地区在第Ⅶ组时仍然有南顺城街窖藏铜器⑤埋入，但从文化分布的宏观态势看，商王朝的中心都邑很有可能已迁至河北邢台附近⑥。在随后的第Ⅷ组（殷墟文化第一期），商王朝的中心

---

① 张昌平、孙卓：《盘龙城聚落布局研究》，《考古学报》2017年第4期。
② 邹衡：《内黄商都考略》，《夏商周考古学论文集（续集）》，科学出版社1998年版。
③ 张家口考古队：《蔚县夏商时期考古的主要收获》，《考古与文物》1984年第1期。
④ 邹衡：《试论夏文化》，《夏商周考古学论文集》，文物出版社1980年版。
⑤ 河南省文物考古研究所、郑州市文物考古研究所：《郑州商代铜器窖藏》，科学出版社1999年版。
⑥ 邹衡：《论汤都郑亳及其前后的迁徙》，《夏商周考古学论文集》，文物出版社1980年版；《三代文明研究》编辑委员会：《三代文明研究（一）——1998年河北邢台中国商周文明国际学术研讨会论文集》，科学出版社1999年版；河北省文物研究所：《邢台商周遗址》，文物出版社2011年版。

都邑又转移到了安阳洹河北岸的花园庄村附近①。洹北商城宫城城墙②的营建方式延续有二里冈文化城墙的典型特征③，城内的宫室建筑④也与偃师商城的宫室建筑⑤一脉相承。然而，洹北商城外围仅开挖了方形环壕，尚未在方壕内侧夯筑城墙，外城的营建即宣告停止，都邑中心又迁往了洹河对岸的小屯村附近。

中心都邑北迁导致的文化分布范围变动在第Ⅶ组和第Ⅷ组时更加显著。河北藁城台西遗址步入最为繁荣的阶段⑥，出现了较高规格的夯土建筑及铜器墓。商文化陶器群已推进至河北涞水⑦和沧县⑧附近。

由于本阶段的中心都邑选址在太行山东麓的冲积平原之上，商文化不可避免地会向太行山以西区域产生渗透。长治地区与安阳地区一山之隔，发现第Ⅶ、Ⅷ组特征的铜器群⑨及陶器群⑩。晋中地区的忻州出现了第Ⅷ组特征的铜器群⑪，汾阳出现了殷墟文化墓

---

① 唐际根、徐广德：《洹北花园庄遗址与盘庚迁殷问题》，《中国文物报》1999 年 4 月 14 日；杨锡璋、徐广德、高炜：《盘庚迁殷地点蠡测》，《中原文物》2000 年第 1 期。

② 中国社会科学院考古研究所安阳工作队、中加洹河流域区域考古调查课题组：《河南安阳市洹北商城遗址 2005—2007 年勘查简报》，《考古》2010 年第 1 期。

③ 袁广阔、侯毅：《从城墙夯筑技术看早商诸城址的相对年代问题》，《文物》2007 年第 12 期。

④ 中国社会科学院考古研究所安阳工作队：《河南安阳市洹北商城宫殿区 1 号基址发掘简报》，《考古》2003 年第 5 期；中国社会科学院考古研究所安阳工作队：《河南安阳市洹北商城宫殿区二号基址发掘简报》，《考古》2010 年第 1 期。

⑤ 谷飞：《偃师商城宫城建筑过程解析》，《三代考古》（七），科学出版社 2017 年版。

⑥ 河北省文物研究所：《藁城台西商代遗址》，文物出版社 1985 年版。

⑦ 拒马河考古队：《河北易县涞水古遗址试掘报告》，《考古学报》1988 年第 4 期。

⑧ 沧州市文物保护管理所、沧县文化馆：《河北沧县倪杨屯商代遗址调查简报》，《考古》1993 年第 2 期。

⑨ 王进先：《山西长治市拣选、征集的商代青铜器》，《文物》1982 年第 9 期；郭勇：《山西长子县北郊发现商代铜器》，《文物资料丛刊》（三），文物出版社 1980 年版。

⑩ 山西省考古研究所晋东南工作站：《长治小常乡小神遗址》，《考古学报》1996 年第 1 期。

⑪ 沈振中：《忻县连寺沟出土的青铜器》，《文物》1972 年第 4 期。

地[1]，太谷白燕第五期遗存[2]也受到了来自商文化的强烈影响。

商文化分布范围的重大变化还体现在向东拓展。鲁西南的济宁地区原本属于岳石文化分布区，但至第Ⅶ组，济宁潘庙[3]、凤凰台[4]、泗水尹家城[5]、天齐庙[6]等地出现了面貌单纯的商文化遗存，商文化取代岳石文化的过程似乎是革命性的变革。至第Ⅷ组时，商文化已推进至鲁北的青州附近[7]。

豫东地区在本阶段与商文化核心区具有较为密切的文化联系。柘城孟庄[8]所出第Ⅶ组和第Ⅷ组陶器群与冀南豫北地区所出陶器群具有明显的相似性，该遗址还曾发现第Ⅷ组特征的铜器群[9]，面貌特征与冀南豫北地区同时期的青铜礼器非常相似。

安徽北部及中部的商文化遗存更加引人关注。早在20世纪50年代，安徽阜南曾出土鬲、尊、斝、爵、觚等青铜礼器[10]，其中以龙虎尊最为知名。阜南台家寺遗址近年来的考古发现更是发现了方形环壕、夯土建筑基址、铸铜遗存以及与聚落对应的墓地，该遗址的繁荣时期恰好相当于第Ⅶ组和第Ⅷ组[11]。台家寺的发掘明确证实

---

[1] 国家文物局、山西省考古研究所、吉林大学考古学系：《晋中考古》，文物出版社1998年版。
[2] 晋中考古队：《山西太谷白燕遗址第一地点发掘简报》，《文物》1989年第3期。
[3] 国家文物局考古领队培训班：《山东济宁潘庙遗址发掘简报》，《文物》1991年第2期。
[4] 国家文物局考古领队培训班：《山东济宁凤凰台遗址发掘简报》，《文物》1991年第2期。
[5] 山东大学历史系考古专业教研室：《泗水尹家城》，文物出版社1990年版。
[6] 国家文物局田野考古领队培训班：《泗水天齐庙遗址发掘的主要收获》，《文物》1994年第12期。
[7] 刘绪：《商文化在东方的拓展》，《夏商周考古探研》，科学出版社2014年版；燕生东：《商周时期渤海南岸地区的盐业》，文物出版社2013年版。
[8] 中国社会科学院考古研究所河南一队：《河南柘城孟庄商代遗址》，《考古学报》1982年第1期。
[9] 柘城县文化馆：《河南柘城心闷寺遗址发现商代铜器》，《考古》1983年第6期。
[10] 葛介屏：《安徽阜南发现殷商时代的青铜器》，《文物》1959年第1期。
[11] 陈冰白、何晓琳：《安徽阜南台家寺遗址发现商代高等级聚落》，《中国文物报》2017年4月28日第8版。

商王朝都邑以外的地方中心可以铸造青铜礼器。与台家寺相似风格的铜器群也发现于安徽中部的肥西馆驿[①]和安徽东部的嘉山泊岗引河[②]，其文化影响可至安徽铜陵地区[③]，更为遥远的江西新干中稜水库铜器群[④]及牛城遗址[⑤]也受到了经由安徽地区而来的文化影响。

相比之下，商文化在南部和西部地区的发展则相对有限。

湖北十堰辽瓦店子[⑥]发现较为典型的第Ⅶ组和第Ⅷ组陶器群。该遗址扼守江汉平原通往陕南汉中地区的交通咽喉，似乎是商文化在该区域的重要据点。

荆南寺遗址夏商遗存的第六期"相当于二里岗上层二期和殷墟一期之间"，第七期"相当于殷墟一期"[⑦]，此阶段的遗迹数量已显著减少，呈现衰落态势。

盘龙城在第Ⅶ组进入衰落期。在城址及城内宫室建筑废弃后，新的大型建筑和高等级墓葬出现在城址西北的杨家湾附近，"盘龙城已经开始显现出颓势……在盘龙城废弃之前，其地位已经明显降低"[⑧]。盘龙城附近的新洲香炉山[⑨]发现第Ⅷ组特征的陶器群，表明此地再次受到来自商文化中心区的影响。

---

① 安徽大学、安徽省社会科学院、安徽省文物考古研究所：《安徽江淮地区商周青铜器》，文物出版社2014年版。

② 葛治功：《安徽嘉山县泊岗引河出土的四件商代铜器》，《文物》1965年第7期。

③ 安徽大学、安徽省文物考古研究：《皖南商周青铜器》，文物出版社2006年版；安徽省文物考古研究所：《安徽铜陵县师姑墩遗址发掘简报》，《考古》2013年第6期。

④ 彭适凡、李玉林：《江西新干县的西周墓葬》，《文物》1983年第6期。

⑤ 余家栋：《新干县发现商周遗址》，《文物参考资料》1977年第6期；江西省文物考古研究所、江西省新干县博物馆：《新干县湖西、牛城遗址试掘与复查》，《江西文物》1991年第3期；江西省文物工作队、江西省新干县博物馆：《江西省新干县牛头城遗址调查与试掘》，《东南文化》1989年第1期；朱福生：《江西新干牛城遗址调查》，《南方文物》2005年第4期。

⑥ 湖北省文物局：《汉丹集萃：南水北调工程湖北库区出土文物图集》，文物出版社2009年版。

⑦ 荆州博物馆：《荆州荆南寺》，文物出版社2009年版。

⑧ 张昌平、孙卓：《盘龙城聚落布局研究》，《考古学报》2017年第4期。

⑨ 武汉大学历史系考古教研室、武汉市博物馆、新洲县文化馆：《湖北新洲香炉山遗址（南区）发掘简报》，《江汉考古》1993年第1期。

在关中东部，南沙村[①]、北村[②]等地发现相当于第Ⅶ组和第Ⅷ组的陶器群，面貌特征与商文化中心区大体接近。关中东部地区似乎并未受到太多来自白家庄期崩溃的影响，原有聚落仍然在延续发展，基本呈现对旧有文化格局的守势。然而，西安附近的羊元坊残灰坑[③]所出陶鬲已出现一些变异特点，突出反映在陶鬲的联裆化以及绳纹饰至足尖等现象。

在白家庄期崩溃后，商王朝的中心都邑由郑州地区转移到了冀南豫北地区，商文化典型陶器群的分布范围也相应地向北和向东大幅拓展，并对山西地区继续保持渗透式影响，但在长江流域已出现颓势，在关中东部也呈现出守势。从考古学文化的各个层面而言，第Ⅶ组和第Ⅷ组仍然保留有浓重的二里冈文化遗风。在中心都邑北迁后，商王朝似乎仍然寄希望于按照二里冈文化时期的统治方式构建全新的政治地理格局，其突出表现是对鲁西南地区的开疆拓土。然而由于统治集团内部的矛盾始终没有得到妥善解决，商王朝的国力已无法与二里冈文化时期同日而语，对于长江流域和关中东部的统治已有些捉襟见肘。国力的衰落还体现在洹北商城放弃筑城以及缺乏地方性青铜城邑的兴建，诸如阜南台家寺之类的地方中心仅以方形环壕作为防御设施。从种种迹象来看，尽管商王朝试图还原二里冈模式的政治地理格局，但由于统治集团内部倾轧导致的国力衰落，商王朝已经很难恢复往日的荣光，商文化内部的结构调整以及青铜文化结构体系的重新布局已不可避免。

---

① 北京大学考古教研室华县报告编写组：《华县、渭南古代遗址调查和试掘》，《考古学报》1980年第3期；西安半坡博物馆、陕西师范大学历史文化学院：《陕西省华县南沙遗址1983—1984年发掘报告》，《三代考古》（七），科学出版社2017年版。
② 北京大学考古系商周组、陕西省考古研究所：《陕西耀县北村遗址1984年发掘报告》，《考古学研究》（二），北京大学出版社1994年版。
③ 陕西省考古研究所：《长安羊元坊商代残灰坑的清理》，《考古与文物》2003年第2期。

南方青铜文化带的兴起

白家庄期崩溃带来的不仅仅是对商文化的影响。在二里冈政治地理格局之下，周邻地区尚处于相对落后的文化面貌，地方社会缺乏青铜礼器作为物质支撑，尚未步入类似于商王朝的复杂社会形态。随着二里冈政治地理格局的瓦解，商文化南部及西部边际之外兴起了具有地方色彩的青铜文化，形成了一条自长江中下游经汉江地区直至关中地区的青铜文化带，具有二里冈文化遗风的青铜礼器成为地方复杂社会运转的重要身份标志物。

湖北黄陂盘龙城在二里冈文化时期曾是商文化在南方的地方中心，向南的文化影响可达湖南北部[1]。然而在鄂东南的蕲春意生寺[2]，二里冈上层时期已形成商文化的地方变体，陶器群中以联裆鬲为主，与盘龙城、铜鼓山等地流行的高分裆近平商式鬲差异显著。与湖北蕲春隔江相望的江西九江神墩[3]、德安石灰山[4]等地也发现有面貌相似的文化遗存。在盘龙城对鄂东南及赣北地区的控制减弱后，这批遗存向南溯赣江而上进入清江盆地，形成了吴城文化第一期遗存，根据陶器群的时代特征可知其年代上限相当于白家庄期的偏晚阶段。吴城文化第一期遗存具有浓厚的二里冈文化遗风，但随着时间的推移，吴城文化第二、三期呈现出较为鲜明的地方特

---

[1] 湖南省文物考古研究所、岳阳市文物工作队：《岳阳市郊铜鼓山商代遗址和东周墓发掘报告》，《湖南考古辑刊》第5辑，《求索》杂志社1989年版。

[2] 湖北省文物考古研究所纪南城工作站：《湖北黄梅意生寺遗址发掘报告》，《江汉考古》2006年第4期。

[3] 江西省文物工作队、九江市博物馆：《江西九江神墩遗址发掘简报》，《江汉考古》1987年第4期。

[4] 江西省文物工作队、德安县博物馆：《江西德安石灰山商代遗址试掘》，《东南文化》1989年增刊。

征①，突出表现在陶鬲的小型化和联裆化。正如刘莉、陈星灿先生所言："如果盘龙城的主要功能确系作为南北运输线路上的枢纽，那么它的衰落应该视为商京畿地区对这条交通线路失控的一个信号。另一方面，根据其物质文化的发达程度和社会政治系统的复杂化程度判断，以吴城为中心的地区日益成为一个脱离核心地区晚商政权控制的政治实体。"②

江西新干大洋洲墓的年代一般被认为已晚至殷墟文化第二期③，但该墓中可以见到时代特征稍早的青铜礼器，尤以青铜方鼎XDM：8最具代表性。该鼎与郑州南顺城街铜器窖藏所出青铜方鼎具有非常明显的相似之处，但鼎耳之上加铸的伏虎形象又彰显其不同于商文化的本地特点。该墓所出其他方鼎在此基础上风格逐渐地方化，形体逐渐小型化，与商文化青铜礼器风格渐行渐远。

湖南石门县皂市遗址的上层遗存④年代上限一度被估计早至二里冈下层时期⑤，但皂市上层所出陶鬲的颈部多饰有一道或二道旋纹，这样的特征早不到二里冈下层时期。在邻近的荆州荆南寺可见到二里冈上层一期流行的同心圆鬲，在皂市上层却不见这样特征的陶鬲，其年代上限有可能已晚至白家庄期。皂市上层遗存中仅有商式鬲、簋、假腹豆等器类，数量偏少，并随着时间的流逝逐渐消失⑥。可见，皂市上层文化属于一支原本带有商文化因素，在本地

---

① 江西省文物考古研究所、樟树市博物馆：《吴城：1973—2002年考古发掘报告》，科学出版社2005年版。
② 刘莉、陈星灿：《中国早期国家的形成——从二里头和二里岗时期的中心和边缘之间的关系谈起》，《古代文明》第1卷，文物出版社2002年版。
③ 江西省博物馆、江西省文物考古研究所、新干县博物馆：《新干商代大墓》，文物出版社1989年版。
④ 湖南省文物考古研究所：《湖南石门皂市商代遗存》，《考古学报》1992年第2期。
⑤ 王文建：《商时期澧水流域青铜文化的序列和文化因素分析》，《考古类型学的理论与实践》，文物出版社1989年版。
⑥ 王文建：《商时期澧水流域青铜文化的序列和文化因素分析》，《考古类型学的理论与实践》，文物出版社1989年版。

逐步被融合的考古学文化，其本地化过程与吴城文化的情况非常类似。

陕南汉中盆地的城固县及洋县所在区域集中出土了数量较多的商代青铜礼器，其中时代特征最早者为白家庄期[①]。汉中出土商代青铜礼器中时代特征偏早者均具有较为浓厚的二里冈文化遗风，该地流行的青铜尊、罍等应是受到了来自长江中下游地区的影响[②]，铜簋双耳的铆钉铸法也属于南方青铜器的铸造方式[③]。与汉中商代铜器群对应的陶器群具有较为特殊的面貌，被认为是鄂西的路家河文化到达汉中盆地后形成的宝山文化，其年代上限也是白家庄期[④]。鄂西地区在白家庄期崩溃后兴起了一支极具土著色彩的周梁玉桥文化[⑤]。正是由于商文化的退却，地方色彩青铜文化才获得了生存和发展的空间，鄂西地区的文化变动以及宝山文化的出现均属白家庄期崩溃带来的文化格局重组。

关中地区的文化变动更加值得关注。自二里冈下层时期以来，二里冈文化即已到达关中东部地区，但长期没有越过西安—耀县一线，未进入关中西部地区。在白家庄期崩溃后，关中西部地区新出现了两类重要的文化遗存——"商文化京当型"和郑家坡文化。

京当型最早由邹衡先生提出，以扶风白家窑水库 73SFC 陶器墓发现的方唇鬲、假腹豆和圆腹罐为典型器物[⑥]，以岐山县京当镇发

---

① 西北大学文博学院、陕西省文物局：《城洋青铜器》，科学出版社 2006 年版。
② 张昌平：《论殷墟时期南方的尊和罍》，《考古学集刊》第 15 集，文物出版社 2004 年版。
③ 苏荣誉：《岐山出土商凤柱斝的铸造工艺分析及其相关问题的探讨》，《两周封国论衡：陕西韩城出土芮国文物暨周代封国考古学研究国际学术研讨会论文集》，上海古籍出版社 2014 年版。
④ 西北大学文博学院：《城固宝山：1998 年发掘报告》，文物出版社 2002 年版。
⑤ 彭锦华：《沙市周梁玉桥殷商遗址试析》，《江汉考古》1989 年第 2 期；王宏：《论周梁玉桥文化》，《江汉考古》1996 年第 3 期。
⑥ 邹衡：《论先周文化》，《夏商周考古学论文集》，文物出版社 1980 年版。

现的铜器群①命名。京当型在周原附近地区②较为常见，泾河流域的礼泉朱马嘴③也有发现，其空间分布已靠近碾子坡文化、刘家文化等高领袋足鬲类文化的分布地域。岐山王家嘴、礼泉朱马嘴、扶风壹家堡等地年代最早的遗存年代上限为白家庄期。研究指出，京当型的文化构成因素主要可分为商文化因素、郑家坡文化因素和北方地区考古学文化因素三类④，这意味着所谓的"商文化京当型"并非纯粹意义上的商文化，郑家坡文化因素是其不可或缺的有机组成部分。

郑家坡文化是以漆水河中下游为核心分布地域的一支青铜文化。研究认为，郑家坡文化与京当型在殷墟文化时期属于共存关系⑤，年代上限为白家庄期⑥。郑家坡文化早期的青铜礼器受到了来自殷墟文化的强烈影响⑦，但在陶器群层面呈现出对商文化因素的排斥，仅发现有极少量接近殷墟文化特征的鬲足等⑧。京当型与郑家坡文化是白家庄期崩溃后在关中西部地区孪生出现的两类考古学文化，郑家坡文化的形成受到了关中东部商文化的影响，郑家坡文化因素又成为京当型必不可少的构成因素，两者存在有机联系。

综上可见，正是商王朝中心都邑的北迁，其在南部和西部的控制力减弱，才导致商文化边际之外兴起了吴城文化、皂市上层文

---

① 王光永：《陕西省岐山县发现商代铜器》，《文物》1977 年第 12 期。
② 北京大学考古学系商周组：《陕西扶风县壹家堡遗址 1986 年度发掘报告》，《考古学研究》（二），北京大学出版社 1994 年版；周原考古队：《2001 年度周原遗址（王家嘴、贺家地点）发掘简报》，《古代文明》（第 2 卷），文物出版社 2003 年版；周原考古队：《2004 年周原老堡子遗址发掘报告》，《考古学集刊》第 17 集，科学出版社 2010 年版。
③ 北京大学考古学商周组、陕西省考古研究所：《陕西礼泉朱马嘴商代遗址试掘简报》，《考古与文物》2000 年第 5 期。
④ 徐良高：《京当类型商文化与郑家坡类遗存关系再探讨》，《考古》2010 年第 9 期。
⑤ 张天恩：《关中商代文化研究》，文物出版社 2004 年版。
⑥ 雷兴山：《先周文化探索》，科学出版社 2010 年版。
⑦ 宝鸡市考古工作队：《陕西武功郑家坡先周遗址发掘简报》，《文物》1984 年第 7 期。
⑧ 张天恩：《关中商代文化研究》，文物出版社 2004 年版。

化、宝山文化和郑家坡文化等地方色彩的青铜文化,这些流行二里冈文化遗风青铜礼器的地方色彩青铜文化共同组成了南方青铜文化带,为殷墟时期青铜文化结构体系的形成奠定了物质基础。

殷墟时期青铜文化结构体系的形成

至殷墟文化第二期,商王朝的中心都邑终于停留在以小屯为中心的安阳洹河南岸[①],直至商王朝灭亡,中心都邑再未发生过迁移。相对安定的内部环境是构建全新青铜文化结构体系的前提基础。殷墟文化第二期是殷墟文化最为繁荣的阶段,商王朝进入了文献记载中的"武丁中兴",商文化在内部结构上发生了重大变化。

与洹北商城形成鲜明对比的是,殷墟遗址一反传统,不再修筑聚落外围的防御设施。青铜礼器风格的突变、甲骨文字的突然流行、随葬器物组合方式的转变都昭示着殷墟文化相比二里冈文化已发生了脱胎换骨的改变。殷墟遗址的殷墟文化遗存基本上代表了太行山东麓地区的殷墟文化面貌,其北部边界在河北定州附近[②]。《史记·孙子吴起列传》中所说的"殷纣之国,左孟门,右太行,常山在其北,大河经其南"恰好是典型特征殷墟文化的分布地域。

郑洛地区是二里冈文化时期的京畿地域,进入殷墟文化时期形成了鲜明特色的地方类型。在郑州人民公园早年的发掘中,已发现有殷墟文化早期遗存[③],但由于材料相对较少,整体面貌并不清楚。

---

① 杨锡璋、徐广德、高炜:《盘庚迁殷地点蠡测》,《中原文物》2000年第1期。
② 河北省文物研究所、保定地区文物管理所:《定州北庄子商墓发掘简报》,《文物春秋》1992年增刊。
③ 河南省文物考古研究所:《郑州商城:1953—1985年考古发掘报告》,文物出版社2001年版。

近年来，河南荥阳关帝庙遗址[①]和郑州黄河路109号院墓地[②]的发掘为全面了解殷墟文化在郑州地区的地方类型提供了关键材料。郑州地区的殷墟文化陶鬲流行沿面下凹特征，陶簋除殷墟文化典型形制外，还流行一种地方特色的鼓腹陶簋，陶器群的整体面貌与太行山东麓地区差异显著，可将其称为殷墟文化的"关帝庙类型"。郑州以西的洛阳盆地在此时仍然存在殷墟文化遗存[③]，也曾发现殷墟文化第二期铜器墓[④]，表明商王朝在此时尚未放松对洛阳盆地的控制。

鲁西南地区的殷墟文化也呈现出鲜明的地方特色，被称为殷墟文化的"安邱类型"[⑤]。鲁西南商文化第四期相当于殷墟文化第二期，"陶器多是夹粗砂厚胎红褐色，胎质较粗。在口沿方面，前者一般为翻缘方唇，后者却多为束颈、宽方唇、盘形口。……假腹豆和夹砂中口罐在殷墟文化第二期已极罕见，而在鲁西南商文化第四期中较为常见"[⑥]。不论是郑洛地区或是鲁西南地区，距离安阳的中心都邑并不遥远，两地的同时期文化面貌却呈现如此鲜明的地方特色，表明殷墟文化的内部结构与二里冈文化的内部结构存在显著差异，这表明商王朝有可能已采取了不同的统治方式维持全新的政治地理格局。

白家庄期崩溃导致商王朝对南方地区的控制力衰弱，但并不意味着商文化从此撤离汉东地区。孝感地区仍然发现有殷墟文化第二

---

① 河南省文物考古研究所：《河南荥阳市关帝庙遗址商代晚期遗存发掘简报》，《考古》2008年第7期；河南省文物考古研究所：《河南荥阳关帝庙遗址考古发现与认识》，《华夏考古》2009年第3期。
② 郑州市文物考古研究院：《郑州黄河路109号院殷代墓葬发掘简报》，《中原文物》2015年第3期。
③ 中国社会科学院考古研究所二里头工作队资料。
④ 洛阳市第二文物工作队：《洛阳五女冢西周早期墓葬发掘简报》，《文物》2000年第10期。
⑤ 宋豫秦：《论鲁西南地区的商文化》，《华夏考古》1988年第1期。
⑥ 同上。

期特征的陶器群和铜器群①。殷墟文化对南方地区的影响甚至波及湖南北部，岳阳铜鼓山②和津市涔澹农场③均曾发现殷墟文化第二期特征的青铜礼器。

在关中东部地区，老牛坡遗址的第四期遗存与殷墟文化第二期早段大体相当，陶器群面貌发生了较为明显的变异，突出表现为陶鬲所饰绳纹施至足尖。老牛坡第四期已拥有独立的冶铜和铸铜遗存，更加为地方社会的独立运作注入活力。老牛坡类型的地方化可以视为殷墟文化内部结构调整的结果，但其远离安阳都邑的特殊地理位置为商王朝的最终崩溃埋下了伏笔。耀县北村的殷墟文化遗存同样在殷墟文化第二期晚段终结。在关中西部，京当型遗存在郑家坡文化、碾子坡文化、刘家文化的挤压下最终消亡。

由于青铜礼器铸造技术在殷墟文化第二期得到了显著提升，成熟的殷墟文化风格青铜礼器开始向外施加影响。远在北方的内蒙古翁牛特旗④、克什克腾旗⑤等地发现有殷墟文化第二期特征青铜器。但相对来说，受殷墟文化风格青铜礼器影响最大的当属晋陕高原地区。在殷墟文化第二期，与安阳中心都邑一山之隔的山西长治地区仍然属于殷墟文化的分布地域⑥，但再向西仅在浮山县发现桥北墓地⑦，很有可能已处于商文化分布的西北边缘。自殷墟文化第二期

---

① 孝感地区博物馆：《孝感、黄陂两县部分古遗址复查简报》，《江汉考古》1983年第4期；熊卜发：《湖北孝感地区商周古文化调查》，《考古》1988年第4期；孝感地区博物馆、孝感市博物馆：《湖北孝感聂家寨遗址发掘简报》，《江汉考古》1994年第2期。
② 胥卫华：《湖南岳阳市铜鼓山遗址出土商代青铜器》，《考古》2006年第7期。
③ 谭远辉：《湖南涔澹农场发现商代铜器墓》，《华夏考古》1993年第2期。
④ 苏赫：《从昭盟发现的大型青铜器试论北方的早期铜器文明》，《内蒙古文物考古》1982年第2期。
⑤ 克什克腾旗文化馆：《辽宁克什克腾旗天宝同发现商代铜瓿》，《考古》1977年第5期。
⑥ 刘绪：《商文化在北方的进退》，《夏商周考古探研》，科学出版社2014年版。
⑦ 桥北考古队：《山西浮山桥北商周墓》，《古代文明》（第5卷），文物出版社2006年版。

始，晋陕高原的南流黄河地区出现一支面貌特殊的青铜文化[1]，被命名为李家崖文化[2]。尽管陶器群层面与殷墟文化的共性特征较少，青铜礼器层面却受到了来自殷墟文化的强烈影响，特别是对青铜觚、爵的接纳[3]，彰显其对殷墟文化具有一定的文化认同。

白家庄期崩溃以来的文化格局调整对于殷墟文化时期青铜文化结构体系的形成具有深刻的影响。统治中心的北迁带来了文化分布的北进和东拓，在南方和西方却在逐渐收缩。至殷墟文化第二期，成熟面貌的殷墟文化已然形成，文化内部鲜明的地方类型暗示商王朝有可能转换了另一种相对宽松的控制方式，而在南方和西方更是采取了近乎绥靖的处理方式。自殷墟文化第二期始，山西似乎成了商王朝与西北方国之间角逐的主战场，文化交流频繁而深刻。尽管全新的青铜文化结构体系得以形成，但白家庄期崩溃造成的影响却仍然存在，特别是在对于关中地区的相对忽视，最终导致了商王朝的覆亡。

（本文系首次发表）

---

[1] 李伯谦：《从灵石旌介商墓的发现看晋陕高原青铜文化的归属》，《中国青铜文化结构体系研究》，科学出版社1998年版。
[2] 陕西省考古研究院：《李家崖》，文物出版社2013年版。
[3] 蒋刚：《南流黄河两岸出土青铜器的年代与组合研究》，《公元前2千纪的晋陕高原与燕山南北》，科学出版社2008年版。

附录二

古骨胶原的氧同位素分析及其在先民迁徙研究中的应用

王宁[①②],李素婷[③],李宏飞[④],胡耀武[①②*],宋国定[①②]

①中国科学院古脊椎动物与古人类研究所,中国科学院脊椎动物演化与人类起源重点实验室,北京 100044;

②中国科学院大学人文学院科技史与科技考古系,北京 100049;

③河南省文物考古研究院,郑州 450000;

④北京大学考古文博学院,北京 100871。

*联系人胡耀武,E-mail: ywhu@ucas.ac.cn。

国家重点基础研究发展计划(973 计划)(2015CB953803)、国家自然科学基金项目(41172161,41373018)、北京大学研究生院才斋奖学金项目(CZ201304)资助。

摘要:古骨中的 O 同位素分析可以揭示先民和动物的饮用水来源,复原其所处的古环境,为探索先民的来源地和迁徙状况提供重要的参考信息。本研究选取了中国商代都邑级别的郑州小双桥遗址出土的 17 例动物和先民骨骼,在 C、N 稳定同位素分析食物结构的基础上，利用 O 稳定同位素分析，对动物物种间 $\delta^{18}O$ 值的差异状况与饮用水来源、代谢方式和饮食结构的关系，以及先民 $\delta^{18}O$ 值的差异原因和身份进行了探讨。结果表明，不同种属动物骨胶原的 $\delta^{18}O$ 值存在较大差异，并且这些差异与个体饮食中 C_3 和 C_4 食物比重的关系不大，更多的是受到饮用水中 $\delta^{18}O$ 值与新陈代谢方式（反刍和非反刍）的影响，反刍类动物明显高于非反刍类动物。此外，遗址中先民的 $\delta^{18}O$ 值也有较大差别，表明这些先民生前可能至少来自两个区域，V 区丛葬坑 H66 中埋葬的先民相比 IX 区地层中的部分先民，来自更接近海洋的地区。结合古文献和考古资料，推测 V 区丛葬坑 H66 中埋葬的先民极有可能是东夷族人。

关键词： 古骨胶原；O 稳定同位素；小双桥遗址；商代；先民迁徙

骨骼中的胶原蛋白，含量十分丰富，因其自身所具有的三股 α-螺旋结构以及与质地坚硬的羟磷灰石紧密结合，使其在长期埋藏过程中不易受到外界微生物和物理化学作用的影响。因此，古代生物骨骼中的胶原蛋白可以得到长期保存，一直是生物考古学界研究的主要对象[1—4]。根据"我即我食"（You Are What You Eat）原理，人类自身在生长发育过程中所需的营养和能量皆来自其对外界空气、水和食物的摄取，并经过消化吸收后转化为身体的组成成分，使得生物体内打上了所处环境的稳定同位素"烙印"。因此，古骨胶原的 C、N 稳定同位素分析可以揭示生物体内所蕴含的潜信息，并已在先民食物结构重建、古代农业发展、动物饲养驯化等方面取得了大量的研究成果[5—9]。

近些年来，骨骼中的 O 同位素分析，逐渐成为国际生物考古学界新的研究热点[10,11]。由于 O 同位素分馏具温度效应、海拔效应、纬度效应和蒸发效应等，加上不同地区环境中的温度、湿度差异，使得不同地区降水中的 $\delta^{18}O$ 值发生变化，进而导致不同地区地表水的 $\delta^{18}O$ 值产生差异[12,13]。生物在饮水和食物摄取过程中，会将地表水、植物水和食物链中其他动物体内的水分一并摄入，并在呼出二氧化碳、汗液、尿液等排出体外过程中，保持体内 O 同位素的动态平衡。简而言之，生物体内的水分来源，均直接或间接地与生活所在地区的降水有关，最终使得自身骨骼中无机质和有机质的 $\delta^{18}O$ 值打上了周围环境中 $\delta^{18}O$ 值的烙印[14,15]。因此，通过生物骨骼的 O 同位素分析，复原个体生前所处环境的 $\delta^{18}O$ 值，并结合不同区域环境 $\delta^{18}O$ 值的分布规律，即可推测个体的生活区域和迁徙状况。在探讨生物体内 O 同位素值的分馏机制和影响因素的基础上[16—20]，一些国外学者开始尝试对古代骨骼和牙齿样品进行 O 同位素分析，以期解决考古学上一些悬而未决的问题。例如，Sjogren 等人[21]对遗址出土动物骨骼进行 O 同位素分析，证明与本地饲养为主的猪不同，部分牛和羊有可能来自外地，尤其牛的迁徙更为频繁，表明牛有可能代表一定的文化象征意义。古骨的 O 同位素分析，在重建古气候、动物和先民起源及迁徙等领域所取得的研究成果，为一系列考古学问题的解决提供了新的思路和研究手段。

然而，在当前考古材料的 O 同位素分析中，国外学者主要是通过头发或者古代骨骼、牙齿样品中的碳酸盐、磷酸盐等无机物成分进行分析，对于古骨中有机物成分——胶原蛋白的分馏状况研究相对较少。因此，骨胶原 $\delta^{18}O$ 值差异与饮用水来源、代谢方式和饮食结构的关系，尚需更深入的研究和更多考古材料的证明。此外，国内大量考古遗址中业已开展了古骨胶原的 C、N 稳定同位素分析工作，并在早期人类进化、中国古代农业起源和发展、社会复杂化和民族迁徙等方面取得了丰硕的成果[22—30]，但是古骨胶原的 O 稳定同位素分析工作相对较少，仅有古代动物的相关报道[31]，在先民骨骼的 O 稳定同位素分析领域尚属空白，极大地限制了相关考古学术研究的深入开展。

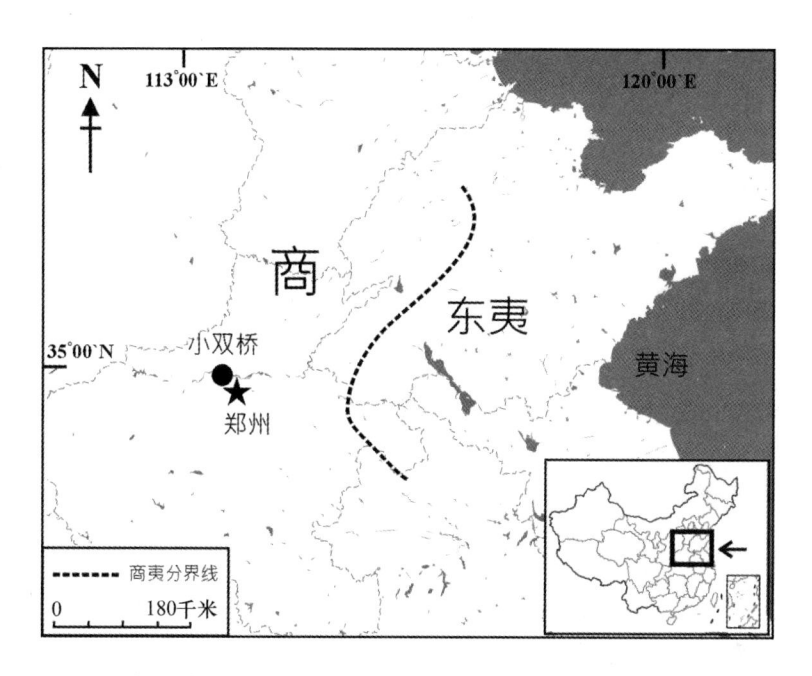

图1　郑州小双桥商代遗址的地理位置和商文化分布范围

小双桥遗址位于河南省郑州市西北 20 公里处的石佛乡小双桥村及其西南部，地理位置为东经 113°30′，北纬 34°38′。小双桥遗址是一处十分重要的商代中期都邑级遗址，^{14}C 测年数据显示其绝对年代为公元前 1435—1412 年，距今约 3400 余年（图1）[32,33]。在遗址中心区，除发现有大型高台夯土建筑基址、宫殿建筑基址等丰富的文化遗存外，整个宫殿区的不同区域内均发现了大量祭祀类遗迹和多种类型的人牲遗存。根据考古发掘资料显示，该遗址的不同祭祀场在规模上存在较大的差异，人牲的葬式也存在多种类型，地层也埋葬了大量的散乱人骨。此外，遗址中也出土了大量的动物骨骼，为我们开展古骨胶原的 O 稳定同位素分析工作提供了丰富的考古材料。

因此，本文拟选取河南郑州小双桥遗址考古发掘出土的先民和动物的古骨材料作为考古样品的代表，在C、N稳定同位素分析的基础上，开展O稳定同位素分析，进而揭示不同物种和先民骨胶原$\delta^{18}O$值差异以及其与个体饮用水来源、代谢方式和饮食结构的对应关系，并借此探索小双桥遗址中先民的身份及相关商代考古学问题。最后，还将进一步探讨古骨胶原的O稳定同位素分析在先民迁徙研究中的应用前景。

1 材料和方法

1.1 样品选择

本次研究共选取17例不同种属动物和先民的古骨样品，包括7例动物（3例猪、2例牛、1例狗、1例羊）和10例先民个体样品。其中，10例人骨样品涉及小双桥遗址中葬式最典型的两类人群，包括Ⅴ区H66为代表的祭祀坑埋葬的个体以及商代地层中埋葬的个体。所有实验样品的编号、出土位置、种属等考古信息，如表1所示。

1.2 胶原蛋白的提取

骨胶原的制备方法，依据Jay等[34]的文章，略作修改。机械去除骨样内外表面的污染物，称取2 g左右，加入0.5 mol/L HCl溶液于4℃浸泡，每隔两天更换酸液，直至骨样松软、无明显气泡。去离子水清洗至中性后，加入0.125 mol/L NaOH溶液室温下浸泡20小时。去离子水洗至中性后，浸于0.001 mol/L HCl溶液在70℃下加热48小时，趁热过滤，-20℃冷冻。次日冷冻干燥24小时得骨胶原，称重，计算骨胶原得率（骨胶原重量/骨样重量），详见表1。

1.3 元素含量与稳定同位素测试

骨胶原中C、N元素含量及C、N稳定同位素比值的测定在中国农业科学院农业环境与可持续发展研究所环境稳定同位素实验室进行。取少量骨胶原，称重，于Elementar Vario-Isoprime 100型稳定同位素质谱分析仪（Isoprime 100 IRMS coupled with Elementar Vario）测试其 C、N 含量及同位素比值。测试 C、N 含量所用的标准物质为磺胺（Sulfanilamide）。C、N 稳定同位素比值分别以 USGS 24 标定碳钢瓶气（以 PDB 为基准）和 IEAE－N－1 标定氮钢瓶气（以 AIR 为基准）为标准，每测试 10 个样品中插入一个实验室自制胶原蛋白标样（$\delta^{13}C$ 值为 －14.7‰ ± 0.2‰，$\delta^{15}N$ 值为 6.88‰ ± 0.2‰）。分析精度都为 ±0.2‰，测试结果以 $\delta^{13}C$（相对于 V-PDB）、$\delta^{15}N$（相对于 AIR）表示，详见表 1。

O 稳定同位素比值的测定同样在中国农业科学院农业环境与可持续发展研究所环境稳定同位素实验室进行。采用高温裂解的方法，使用 elementar PyroCube 连接到 ISOPRIME－100 同位素比质谱仪进行同位素分析。称取少量每管提取物，精确称重。在分析过程中，将待测样品在实验室常温放置一周，使其与空气中的水蒸气充分平衡，并分别以国际标样 IAEA－601 和 IAEA－CH7 为标准，O 稳定同位素比值均以维也纳标准平均海水（VSMOW）为标准，分析精度为 ±0.3‰，测试结果以 $\delta^{18}O$（相对于 VSMOW）表示，详见表 1。

1.4 数据处理

数据统计分析采用 SPSS13.0 和 Origin 8.0 软件。

表 1　小双桥遗址骨样考古信息及元素和稳定同位素测试结果

编号	出土单位	先民性别/动物种属	骨胶原产率（％）	C（％）	N（％）	C/N	$\delta^{13}C$（‰）	$\delta^{15}N$（‰）	$\delta^{18}O$（‰）
1	Ⅸ T238 ④a	—	2.0	34.3	12.1	3.3	－7.4	9.1	11.2
2	Ⅸ T238 ④a	—	2.0	38.1	13.5	3.3	－9.8	9.7	10.2
3	Ⅸ T238 ④a	—	2.0	42.2	15.5	3.2	－7.3	9.0	10.6
4	Ⅸ T238 H63	女	4.0	42.8	15.3	3.3	－9.4	6.0	11.7
5	Ⅴ T15 H66	男	3.0	40.7	14.5	3.3	－9.9	6.9	11.8

续表

编号	出土单位	先民性别/动物种属	骨胶原产率（%）	C（%）	N（%）	C/N	δ^{13}C（‰）	δ^{15}N（‰）	δ^{18}O（‰）
6	Ⅴ T15 H66	男	5.0	43.3	15.5	3.3	-11.2	7.4	11.9
7	Ⅴ T15 H66	男	4.0	42.4	15.1	3.3	-9.6	6.6	11.8
8	Ⅴ T15 H66	男	4.0	42.6	15.1	3.3	-11.9	10.1	12.4
9	Ⅴ T15 H66	男	1.0	45.5	16.8	3.2	-11.3	10.1	12.2
10	Ⅴ T95 H114	—	5.0	43.0	15.4	3.2	-12.0	10.3	12.4
11	Ⅵ T41 M20	狗	2.0	42.8	15.1	3.3	-15.5	9.2	10.9
12	Ⅸ T207 H24	猪	2.0	44.6	16.0	3.3	-8.0	8.4	11.2
13	Ⅴ T129 H98	猪	5.0	43.9	15.8	3.2	-10.6	8.3	10.6
14	Ⅴ T137 ③	猪	5.0	42.5	15.3	3.2	-10.8	8.2	10.7
15	Ⅴ T15 H66	牛	2.0	42.1	15.0	3.3	-11.1	6.2	13.5
16	Ⅸ T211 H37	牛	7.0	43.8	15.8	3.3	-10.5	7.7	13.3
17	Ⅴ T97 ④	羊	4.0	42.4	15.1	3.3	-15.2	7.2	15.6

注：—表示部分先民个体因为出土骨架保存不够完整，未能进行男女性别判定。

2 结果与讨论

2.1 骨骼污染判定

骨骼在埋藏过程中受到湿度、温度及微生物等因素的影响，其结构和化学组成将可能发生改变[2]。因此，判断骨样是否被污染是进行C、N和O稳定同位素分析的前提。

由表1可知，所有样品的骨胶原提取率在1%—7%之间，均值为3.4%±1.6%（$n=17$），显著低于现代样品（约含20%骨胶原），表明骨胶原在长期埋藏过程已发生不同程度的降解。然而，判断骨胶原是否污染的最重要指标当属骨胶原的C、N含量和C/N摩尔比值。样品C、N含量分别在34.3%—45.5%和12.1%—16.8%之间，接近于现代骨胶原的C、N含量（41%，15%）[35]。尤其重要的是，所有样品的C/N摩尔比值在3.2—3.4之间，也都落于未受污染样品的范围内（2.9—3.6）[36]。由此可见，全部样品提取出的骨胶原的稳定同位素分析结果确实可信。

2.2 小双桥遗址古骨 O 稳定同位素分析结果

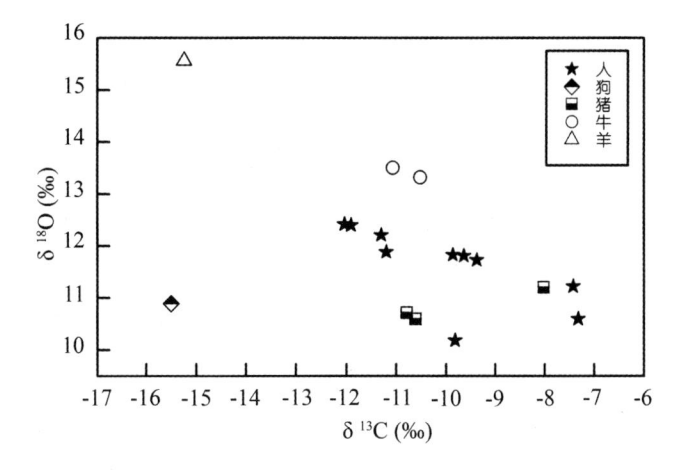

图 2 为小双桥遗址动物和先民的 $\delta^{13}C$、$\delta^{18}O$ 值散点图。由图 2 可见，不同种属动物之间和先民个体之间的 $\delta^{18}O$ 值较为离散。其中，猪的 $\delta^{18}O$ 值最低，介于 10.6‰—11.2‰，平均值为 10.8‰ ± 0.3‰（$n = 3$），同时，狗的 $\delta^{18}O$ 值（10.9‰）同样较低。此外，两例牛的 $\delta^{18}O$ 值其次（13.3‰、13.5‰），羊的 $\delta^{18}O$ 值最高（15.6‰）。先民的 $\delta^{18}O$ 值分布较为广泛，介于 10.2‰—12.4‰，平均值为 11.62‰ ± 0.7‰（$n = 10$），略高于猪和狗，而低于牛和羊。总体而言，$\delta^{13}C$ 与 $\delta^{18}O$ 值有一定的负相关性（$r = -0.4987$，$P = 0.042$），并且物种间的 $\delta^{18}O$ 值差异较为明显。

图 2 小双桥遗址动物和先民的 $\delta^{13}C$、$\delta^{18}O$ 值散点图

2.3 物种间 $\delta^{18}O$ 值差异与饮用水来源、代谢方式和饮食结构的关系

图 3 为小双桥遗址动物和先民的 $\delta^{13}C$、$\delta^{18}O$ 值误差棒图。从图 3 可以看出，4 种动物和先民的 $\delta^{18}O$ 均值有不同程度的差异。总体而言，猪和狗的 $\delta^{18}O$ 值十分接近，而牛和羊的 $\delta^{18}O$ 值明显高于猪

和狗，先民的 $\delta^{18}O$ 值与猪和狗较为接近。本文就动物和先民骨胶 $\delta^{18}O$ 值的差异状况，及其与饮用水来源、代谢方式和饮食结构的关系展开讨论。

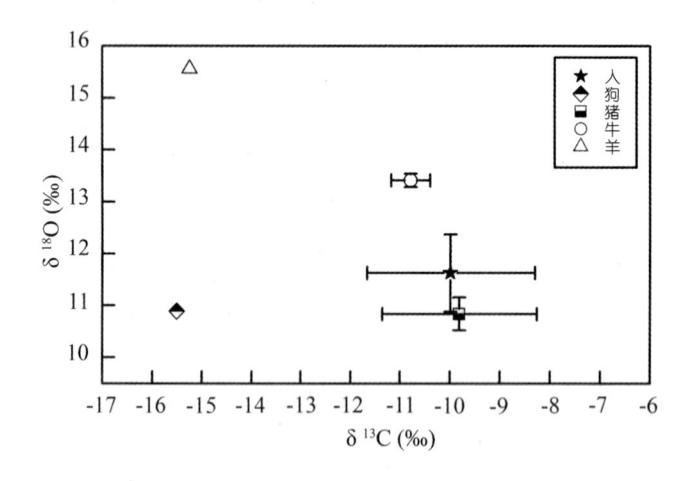

图3 小双桥遗址动物和先民的 $\delta^{13}C$、$\delta^{18}O$ 值误差棒图

研究表明，同一地区的地表水和植物乃至植物的不同部位，受到蒸腾作用的影响，O同位素会发生分馏。质量相对较轻的 ^{16}O 更易蒸发，而质量相对较重的 ^{18}O 更容易留在液相水中[37]。植物在吸收地表水以后，蒸腾作用会导致植物内水分 $\delta^{18}O$ 值的进一步升高，并且同一植物中纤维素的 $\delta^{18}O$ 值也高于叶子[37]。因此，不同种属动物对饮用水和食物水摄取的来源差异，会最终导致体内 $\delta^{18}O$ 值的基底效应不同。相对而言，杂食动物（猪）和肉食动物（狗）的饮用水以 $\delta^{18}O$ 值相对较低的大气降水（例如河水、井水和江水等）为主，而食草类动物（牛和羊）除了摄入一定数量的大气降水之外，在进食过程中同时大量吸收了 $\delta^{18}O$ 值相对较高的植物水[38]。因此，在同一自然环境中，由于对水分摄取习惯不同导致的饮用水来源差异，使得与杂食和肉食动物相比，食草类动物体内的 $\delta^{18}O$ 值更高。

4 种动物根据新陈代谢方式不同，可以分为两类，包括反刍动物（牛和羊）和非反刍动物（猪和狗）。反刍动物因为自身特殊的生理结构，其食物消化吸收过程明显不同于非反刍动物，反刍过程中会呼出大量的二氧化碳，造成体内的 O 同位素发生不同程度分馏[39]。不同动物因为不同的饮用水来源，会导致体内 $\delta^{18}O$ 值存在基底差异，再加上消化吸收过程中新陈代谢方式的不同导致的分馏效应差异，不同种属动物骨胶原的 $\delta^{18}O$ 值最终出现了明显区别。

由于光合作用方式的不同，C_4 类植物的 $\delta^{18}O$ 值也普遍高于 C_3 类植物[37,40]。然而，如图 3 所示，同为非反刍动物的猪和狗在 $\delta^{13}C$ 值上存在较大的差异（5.7‰左右），但是 $\delta^{18}O$ 值十分接近（0.1‰左右），初步表明动物骨胶原的 $\delta^{18}O$ 值受到自身 C_3 和 C_4 类食物结构差异的影响较小，而更多地受到其饮用水的影响。这一现象，在二里头遗址不同种属动物骨胶原 $\delta^{18}O$ 值的分析上也有所体现[31]。此外，同为反刍动物的牛的 $\delta^{13}C$ 值低于羊，表明牛的食物结构中高 $\delta^{18}O$ 值的 C_4 类植物比例较大，但是其骨胶原的 $\delta^{18}O$ 值却依然低于羊，进一步证明了动物骨胶原的 $\delta^{18}O$ 值与自身 C_3 和 C_4 食物比重的关系不大，更大程度地受到饮用水来源中 $\delta^{18}O$ 值与新陈代谢方式（反刍和非反刍）的影响。

总而言之，通过分析物种间 $\delta^{18}O$ 值差异与饮用水来源、代谢方式和饮食结构的关系表明，物种间的 $\delta^{18}O$ 值差异主要与饮用水来源和自身新陈代谢方式有关，饮食结构的差异对其影响不明显。因此，对先民古骨胶原进行分析 O 同位素分析，可以基本排除物种间新陈代谢方式差异和个体之间食物结构差异对其造成的影响，进而开展个体的饮用水来源的相关研究，为先民的生活地域和迁徙活动提供新的研究证据。

2.4 先民 $\delta^{18}O$ 值差异及其身份探讨

根据考古发掘资料显示，小双桥遗址的不同祭祀场在规模上存在较大的差异，遗址中先民的埋葬方式也复杂多样。其中，Ⅴ区祭祀场规模较大，大批与奠基和祭祀有关的人牲遗存位于夯土建筑基址周围。体质人类学研究结果显示Ⅴ区H66祭祀坑中埋葬的皆为青年男性，部分骨头上有明显伤痕，系非正常死亡后被肢解掩埋[33]。此坑与殷墟遗址中通常被认为是埋葬被杀殉战俘的祭祀坑十分相似[41,42]。因此，有考古学家根据古文献《后汉书·东夷列传》中"至于仲丁，蓝夷作寇，或畔或服"和古本《竹书纪年》中"仲丁即位，征于蓝夷"的记载，以及《郑州小双桥》发掘报告中指出的"发现了少量岳石文化的夹砂褐陶素面罐残片、泥质磨光黑陶盆、蘑菇钮器盖和长方形穿孔石器（岳石文化中称'方孔石锄'）等"推测此类人牲可能是商夷战争中的东夷战俘[43,44]。此外，小双桥遗址中还发现散存于商代地层、灰坑中和夯土建筑基址的垫土中或垫土下的凌乱人骨架，葬式较为随意，埋葬地点较为散乱。经体质人类学家鉴定，青年女性占有一定比例，此外也有少量的未成年者或婴幼儿。由于缺乏相关参考信息，考古学家对这类人群的身份尚无定论。

人骨的C稳定同位素分析结果表明，遗址中先民总体上以C_4类食物为主，兼具少量C_3类食物，但差异较大，这种差异与其埋葬地点和埋葬方式密切相关[44]1。其中，H66中先民的$\delta^{13}C$均值为$-10.8‰ \pm 1.0‰$（$n=5$），呈现出兼具C_3类和C_4类食物的特点，这与山东地区先民的C同位素比值（大部分低于$-9‰$）相近[45—47]，表明Ⅴ区丛葬坑H66中先民的食物结构与山东地区的农业生产方式较为类似，推测这些个体为东夷战俘。与此对应，商代地层中部分先民的食物结构与中原地区的农业模式十分接近[48—50]，部分个体的营养等级较高，推测这些个体有可能是被杀害的商朝先民。如果不同埋葬方式和区域的先民生前来自不同区域，那么其饮用水的来源地必然存在一定的差异，理论上这些差异能够反映在先民骨胶原的 O 同位素比值上。因此，我们选取 V 区 H66 殉葬坑的 5 例先民和 IX 区 4a 地层埋葬的 3 例先民，分别作为祭祀坑和地层乱葬人群的代表，并以不易长途迁徙的猪作为本地动物 $\delta^{18}O$ 背景值的标准，进行先民饮用水来源分析和身份的讨论。

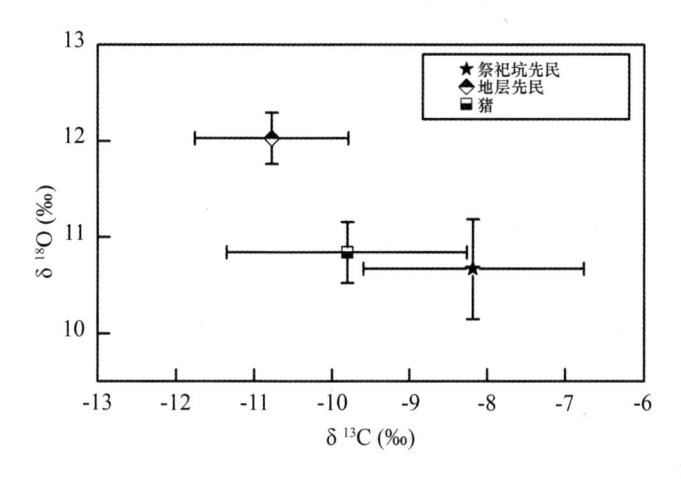

图 4　小双桥遗址不同埋葬区域先民和猪的 $\delta^{13}C$、$\delta^{18}O$ 值误差棒图

图 4 是小双桥遗址不同埋葬方式和区域先民和猪的 $\delta^{13}C$、$\delta^{18}O$ 值误差棒图。从图 4 中可以看出，祭祀坑和地层埋葬的两类人群的 $\delta^{13}C$ 和 $\delta^{18}O$ 值均存在明显差异。具体而言，V 区 H66 殉葬坑中先民的 $\delta^{18}O$ 平均值为 12.0‰ ± 0.3‰（$n=5$），IX 区商代地层中先民的 $\delta^{18}O$ 平均值为 10.7‰ ± 0.5‰（$n=3$），本地动物代表猪的 $\delta^{18}O$ 平均值为 10.8‰ ± 0.3‰（$n=3$）。商代地层中先民的 $\delta^{18}O$ 值普遍低于 H66 殉葬坑中的先民。

通过不同种属动物和先民的 O 同位素分析可知，个体骨胶原 $\delta^{18}O$ 值的差异与自身 C_3 和 C_4 食物结构的关系不大，更多的是受到饮用水来源与新陈代谢方式（反刍和非反刍）的影响。对于先民来讲，体内的 $\delta^{18}O$ 值产生差异更多的是因为直接摄取的饮用水和食物链中动植物体内水分的 $\delta^{18}O$ 值差异造成。因此，小双桥遗址先民 $\delta^{18}O$ 值的分析结果初步表明，两种不同埋葬方式的先民的饮用水来源及其食物链中动植物的饮用水来源上有显著差异，暗示生前可能来自不同地域，属于不同的文化族群。

根据全球降水 $\delta^{18}O$ 值的分布规律可知，从低纬度到高纬度地区、从海洋到大陆内部地区、从低海拔到高海拔地区，重同位素的亏损依次递增，使得 $\delta^{18}O$ 值逐渐降低[51,52]。目前国内古骨样品中仅洛阳偃师二里头遗址出土的动物骨胶原进行了 O 同位素值测试，具体而言，其牛、羊和猪的 $\delta^{18}O$ 均值分别为 10.2‰±0.7‰（$n=6$）、10.8‰±1.0‰（$n=6$）和 7.4‰±0.5‰（$n=13$），并与本文中郑州小双桥遗址出土的动物骨骼测试结果对比发现，相同种属动物的 $\delta^{18}O$ 均值全部略低（约 3.2‰—4.8‰），这一现象在考古材料上印证了骨胶原的 O 同位素值与地域的对应关系，表明至少在中原地区，地理位置上西面遗址出土的动物骨胶原 $\delta^{18}O$ 值低于东面的遗址，反映了从海洋到大陆内部降水 $\delta^{18}O$ 值逐渐降低的分布规律[51,52]。

商王朝中期统治区域以中原地区为核心，包括豫省全境、冀南、鲁西以及江汉、江淮地区，而东夷族的分布范围原本在商王朝政治版图以东的海岱地区，随着商王朝的扩张，逐渐退缩至胶东半岛的沿海地区[53]。山东半岛与中原地区在纬度与海拔方面差异较小，但是距离海洋较近，使得山东地区降水的 $\delta^{18}O$ 值相对较高[52]。殉葬坑中先民的 $\delta^{18}O$ 值普遍高于地层中埋葬的先民，表明殉葬坑 H66 中先民的饮用水来源地在地理位置上更接近于海洋，与考古学家推测其来自山东半岛东夷族的结论一致[42,43]，为先民的来源地和迁徙研究提供了更多的科学佐证。

此外，殉葬坑和地层中先民的 $\delta^{18}O$ 值差异表明，两类人群生前所在区域不同，地层中的先民相对殉葬坑中的东夷族人，生活在离海岸线更远的地区。结合已有的 C、N 稳定同位素分析结果，本文推测 IX 区商代地层中埋葬的部分先民或许有可能是在中原地区生活的商民，但这一判断尚需要更多研究材料和证据的支持。

3 结论

结合古文献和考古研究，通过小双桥遗址先民和动物骨胶原的 O 稳定同位素分析，可初步得出以下结论：

（1）不同种属动物骨胶原的 O 稳定同位素差异，与个体的饮用水来源和新陈代谢方式均有较大的关系。

（2）不同种属动物对饮用水摄取的来源差异，会导致体内 $\delta^{18}O$ 值的基底效应不同。在同一自然环境中，食草动物（牛和羊）普遍比杂食动物（猪）和肉食动物（狗）体内的 $\delta^{18}O$ 值更高。此外，反刍类动物骨胶原的 $\delta^{18}O$ 值明显高于非反刍类动物。

（3）小双桥遗址中不同埋葬方式先民的 $\delta^{18}O$ 值有较为明显的差异，表明这一群体中的个体有可能至少来自两个地区。结合考古研究和食谱分析结果，本文推测 V 区丛葬坑 H66 中埋葬的先民极有可能是来自更接近沿海地区的东夷族人。

本文研究证明了古骨胶原的 O 同位素分析能够提供先民饮用水来源的可靠信息，并能有效地区分不同来源地生活的先民群体。在此基础上，结合不同地区降水 $\delta^{18}O$ 值的分布规律，以及考古学中文化因素分析和 C、N 稳定同位素重建古食谱的分析结果，可以推测先民的具体来源地状况，为先民迁徙研究等考古学问题的解决提供新的思路和技术手段。

最后，需要指出的是，相对于 C、N 稳定同位素分析，O 同位素能够提供先民的饮用水来源信息，在迁徙研究方面有一定的优势，但是其影响因素较多，数据解释更为复杂，尚需更多基础研究的开展。然而，不可否认的是，利用 O 稳定同位素分析进行先民（动物）迁徙研究的方法，值得在今后的工作中广泛开展。

致谢

感谢中国科学院大学人文学院科技史与科技考古系王昌燧教授在论文写作过程中的悉心指导和宝贵建议；感谢中国科学院古脊椎动物与古人类研究所人类演化实验室李小强研究员、赵克良副研究员在实验过程中的大力支持；感谢河南省文物考古研究所工作人员在取样过程中提供的便利和帮助。对审稿专家和编委提出的建设性修改意见一并表示感谢。

参考文献

1. Seibel M J. "Molecular marker of bone turnover: biochemical, technical and analytical aspects." *Osteoporosis International*, No. 6, 2000, pp. 18 – 29.

2. Hedges R E M. "Bone diagenesis: an overview of processes." *Archaeometry*, No. 44, 2002, pp. 319 – 328.

3. Trueman C N, Martill D M. "The long-term survival of bone: the role of bioerosion." *Archaeometry*, No. 44, 2002, pp. 371 – 382.

4. Collins M J, Nielsen-marsh C M, Hiller J, et al. "The survival of organic matter in bone: a review." *Archaeometry*, No. 44, 2002, pp. 383 – 394.

5. DeNiro M J, Epstein S. "Influence of diet on the distribution of nitrogen isotopes in animals." *Geochimica et Cosmochimica Acta*, No. 45, 1981, pp. 341 – 351.

6. Van der Merwe N J. "Carbon isotopes, photosynthesis and archaeology." *American Scientist*, No. 70, 1982, pp. 596 – 606.

7. Ambrose S H, Norr L. "Experimental evidence for the relationship of the carbon isotope ratios of whole diet and dietary protein to those

of bone collagen and carbonate." In: Lambert J B, Grupe G, eds. *Prehistoric Human Bone—Archaeology at the Molecular Level*. Berlin: Springer-Verlag, 1993, pp. 1 – 37.

8. 胡耀武、Michael P. Richards、刘武等:《骨化学分析在古人类食物结构演化研究中的应用》,《地球科学进展》2008 年第 23 卷, 第 228—235 页。

9. 张雪莲、王金霞、冼自强等:《古人类食物结构研究》,《考古》2003 年第 2 卷, 第 62—75 页。

10. Karola K, Cheryl M, Noreen T. "Stable oxygen ($\delta^{18}O$) and hydrogen (δD) isotopes in ovicaprid dentinal collagen record seasonal variation." *Journal of Archaeological Science*, No. 35, 2008, pp. 3159 – 3167.

11. Christine D W, Michael W S, Hilary L Q, et al. "Oxygen isotopes and the identification of geographical origins: the valley of Oaxaca versus the valley of Mexico." *Journal of Archaeological Science*, No. 25, 1998, pp. 643 – 655.

12. 王永森、陈建生、汪集等:《降水过程中氢氧稳定同位素理论关系研究》,《水科学进展》2009 年第 20 卷, 第 204—208 页。

13. Craig H. "Isotopic variations in meteoric waters." *Science*, No. 133, 1961, pp. 1702 – 1703.

14. Cormie A B, Luz B, Schwarcz H P. "Relationship between the hydrongen and oxygen isotopes of deer bone and their use in the estimation of relative humidity ." *Geochimica et Cosmochimica Acta*, No. 58, 1994, pp. 3439 – 3449.

15. Bowen G J. "Isoscapes: Spatial pattern in isotopic biogeochemistry." *Annual Review of Earth and Planetary Sciences*, No. 38, 2010, pp. 161 – 187.

16. Hedges R E M, Richards M P, Stevens R. "Bone as a stable isotope archive for local climatic information." *Quat Sci Rev*, No. 23, 2004, pp. 959–965.

17. Lee-Thorp J A. "On isotopes and old bones." *Archaeometry*, No. 50, 2008, pp. 925–950.

18. Raya J S, Ramesh R. "Rayleigh fractionation of stable isotopes from a multicomponent source." *Geochimica et Cosmochimica Acta*, No. 64, 2000, pp. 299–306.

19. SponheimerM, Lee-Thorp J A. "Oxygen isotopes in enamel carbonate and their ecological and significance", *Journal of Archaeological Science*, No. 26, 1999, pp. 723–728.

20. Bryant J D, Philip N F. "A model of oxygen isotope fractionation in body water of lager mammals." *Geochimica et Cosmochimica Acta*, No. 59, 1995, pp. 4523–4537.

21. Sjogren K G, Price T D. "A complex Neolithic economy: isotope evidence for the circulation of cattle and sheep in the TRB of Western Sweden." *Journal of Archaeological Science*, No. 40, 2013, pp. 690–704.

22. 蔡莲珍、仇士华：《碳十三测定和古代食谱研究》，《考古》1984年第10卷，第949—955页。

23. 胡耀武、杨学明、王昌燧：《古代人类食谱研究现状》，见王昌燧、左键主编《科技考古论丛》（第二辑），中国科学技术大学出版社2000年版，第51—58页。

24. 胡耀武、何德亮、董豫等：《山东滕州西公桥遗址人骨的稳定同位素分析》，《第四纪研究》2005年第25卷，第561—567页。

25. 吴小红、陈铁梅：《生物学和分子生物学在考古学研究中的应用》，《文物保护与考古科学》1999年第11卷，第45—52页。

26. 张全超、朱泓、胡耀武等:《内蒙古和林格尔县新店子墓地古代居民的食谱分析》,《文物》2006 年第 1 卷,第 87—91 页。

27. 郭怡、胡耀武、朱俊英等:《青龙泉遗址人和猪骨的 C、N 稳定同位素分析》,《中国科学:地球科学》2011 年第 41 卷,第 52—60 页。

28. 张国文、胡耀武、裴德明等:《大同南郊北魏墓群人骨的稳定同位素分析》,《南方文物》2010 年第 1 卷,第 127—131 页。

29. 陈相龙、袁靖、胡耀武等:《陶寺遗址家畜饲养策略初探:来自碳、氮稳定同位素的证据》,《考古》2012 年第 9 卷,第 75—82 页。

30. 侯亮亮、王宁、吕鹏等:《申明铺遗址战国至两汉先民食物结构和农业经济的转变》,《中国科学:地球科学》2012 年第 42 卷,第 1018—1025 页。

31. 司艺、李志鹏、胡耀武等:《河南偃师二里头遗址动物骨胶原的 H、O 稳定同位素分析》,《第四纪研究》2014 年第 34 卷,第 196—203 页。

32. 河南省文物考古研究所、郑州大学文博学院考古系、南开大学历史系博物馆学专业:《1995 年郑州小双桥遗址发掘报告》,《华夏考古》1996 年第 3 卷,第 1—23 页。

33. 河南省文物考古研究所:《郑州小双桥:1990—2000 年考古发掘报告》,科学出版社 2012 年版,第 1—87 页。

34. Jay M, Richards M P. "Diet in the Iron Age cemetery population at Wetwang Slack, East Yorkshire, UK: carbon and nitrogen stable isotope evidence." *Journal of Archaeological Science*, No. 33, 2006, pp. 653 – 662.

35. Ambrose S H. "Preparation and characterization of bone and tooth collagen for isotopic analysis." *Journal of Archaeological Science*,

No. 17, 1990, pp. 431 – 451.

36. DeNiro M J. "Post-mortem preservation of alteration of in vivo bone collagen isotope ratios in relation to paleodietary reconstruction." *Nature*, No. 317, 1985, pp. 806 – 809.

37. Stemberg L O, Deniro M J, Johnson H B. "Isotope ratios of cellulose from plants having different photosynthetic pathway." *Plant Physiology*, No. 74, 1984, pp. 557 – 561.

38. Bocherens H, Koch P L, Mariotti A, et al. "Isotopic biogeochemistry (^{13}C, ^{18}O) of Mammalian enamel from African Pleistocene hominid sites." *Palaios*, No. 11, 1996, pp. 306 – 318.

39. Schulze E, Lohmeyer S, Giese W. "Determination of ^{13}C/^{12}C-ratios in rumen produced methane and CO_2 of cow, sheep and camels. Isot. Environ." *Health Stud*, No. 34, 1984, pp. 75 – 79.

40. Sternberg, L S L. 1989. "Oxygen and hydrogen isotope ratios in plant cellulose: mechanisms and applications." In: Rundel et al., eds. *Stable Isotopes in Ecological Research*. New York: Springer-Verlag, 1989, pp. 121 – 142.

41. 中国社会科学院考古研究所：《殷墟的发现与研究》，科学出版社 1994 年版，第 334—336 页。

42. 裴明相：《论郑州市小双桥商代前期祭祀遗存》，《中原文物》1996 年第 2 卷，第 4—8 页。

43. 任相宏：《郑州小双桥出土的岳石文化石器与仲丁征蓝夷》，《中原文物》1997 年第 3 卷，第 111—115 页。

44. 李宏飞、王宁：《试论小双桥遗址的商与夷》，见中国社会科学院考古研究所编《夏商都邑与文化（一）》，中国社会科学出版社 2014 年版，第 267—280 页。

45. 胡耀武、何德亮等：《山东滕州西公桥遗址人骨的稳定同位素分析》，《第四纪研究》2005 年第 25 卷，第 561—567 页。

46. Lanehart Rheta E、Tykot Robert H、方辉等：《山东日照市两城镇遗址龙山文化先民食谱的稳定同位素分析》，《考古》2008 年第 8 卷，第 55—61 页。

47. 张雪莲、仇士华、钟健等：《山东滕州市前掌大墓地出土人骨的碳、氮稳定同位素分析》，《考古》2012 年第 9 卷，第 83—90 页。

48. 张雪莲、仇士华、钟建等：《中原地区几处仰韶文化时期考古遗址的人类食物状况分析》，《人类学学报》2010 年第 29 卷，第 197—207 页。

49. 张雪莲、仇士华、薄官成等：《二里头遗址、陶寺遗址部分人骨碳十三、氮十五分析》，见中国社会科学院考古研究所考古科技中心编《科技考古》（第二辑），科学出版社 2007 年版，第 41—48 页。

50. Hou L L, Zhao X P, Li S T, et al. "Human subsistence strategy at Liuzhuang site, Henan, China during the proto-Shang culture by stable isotopic analysis." *Journal of Archaeological Science*, No. 40, 2013, pp. 2344–2351.

51. 郑淑蕙、侯发高、倪葆龄：《我国大气降水的氢氧稳定同位素研究》，《科学通报》1983 年第 13 卷，第 801—806 页。

52. 刘进达、赵迎昌、刘恩凯等：《中国大气降水稳定同位素时—空分布规律探讨》，《勘查科学技术》1997 年第 3 卷，第 34—39 页。

53. 王立新：《早商文化研究》，高等教育出版社 1998 年版，第 144—146 页。

Oxygen isotope analysis of ancient bone collagen and its application in the study of human migration

WANG Ning[1,2], LI Suting[3], LI Hongfei[4], HU Yaowu[1,2], SONG Guoding[1,2].

[1] *Key Laboratory of Vertebrate Evolution and Human Origins of Chinese Academy of Sciences, Institute of Vertebrate Paleontology and Paleoanthropology, Chinese Academy of Sciences, Beijing 100044;*

[2] *Department of Scientific History and Archaeometry, University of Chinese Academy of Sciences, Beijing 100049, China;*

[3] *School of Archaeology and Museology, Peking University, Beijing 100871, China;*

[4] *Henan Provincial Institute of Cultural Relics and Archaeology, Zhengzhou 450000, China.*

Abstract Oxygen isotope analysis of archaeological bone can provide information on the drinking water of animals and human ancestors and determine the possible conditions in their living environment. This provides important reference information for exploring the origin and migration of ancient humans. This study used bones from 17 ancient animal and human individuals unearthed from the Xiaoshuangqiao archaeological site (XSQS) for oxygen, carbon, and nitrogen isotope analysis. Together with the palaeodiet conditions reconstructed from carbon and nitrogen stable isotope analysis, we used the oxygen stable isotope measurements to determine the differences between the $\delta^{18}O$ values of different species and explore the relationships of these values with drinking water, metabolism, and diet. In addition, the reasons for the different $\delta^{18}O$ values among human ancestors and their identity were discussed. There was a large difference in collagen $\delta^{18}O$ values between different species; we assumed this phenomenon was mainly caused by different sources of drinking water and methods of metabolism (ruminants and non-ruminants), and had little to do with the dietary proportions of C_3 and C_4 food. The $\delta^{18}O$ values of ruminant animals were significantly higher than those of non-ruminant animals. In addition, the $\delta^{18}O$ values of human collagen were highly variable, suggesting that these individuals had lived in at least two regions. Specifically, the individuals buried in H66 of V District may have lived in an area closer to the ocean than did those buried in deposits in IX District. Combining our findings with historical literature and archaeological data, we speculate that the humans buried in the H66 gravel pit could be Dongyi people.

collagen, oxygen isotope analysis, Xiaoshuangqiao site, Shang Dynasty, human migration

(本文原发表于《科学通报》2015年第60卷第9期：838—846)

附录三

A Pilot Study of Trophic Level and Human Origins at the Xiaoshuangqiao Site, China (ca. 1400 BC) Using δD Values of Collagen

WANG Ning[1,2,*], LI Suting[3], HU Yaowu[2,4] and SONG Guoding[4]

1 School of History, Culture and Tourism, JiangSu Normal University, Xuzhou 221116, China;

2 Key Laboratory of Vertebrate Evolution and Human Origins of Chinese Academy of Sciences, Institute of Vertebrate Palaeontology and Palaeoanthropology, Chinese Academy of Sciences, Beijing 100044, China;

3 Henan Provincial Institute of Cultural Relics and Archaeology, Zhengzhou 450000, China;

4 Department of archaeology and anthropology, University of Chinese Academy of Sciences, Beijing 100049, China.

Abstract: We present here a pilot study to examine trophic level effects and migration patterns at the middle Shang Dynasty site of Xiaoshuangqiao in Henan Province using δD results combined with $\delta^{13}C$ and $\delta^{15}N$ values. A total of 33 specimens (17 humans, 7 cattle, 5 pigs, 3 sheep, 1 dog) of bone collagen were isotopically analyzed for $\delta^{13}C$, $\delta^{15}N$, and δD values. A strong positive correlation ($R^2 = 0.94$) between mean $\delta^{15}N$ and δD values of herbivores (cattle and sheep), omnivores (pig), carnivores (dog) and humans was observed. The δD results were found to increase by —10‰ to 20‰ from herbivores to omnivores to carnivorous, evidence that collagen δD results are a useful indicator for the study of trophic levels and dietary patterns at archaeological sites. The δD results were also used to examine the origins of two different groups of individuals buried at Xiaoshuangqiao. Individuals buried in sacrificial pits of district V had mean δD values (−47.0 ± 2.9‰, n = 11) that were significantly ($p = 0.049$) elevated compared to the people buried in the stratigraphy of district IX (−51.3 ± 3.3‰, n = 3), indicating that they were ingesting water from different locations. In addition, the δD values of the people buried in the stratigraphy were similar to the pigs (−54.5 ± 4.2‰, n = 5) at Xiaoshuangqiao, suggesting that they were most probably of the local population, and that the individuals buried in the sacrificial pits were most possibly from the coast and prisoners of the Dongyi ("东夷") people. Thus, D results have the potential to examine human origins and migration patterns and should be increasingly used in conjunction with $\delta^{13}C$ and $\delta^{15}N$ values at archaeological sites.

Key words: Hydrogen stable isotope ratios, trophic level, migration, collagen, Xiaoshuangqiao site

E-mail：wanging3@gmail.com

1 Introduction

Collagen is the main protein component of human and animal bones and is well preserved during the long-term burial of skeletal remains (Hedges, 2002; Collins et al., 2002; Trueman et al., 2002). The stable isotope ratios of collagen can be used to reconstruct diet and environmental conditions and have been successfully used in many archaeological contexts (Valentin et al., 2006; Müldner et al., 2007; Hu et al., 2007; Hu et al., 2008; Choy et al., 2010; Bourbou et al., 2011; Hou et al., 2012; Zhao et al., 2012; Commendador et al., 2013; Quintelier et al., 2014; Wang et al., 2014). Most of this past isotopic research has been focused on the stable isotope ratios of carbon ($\delta^{13}C$) and nitrogen ($\delta^{15}N$) but recently there has been an interest in the application of hydrogen (δD) to reveal more information about dietary habits.

Differences in stable isotope ratios are the result of fractionation. According to the hydrological process the heavier isotopes tend to remain in the liquid or solid phase, and the lighter isotopes are more likely to remain in the gas phase (Wang Yongshen et al, 2009). Thus, the stable hydrogen isotope ratios of precipitation are variable because of factors such as: temperature, humidity, altitude, latitude and evaporation and this in turn results in different d δD values of ground and surface water in different regions (Zheng Suhui et al., 1983; Liu Jinda et al., 1997; Sjogren et al., 2013; Fan et al., 2016). Humans and animals will intake water from different sources (ground, surface, plants, food, etc.) and excrete CO_2, sweat, urine to maintain a dynamic balance between hydrogen stable isotope ratios. Thus, the source of water in living organisms can be directly or indirectly related to the precipitation of a certain area meaning that the δD values are closely linked to the surrounding environment (Reynard et al., 2008; Kirsanow et al., 2011; Zhang et al., 2014; Ding et al., 2014). Many of the early studies using δD values were focused on human hair and bird feathers to reconstruct individual migration patterns and palaeoclimates (Chamberlain et al., 1997; Hobson et al., 2003; Sharpa et al., 2003; Ehlernger et al., 2008; Bowen, 2010). Less research has been devoted to the study of δD results in bone collagen and the factors which influence the mechanisms of fractionation (e.g. meteoric water, body size, biomass turnover rate, weaning, etc.) and proved that the δD values of tissues are enriched due to trophic level fractionation with carnivores showing the largest and most complex offsets (Birchall et al., 2005; Reynard et al., 2008; Pietsch et al., 2011; Kisanow et al., 2011; Holobinko et al., 2011; Topalov et al., 2013). However, there are still more work needs to be done with archaeological samples.

In China, only two previously published studies have used δD values to examine animal and human dietary and migration patterns individually (Si Yi et al., 2014; Cui et al., 2015), and many gaps still exists in this research field, so there is great potential for the application of this isotopic technique to the vast archaeological collections of China.

The Xiaoshuangqiao site, which is located near the modern city of Zhengzhou in Henan Province, is an important metropolis of the middle Shang Dynasty (—1450 BC - 1350 BC) and radiocarbon results found that the remains date between 1435 BC to 1412 BC (Chen Xu, 1997; Henan Provincial Institute of Cultural Relics and Archaeology, 2012)

(Fig. 1). According to historical books, such as Zhu Shu Ji Nian "竹书纪年" (Bamboo Annals by Anonymous, ca. 475 – 221 BC) and Hou Han Shu "后汉书" (Book of Later Han Dynasty by Fanye "范晔", 432 – 445 AD), a fierce battle occurred between the Shang and the Dongyi during the middle Shang Dynasty. In addition, previous studies of the archaeological research and oxygen stable isotope analysis also have shown that people buried in this site were likely to belong to two different groups (Fig. 2) (Pei Xiangming, 1996; Ren Xianghong, 1997; Li Hongfei and Wang Ning, 2014; Wang Ning et al., 2015). One group was local people of Shang ("商族人") lived in Central Plains and another group was "Dongyi" ("东夷") minority who came from Shandong area. Since hydrogen (δD) of collagen contained the information about dietary and water drinking, which can be used for reconstructing individual migration patterns and palaeoclimates, it provided a good opportunity to explore the feasibility of using hydrogen isotopic technique in archaeology research and verify its advantage in human migration studies by these precious material.

Here we present a pilot study combining $\delta^{13}C$, $\delta^{15}N$, and δD results of human and animal from Xiaoshuangqiao site to examine trophic level relationships in bone collagen to explore diet and migration patterns. This work represents the pioneering application of δD to study multiple humans and animals at an archaeological site in China and reveals the benefit of combining multiple isotopic measurements to gain a clearer picture of an archaeological population.

2　Hydrogen Stable Isotope Ratios

In collagen, hydrogen exists in three main forms: bound to carbon (C-H), oxygen (O-H), and nitrogen (N-H). Importantly, the hydrogen bound to oxygen and nitrogen groups (approximately 20%) can be exchangeable with the external environment during burial and thus will not preserve the original isotopic signature at the time of biosynthesis (Cormie et al., 1994; Schimmelmann, 1999; Chesson et al., 2009). Thus, while collagen δD measurements need additional methods of preparation compared to carbon and nitrogen stable isotope ratios, they have the ability to reveal important information about the environment, diet, and water sources of humans and animals from archaeological contexts.

3 Samples and Methods

3.1 Archaeological materials

All of the archaeological bone samples were obtained from the Xiaoshuangqiao site and 33 specimens (17 humans, 7 cattle, 5 pigs, 3 sheep, 1 dog) were isotopically analyzed for $\delta^{13}C$, $\delta^{15}N$, and δD values. Unfortunately, some human skeletons were disarticulated so identification of sex and age was not possible and more details about the samples are listed in Tables 1 and 2.

3.2 Collagen extraction

Collagen was extracted from human and animal bones according to the protocol outlined in Richards and Hedges (1999) and modified somewhat in the present study. About 1g of bone was collected and subjected to mechanical cleaning to remove surface contaminants. Then, the bone samples were demineralized in 0.5 mol/L HCl at 4°C and the solution was changed every 2 days until the bone samples became soft and showed no sign of bubbles. Then the obtained residues were washed by deionized water until neutrality and rinsed in 0.125 mol/L NaOH for 20 h at 4°C, and again washed by deionized water. Then, the remains were rinsed in

0.001 mol/L HCl, gelatinized at 70°C for 48 h, and then filtered. At last, the residues were freeze-dried for 48h before the collagen was obtained and weighted (Tables 1 and 2).

3.3 Isotopic measurements and quality control indicators

The $\delta^{13}C$ and $\delta^{15}N$ values and quality control indicators (%C, %N, C:N) were measured with an Isoprime 100 IRMS coupled with Elementary Vario at the Institute of Environment and Sustainable Development in Agriculture (IEDA), Chinese Academy of Agricultural Sciences. The standard for measuring the content of carbon and nitrogen is Sulfanilamide. IEAE-N-1 and USGS 24 were used as standards to normalize N_2 (AIR as standard) and CO_2 (PDB as standard) in steel bottles respectively. In addition, after every 10 samples, a standard laboratory made collagen with a $\delta^{13}C$ value of 14.7 ± 0.2‰ and a $\delta^{15}N$ value of 6.8 ± 0.2‰ was inserted into the sample list for calibration. The precision for $\delta^{13}C$ and $\delta^{15}N$ values is ± 0.2‰ and the isotopic data are shown in Tables 1 and 2.

At present there are two methods used to account for the exchangeable hydrogen in collagen. The first involves exposing the collagen samples to an environment with water vapor with a known δD value for a period of time until the exchangeable hydrogen in the collagen is completely replaced by steam with a known δD value. After measurement, the exchangeable hydrogen can be calculated with a standard formula (Cormie et al., 1994; Sauer et al., 2009). The second method involves placing the collagen samples and standard samples into a similar atmosphere and waiting 7 days to ensure that the exchangeable hydrogen in collagen is in balance with the environment (Si Yi et al., 2014; Cormie et al., 1994). Of importance is the fact that the δD values obtained using this method are not absolute values of non-exchangeable hydrogen in collagen, but a complex of mixed values of non-exchangeable hydrogen in collagen with the exchangeable δD values of the experimental environment. Since all the collagen was exposed to an identical environment, the relative relationship of δD values between the samples is still accurate, and does not affect the comparative analysis of the stable isotope values between the test samples. In this study the purpose is to investigate the trophic levels and migrations patterns in samples from the same site or batch, so the relative δD values are reliable, and this second method is used here.

The stable hydrogen isotope ratios were also determined in the IEDA, Chinese Academy of Agricultural Sciences. Before the process of hydrogen stable isotope ratio analysis, the collagen samples and standards for isotopic measurements were placed in the open at room temperature for 7 days to remove the influence of the exchanged hydrogen from the surrounding air. Thus, the δD values were measured under the same surrounding circumstances to enable a direct comparison of the samples. Then, the samples were pyrolyzed by high temperature pyrolysis in Elementar vario PYRO cube and analyzed by an Isoprime 100 isotope ratio mass spectrometer (TC/EA-IRMS). For calibration we used IAEA – CH7 as standards, and a precision of about ± 0.3‰ was obtained. Stable isotope ratios were converted to conventional δ-values as δD (VSMOW as standard) (Tables 1 and 2).

4 Results

4.1 Diagenesis identification

The collagen content of the 33 specimens was variable (1.0% to 17.0%, mean = 4.4 ± 3.5%) and much lower than modern bone (about 20%), indicating that there was decomposition of the organic portion of the bones as a result of burial. However, the average carbon (42.3 ± 2.0%, $n = 33$) and nitrogen content (15.1 ± 0.8%, $n = 33$) was found to be very similar to fresh bone, and the atomic C: N of all the samples were within the normal range of 2.9 to 3.6 indicating that all the samples were suitable for isotopic analysis (DeNiro, 1985; Ambrose, 1990) (Table 3).

4.2 $\delta^{13}C$, $\delta^{15}N$ and δD results

The isotopic results are plotted in Figure 3. For convenience and to further discussion, the animals are divided into three groups based on feeding habits: herbivores (cattle and sheep), omnivores (pig), and carnivores (dog). From Figure 3a, it can be observed that the $\delta^{15}N$ results of the carnivores were the highest (dog: 9.2‰, $n = 1$), followed by the omnivores (pig: 7.6‰ to 8.4‰, $n = 5$) and then the herbivores (cattle: 4.5‰ to 8.4‰, $n = 7$; sheep: 6.7‰ to 7.2‰, $n = 3$). The $\delta^{15}N$ results of the humans show a wide range between 6.0‰ to 10.3‰ ($n = 17$). Unlike the $\delta^{15}N$ values, the $\delta^{13}C$ values of the collagen reflect the types of staple food in diet. The $\delta^{13}C$ values of the carnivores (dog: −15.5‰, $n = 1$), omnivores (pig: −15.1‰ to −8.0‰, $n = 5$) and herbivores (cattle: −12.3‰ to −7.5‰, $n = 7$; sheep: −15.9‰ to −15.2‰, $n = 3$) were diverse and dependent on different feeding habits. The $\delta^{13}C$ values of the humans also have a wide range of values (−12.2‰ to −7.3‰).

Like the $\delta^{15}N$ values, the δD values of the carnivores were the highest (dog: −49.1‰, $n = 1$), and the herbivores were the lowest (cattle: −71.9‰ to −64.6‰, $n = 6$; sheep: −66.9‰ to −61.6‰, $n = 3$), except one abnormal cow with a value of −55.2‰. The δD values of the omnivores were found to plot in the middle between the carnivores and the herbivores (pig: -60.2‰ to -49.2‰, n = 5). In addition, the range of δD values for the humans (-55.0‰ to -43.7‰, n = 17) is much higher than all of the herbivores, many of the omnivores and similar to the carnivores, and the results will be discussed in more detail below.

5 Discussion

5.1 δD values and tropic levels

The $\delta^{15}N$ values of bone collagen increase by ~3—5‰ with increasing trophic level and this has been documented extensively by past studies (Stemberg et al., 1984; Minagawa et al., 1984; Hedges et al., 2007; Reitsema, 2013). In addition, δD values are known to also increase by 10—30‰ as result of ascending the food chain (Reynard et al., 2008; Topalov et al., 2013).

It can be seen in Figure 4a that the mean $\delta^{15}N$ values of the cattle are the lowest with an average of 6.6 ± 1.2‰ (n = 7), which is similar to the values of the sheep (7.0 ± 0.3‰, n = 3). The omnivorous pigs have $\delta^{15}N$ values that are slightly elevated (7.8 ± 0.8‰, n = 5) over the cattle and sheep and the carnivorous dog has the most ^{15}N - enriched value of the animals (9.2‰). These results support that there is an increase in $\delta^{15}N$ values with increasing animal protein consumption at the site of Xiaoshuangqiao. In addition, the humans have the most elevated $\delta^{15}N$ values (8.7 ± 1.3‰; n = 17) although the mean values are slightly lower than the domestic dog.

A similar trophic level trend is also observed for the δD values and this is observed in Figure 4a. The lowest mean δD values are observed in the cattle (-66.9 ± 5.8‰; n = 7) which are similar to the sheep (-65.0 ± 2.9‰, n = 3). The mean δD values of the pigs were slightly increased ($-54.5 \pm 4.2‰$, $n=5$) and the single carnivore (dog) has the highest δD value ($-49.1‰$). In general, we find that the δD values of the different animals increase by ~10‰ to 20‰ from herbivores to omnivores to carnivores. In addition, the mean δD values of the humans is $-48.6 \pm 3.2‰$ ($n=17$), which is higher than that of the herbivores and omnivores and similar to the carnivores. These results indicate that the δD values of archaeological collagen are consistent with the trophic level effect and can be an additional indicator for $\delta^{15}N$ values at archaeological sites.

Thus, a close relationship between $\delta^{15}N$ and δD values is found at the Xiaoshuangqiao site, and this positive correlation between the two isotope systems was also previously observed in past studies (Birchall et al., 2005; Reynard et al., 2008; Topalov et al., 2013). For the animals, the $\delta^{15}N$ and δD values showed a strong positive correlation ($R^2=0.62$; $n=16$), but this decreased somewhat with the addition of the humans ($R^2=0.48$; $n=33$; Fig. 3a). The cause for this is likely that the human diet was more variable with individuals having a mix of omnivorous and carnivorous diets. Furthermore a strong positive correlation was seen with the mean $\delta^{15}N$ and δD values of the animals and humans in Figure 4a ($R^2=0.94$; $n=5$). In contrast, no correlations were observed between the $\delta^{13}C$ and δD results ($R^2=0.07$; $n=33$) in Fig. 4b.

5.2 δD values and migration

In this part, we will discuss the δD values of different people groups and their migration conditions. Based on archaeological and paleodietary research at Xiaoshuangqiao, there is evidence that some of the individuals buried in this site might have belonged to two different cultures that were from different area (Pei Xiangming, 1996; Ren Xianghong, 1997; Li Hongfei and Wang Ning, 2014; Wang Ning et al., 2015). According to burial location and style, individuals with specific differences are observed. In the first group, individuals were mainly buried in sacrificial pits (represented by the archaeological unit of H66 in district V). These were mostly young men, which the archaeologists suspect were prisoners of the Dongyi ("东夷") people from the eastern side in China, near the coast of the Yellow Sea. The second group of individuals was buried differently and randomly in stratigraphy and included a large number of young women and teenagers (represented by human buried in ④a stratigraphy of district IX), and there are questions about their identity (Pei Xiangming, 1996; Ren Xianghong, 1997). Dietary reconstruction using $\delta^{13}C$ and $\delta^{15}N$ values found that the diet of these two groups was significantly different, further supporting that they might have been two unique populations (Li Hongfei and Wang Ning, 2014). In addition, the $\delta^{18}O$ values of the animals and humans also indicate that these two groups were living in distinct and different areas (Wang Ning et al., 2015). The first group of individuals buried in the pits appears to come from an area near the sea and the other group of people buried in the stratigraphy showing no evidence of migration. Based on these results, the relationship between δD values and migration will be discussed.

In Figure 5, it can be seen that there is a significant difference between the δD values of the two human groups. Since the ultimate source of hydrogen in an animal's tissues is either ingested water or water taken up by autotrophs at the bottom of the animal's food chain, the dD collagen results are able to reveal information about paleoenvironment and migration patterns (Sharpa et al., 2003; Chikaraishi et al., 2004). The mean δD results of the people buried in the sacrificial pits ($-47.0 \pm 2.9‰$, $n = 11$) are elevated compared to the people buried in the stratigraphy ($-51.3 \pm 3.3‰$, $n = 3$) indicating that they were ingesting water from two different areas ($p = 0.049$). Meanwhile, $-D$ values show unique directional trends that are related to geography and altitude (Zheng Suhui et al., 1983; Liu Jinda et al., 1997; Sjogren et al., 2013). So it's safe to say that the difference of δD values of people buried in Xiaoshuangqiao site was caused by their different living conditions, especially the different δD values of atmospheric precipitation.

In addition, the δD values of the people buried in stratigraphy are similar to the pigs ($-54.5 \pm 4.2‰$, $n = 5$) at Xiaoshuangqiao. Since pigs are local animals and do not migrate long distances, this is evidence that people buried in the stratigraphy are local individuals and agrees with the other findings from the archaeology and dietary studies, which infer that individuals buried in stratigraphy was local Shang people.

Inprevious $\delta^{18}O$ study of Xiaoshuangqiao site, the $\delta^{18}O$ values of people buried in stratigraphy was also lower than that in sacrificial pits and more closed to pig (Wang Ning et al., 2015). In this study, the δD values showed the same distribution and this significant discovery proved that δD values can be used at archaeological sites to help understand the origins of different groups of individuals. In summary, this research using $\delta^{13}C$, $\delta^{15}N$ and δD results provides the first evidence that collagen δD values can be used to examine trophic levels and migration patterns at archaeological sites.

6 Conclusions

Our results from a pilot study investigating $\delta^{13}C$, $\delta^{15}N$ and δD in bone collagen from 33 human and animal specimens from the Xiaoshuangqiao site prompted the following conclusions:

(1) There is a significant positive correlation between $\delta^{15}N$ and δD values of herbivores (cattle and sheep), omnivores (pig), carnivores (dog) and humans ($R^2 = 0.48$), and an even stronger positive correlation between the mean $\delta^{15}N$ and δD of the different animals and the humans ($R^2 = 0.94$). No significant correlations were observed between the $\delta^{13}C$ and δD values ($R^2 = 0.07$).

(2) The δD values of different animals increase ~ 10‰ to 20‰ from herbivores to omnivores to carnivorous indicating that δD results in ancient collagen are a reliable indicator for the study of trophic levels at archaeological sites.

(3) There are obvious δD values differences of two groups human in Xiaoshuangqiao site ($p = 0.049$). And δD results have the potential to examine human origins and migration patterns at archaeological sites and should be used in conjunction with $\delta^{13}C$ and $\delta^{15}N$ values in the future.

Acknowledgments

Thisstudy was supported by the National Natural Science Foundation of China (Grant No. 41603009), MOE (Ministry of Education in China) Project of Humanities and Social Sciences (No. 16YJCZH100), Origin of Chinese Civilisation and Mount Songshan Civilisation Zhengzhou Research Association (No. Q2015 - 1) and Humanities and Social Science Research Foundation of Jiangsu Normal University (No. 15XWR025).

References0

Ambrose S H. "Preparation and characterization of bone and tooth collagen for isotopic analysis." *Journal of Archaeological Science*,

No. 17, 1990, pp. 431 – 451.

Birchall J, O'Connell, T C, Heaton, T H E, and Hedges, R E M. "Hydrogen isotope ratios in animal body protein reflect trophic level." *Journal of Animal Ecology*, No. 74, 2005, pp. 877 – 881.

Bourbou C, Fuller, B T, Garvie-Lok, S J, and Richards, M P. "Reconstructing the diets of Greek Byzantine populations (6th – 15th centuries AD) using carbon and nitrogen stable isotope ratios." *American Journal of Physical Anthropology*, No. 146, 2011, pp. 569 – 581.

Bowen, G J. "Isoscapes: Spatial Pattern in Isotopic Biogeochemistry." *Annual Review of Earth and Planetary*, No. 38, 2010, pp. 161 – 187.

Chamberlain, C P, Blum, J D, Holmes, R T, Feng Xiahong, Sherry, T W, and Graves, G R. "The use of isotope tracers for identifying populations of migratory birds," *Oecologia*, No. 109, 1997, pp. 132 – 141.

Chen Xu. "The Xiaoshuangqiao site was the 'ao' capital of Shang dynasty." *Cultural relics of Central China*, No. 2, 1997, pp. 45 – 50 (in Chinese).

Chesson, L A, Podlesak, D W, Cerling, T E, and Ehleringer, J R. "Evaluating uncertainty in the calculation of nonexchangeable hydrogen fractions within organic materials." *Rapid Commun Mass Spectrom*, No. 23, 2009, pp. 1275 – 1280.

Chikaraishi, Y, Naraoka, H, and Poulson S R. "Carbon and hydrogen isotopic fractionation during lipid biosynthesis in a higher plant (Cryptomeria japonica)." *Phytochemistry*, No. 65, 2004, pp. 323 – 330.

Choy K, Jean O R, Fuller B T, and Richards M P. "Isotopic evidence of dietary variations and weaning practices in the Gaya cemetery at

Yeanri, Gimhae." South Korea: *American Journal of Physical Anthropology*, No. 142, 2010, pp. 74 – 84.

Collins M J, Nielsen-Marsh C M, Hiller J, Smith C I, Roberts J P, Prigodich R V, Wess TJ, Csapò J, Millard AR, and Turner-Walker G. "The survival of organic matter in bone: A review." *Archaeometry*, No. 44, 2002, pp. 383 – 394.

Commendador A S, Dudgeon J V, Finney B P, Fuller B T, and Esh K S. "Stable isotope (δ^{13}C and δ^{15}N) perspective on human diet on Rapa Nui (Easter Island) c. a. 1400 – 1900 AD." *American Journal of Physical Anthropology*, No. 152, 2013, pp. 173 – 185.

Cormie A B, Luz B, and Schwarcz H P. "Relationship between the hydrogen and oxygen isotopes of deer bone and their use in the estimation of relative humidity." *Geochimica et Cosmochimica Acta*, No. 58, 1994, pp. 3439 – 3449.

Cormie A B, Schwarcz H P, and Gray J. "Determination of the hydrogen isotopic composition of bone collagen and correction for hydrogen exchange." *Geochimica et Cosmochimica Acta*, No. 58, 1994, pp. 365 – 375.

Cui Yinqiu, Song Li, Wei Dong, Pang Yuhong, Wang Ning, Ning Chao, Li Chunmei, Feng Binxiao, Tang Wentao, Li Hongjie, Ren Yashan, Zhang Chunchang, Huang Yanyi, Hu Yaowu and Zhou Hui, 2015. "Identification of kinship and occupant status in Mongolian noble burials of the Yuan Dynasty through a multidisciplinary approach." *Philosophical Transactions of the Royal Society B*, DOI: 10.1098/rstb.2013, p. 378.

DeNiro M J. "Post-mortem preservation of alteration of in vivo bone collagen isotope ratios in relation to paleodietary reconstruction." *Nature*,

No. 317, 1985, pp. 806 – 809.

Ding Ting, Liu Chenlin and Zhao Yanjun. "Hydrogen and oxygen isotopes of fluid inclusion in halite, northern Shaanxi salt basin China." *Acta Geologica Sinica* (English Edition), No. 88, 2014, p. 213.

Ehleringer J R, Bowen G J, Chesson L A, West A G, Podlesak D W, and Cerling T E. "Hydrogen and oxygen isotope ratios in human hair are related to geography." *The National Academy of Sciences of the USA*, No. 105, 2008, pp. 2788 – 2793.

Fan Dawei, Kuang Yunqian, Xu Jingui, Zhang Bo and Xie Hongsen. "Influence of hydrogen on the thermoelastic properties of the major rock-forming minerals in the Upper Mantle." *Acta Geologica Sinica* (*English Edition*), Vol. 90, No. 5, 2016, pp. 1933 – 1934.

Guo Yi, Hu Yaowu, Zhu Junyin, Zhou Mi, Wang Changsui and Richards MP. "Stable carbon and nitrogen isotope evidence of human and pig diets at the Qinglongquan site, China." *Science China Earth Sciences*, No. 54, 2011, pp. 519 – 527.

Hedges R E M, and Reynard L M. "Nitrogen isotopes and the trophic level of humans in archaeology." *Journal of Archaeological Science*, No. 34, 2007, pp. 1240 – 1251.

Hedges R E M. "Bone digenesis: An overview of processes." *Archaeometry*, No. 44, 2002, pp. 319 – 328.

Henan Provincial Institute of Cultural Relics andArchaeology. *Zhengzhou Xiaoshuangqiao: 1990 – 2000 Archaeological Excavation Report*. Beijing: Science Pres (in Chinese) . 2012.

Hobson K A, Wassenaar L I, Mila B, Lovette I, Dingle C, and Smith T B. "Stable isotopes as indicators of altitudinal distributions and movements in an Ecuadorean hummingbird community." *Oecologia*,

No. 136, 2003, pp. 302 – 308.

Holobinko A, Meier-Augenstein W, Kemp H F, Prowse T, and Ford S M. "^{2}H stable isotope analysis of human tooth enamel: a new tool for forensic human provenancing?" *Rapid Commun Mass Spectrom*, No. 25, 2011, pp. 910 – 916.

Hou LiangLiang, Wang Ning, Lü Peng, Hu YaoWu, Song GuoDing and Wang ChangSui. "Transition of human diets and agricultural economy in Shenmingpu Site, Henan, from the Warring States to Han Dynasties." *Science China Earth Sciences*, No. 55, 2012, pp. 975 – 982.

Hu Yaowu, Ambrose S H, and Wang Changsui. "Stable isotopic analysis on ancient human bones in Jiahu site." *Science China Earth Sciences*, No. 50, 2007, pp. 563 – 570.

Hu Yaowu, Luan Fengshi, Wang Shouguo, Wang Changsui and Richards M P. "Preliminary attempt to distinguish the domesticated pigs from wild boars by the methods of carbon and nitrogen stable isotope analysis." *Science China Earth Sciences*, No. 52, 2009, pp. 85 – 92.

Kirsanow K, and Tuross N. "Oxygen and hydrogen isotopes in rodent tissues: Impact of diet, water and ontogeny." *Palaeogeogr Palaeoclimatol Palaeoecol*, No. 310, 2011, pp. 9 – 16.

Li Hongfei and Wang Ning. "Preliminary discussion about Shang and Yi in Xiaoshuangqiao site." In: The Institute of Archaeology, Chinese Academy of Social Sciences (eds.), *Xia and Shang capital and culture*, Vol. 1. Beijing: China Social Sciences Press, 2014, pp. 267 – 280 (in Chinese).

Liu Jinda, Zhao Yingchang, Liu Enkai and Wang Dongsheng. "Discussion on the stable isotope time-space distribution law of China atmospheric precipitation." *Site Investigation Science and Technology*,

No. 3, 1997, pp. 34 – 39 (in Chinese with English abstract).

Müldner G, and Richards M P. "Stable isotope evidence for 1500 years of human diet at the city of York, UK." *American Journal of Physical Anthropology*, No. 133, 2007, pp. 682 – 697.

Pei Xiangming. "Discussion about the sacrificial relics of early Shang from Xiaoshuangqiao site." *Cultural Relics of Central China*, No. 2, 1996, pp. 4 – 8 (in Chinese).

Pietsch S J, Hobson K A, Wassenaar L I, and Tütken T. "Tracking cats: problems with placing feline carnivores on $\delta^{18}O$, δD isoscapes." *PLoS One*, 6. e24601. 2011, DOI: 10.1371/journal.pone.0024601.

Quintelier K, Ervynck A, Müldner G, Van Neer W, Richards M P, and Fuller B T. "Isotopic examination of links between diet, social differentiation, and DISH at the Post-Medieval Carmelite Friary of Aalst, Belgium." *American Journal of Physical Anthropology*, No. 153, 2014, pp. 203 – 213.

Reitsema L J. "Beyond diet reconstruction: Stable isotope applications to human physiology, health, and nutrition." *American Journal of Human Biology*, No. 25, 2013, pp. 445 – 456.

Ren Xianghong. "Yueshi culture from Xiaoshuangqiao site, Zhengzhou and Zhong Ding conquest Dong Yi." *Cultural Relics of Central China*, No. 3, 1997, pp. 111 – 115 (in Chinese).

Reynard L M, and Hedges R E M. "Stable hydrogen isotopes of bone collagen in palaeodietary and palaeoenvironmental reconstruction." *Journal of Archaeological Science*, No. 35, 2008, pp. 1934 – 1942.

Reynard L M, and Hedges R E M. "Stable isotope evidence for similarities in the types of marine foods used by Late Mesolithic humans at sites along the Atlantic coast of Europe." *Journal of Archaeological Science*, No. 26, 1999, pp. 717 – 722.

Sauer PE, Schimmelmann A, Sessions A L, and Topalov K. "Simplified batch equilibration for D/H determination of non-exchangeable hydrogen in solid organic material." *Rapid Communications Mass Spectrometry*, No. 23, 2009, pp. 949 – 956.

Schimmelmann A. "Determination of the concentration and stable isotopic composition of nonexchangeable hydrogen in organic matter." *Analytical Chemistry*, No. 63, 1991, pp. 2456 – 2459.

Schoeninger M J, and DeNiro M J. "Nitrogen and carbon isotopic composition of bone collagen from marine and terrestrial animals." *Geochimica et Cosmochimica Acta*, No. 48, 1984, pp. 625 – 639.

Sharpa Z D, Atudoreia V, Panarellob H O, Fernándezb J, and Douthittc C. "Hydrogen isotope systematics of hair: archeological and forensic applications." *Journal of Archaeological Science*, No. 30, 2003, pp. 1709 – 1716.

Si Yi, Li Zhipeng, Hu Yaowu, Yuan Jing and Wang Changsui. "Hydrogen and oxygen stable isotopic analysis of animal bone collagen from erlitou site, Yangshi, Henan province." *Quaternary Science*, No. 34, 2014, pp. 196 – 203 (in Chinese with English abstract).

Sjogren K G, and Price T D. "A complex Neolithic economy: isotope evidence for the circulation of cattle and sheep in the TRB of Western Sweden." *Journal of Archaeological Science*, No. 40, 2013, pp. 690 – 704.

Stemberg L O, Deniro M J, and Johnson H B. "Isotope ratios of cellulose from plants having different photosynthetic pathway." *Plant Physiology*, No. 74, 1984, pp. 557 – 561.

Topalov K, Schimmelmann A, Polly P D, Sauer P E, and Lowry M. "Environmental, trophic, and ecological factors influencing bone collagen δ^2 H." *Geochimica et Cosmochimica Acta*, No. 111, 2013, pp. 88 – 104.

Trueman C N, and Martill D M. "The long-term survival of bone: the role of bioerosion." *Archaeometry*, No. 44, 2002, pp. 371 – 382.

Valentin F, Bocherens H, Gratuze B, and Sand C. "Dietary patterns during the late prehistoric/historic period in Cikobia Island (Fiji): insights from stable isotopes and dental pathologies." *Journal of Archaeological Science*, No. 33, 2006, pp. 1396 – 1410.

Wang Ning, Hu Yaowu, Hou Liangliang, Yang Ruiping, Song Guoding and Wang Changsui. "Extraction of soluble collagen and its feasibility in the palaeodietary research." *Science China Earth Sciences*, No. 57, 2014, pp. 1039 – 1047.

Wang Ning, Li Suting, Li Hongfei, Hu Yaowu and Song Guoding. "Oxygen isotope analysis of ancient bone collagen and its application in the study of human migration." *Chinese Science Bulletin*, No. 60, 2015, pp. 838 – 846 (in Chinese with English abstract).

Wang Yongshen, Chen Jiansheng, Wang Ji, Dong Haibin and Chen Liang. "Theoretical research on the relationship between deuterium and oxygen 18 in precipitation." *Advances in Water Science*, No. 20, 2009, pp. 204 – 208 (in Chinese with English abstract).

Zhang Lin and Liu Fuliang. "Study on analytical methods for hydrogen and oxygen isotope in water sample." *Acta Geologica Sinica* (English Edition), No. 88, 2014, p. 175.

Zhao Chunyan, Yang Jie, Yuan Jing, Li Zhipeng, Xu Hong, Zhao Haitao and Chen Guoliang. "Strontium isotope analysis of archaeological fauna at the Erlitou site." *Science China Earth Sciences*, No. 55, 2012, pp. 1255 – 1259.

Zheng Suhui, Hou Fagao and Ni Baoling. "Study on stable oxygen and hydrogen isotopes of atmospheric precipitation in China." *Chinese Science Bulletin*, No. 13, 1983, pp. 801 – 806 (in Chinese).

About the first author

WANG Ning, Male; born in 1985 in Liangshan, Shandong Province; doctor; Postdoctoral researcher in Institute of Vertebrate Palaeontology and Palaeoanthropology, Chinese Academy of Sciences, Beijing. He is now working at Jiangsu Normal University and interested in the study on bioarchaeology and palaeodiet using stable isotope analysis of archaeological bones.

Email: 331245071@qq.com; phone: 15951359190.

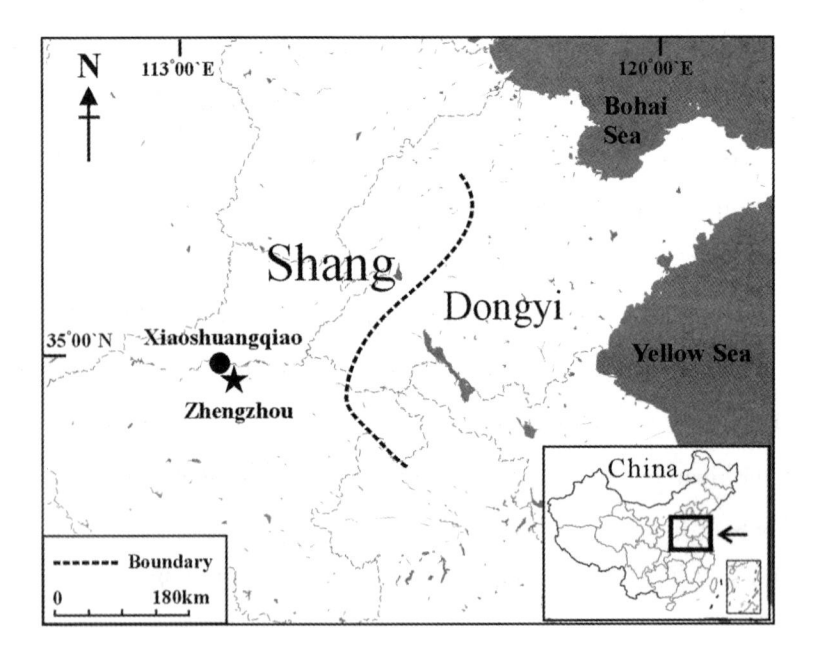

Fig. 1 Location of Xiaoshuangqiao site and the middle-Shang boundary (ca. 1400 BC)

Fig. 2 Individual buried at the Xiaoshuangqiao site
(a) Sacrificial pit burial (b) Stratigraphy burial

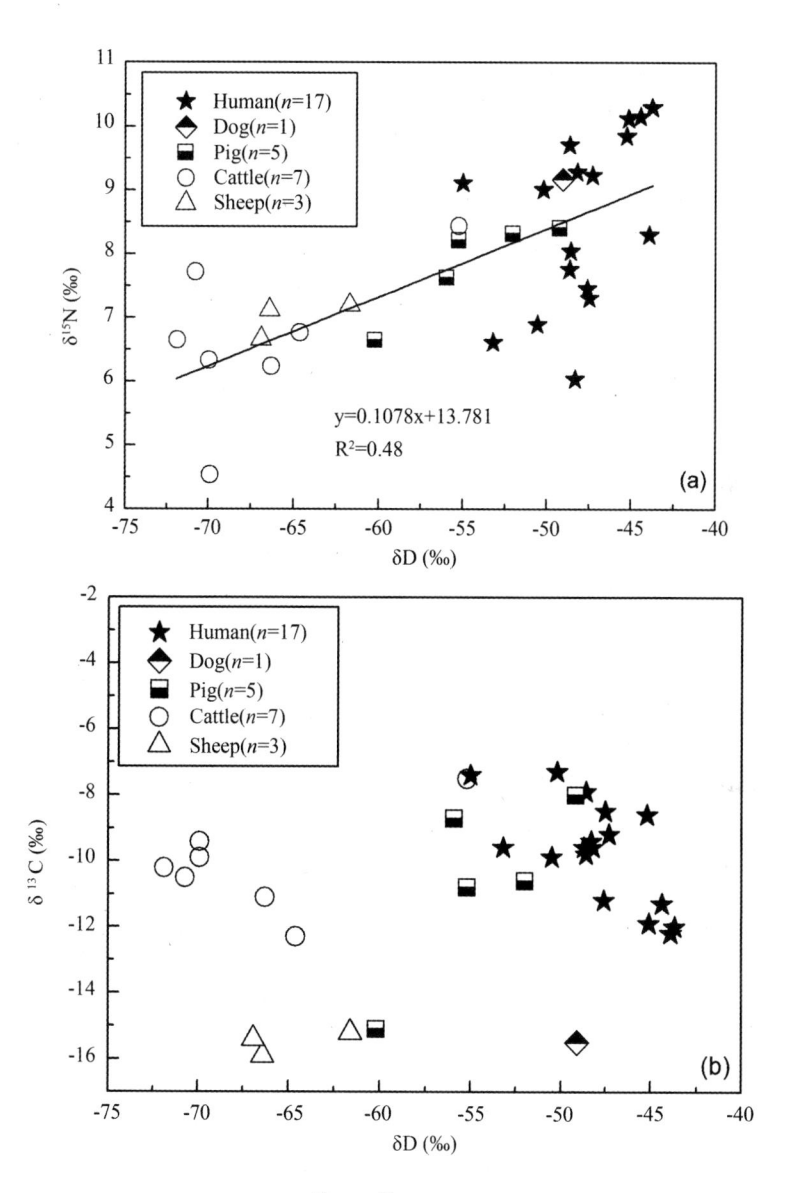

Fig. 3 Scatter plot of $\delta^{13}C$, $\delta^{15}N$ and δD values of human and animals from Xiaoshuangqiao site

(a), δD and $\delta^{15}N$ values; (b), δD and $\delta^{13}C$ values.

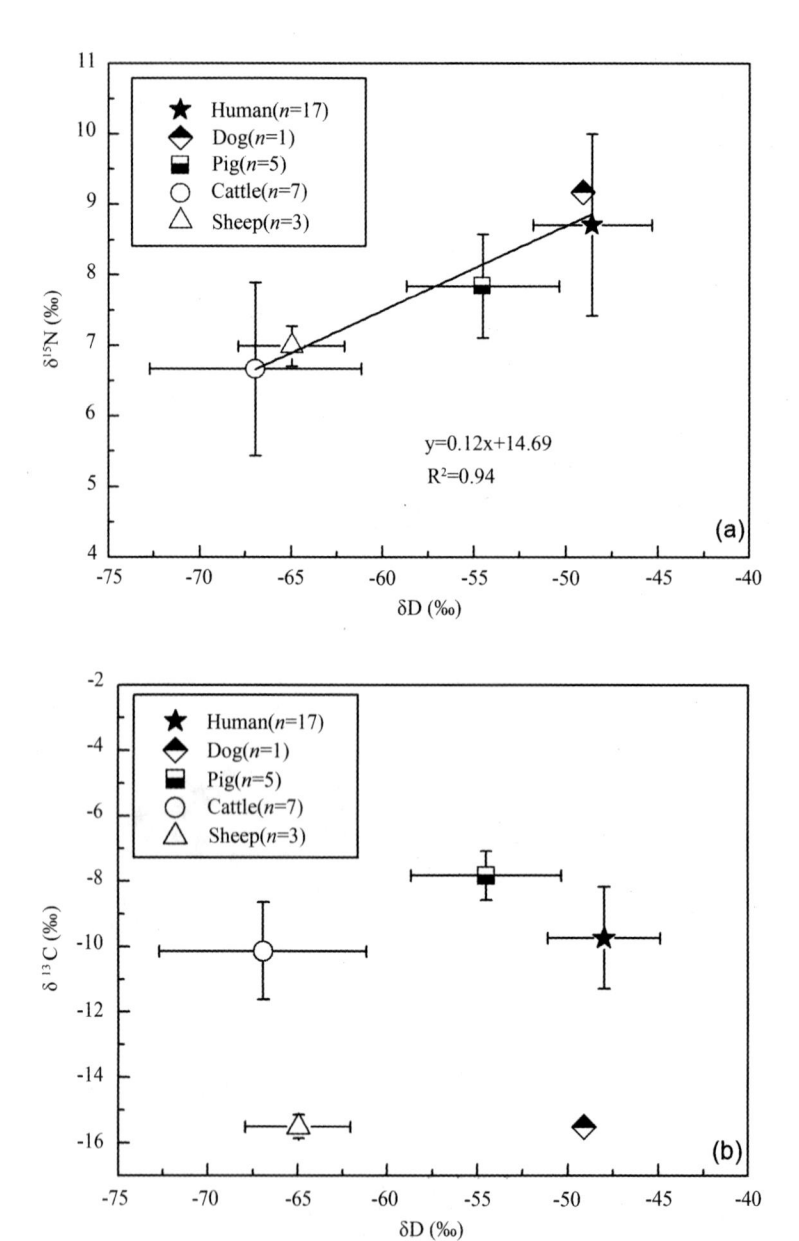

Fig. 4 Mean ± SD δD, $δ^{15}N$ and $δ^{13}C$ values of human and animal collagen from Xiaoshuangqiao site

(a), δD and $δ^{15}N$ values; (b), δD and $δ^{13}C$ values.

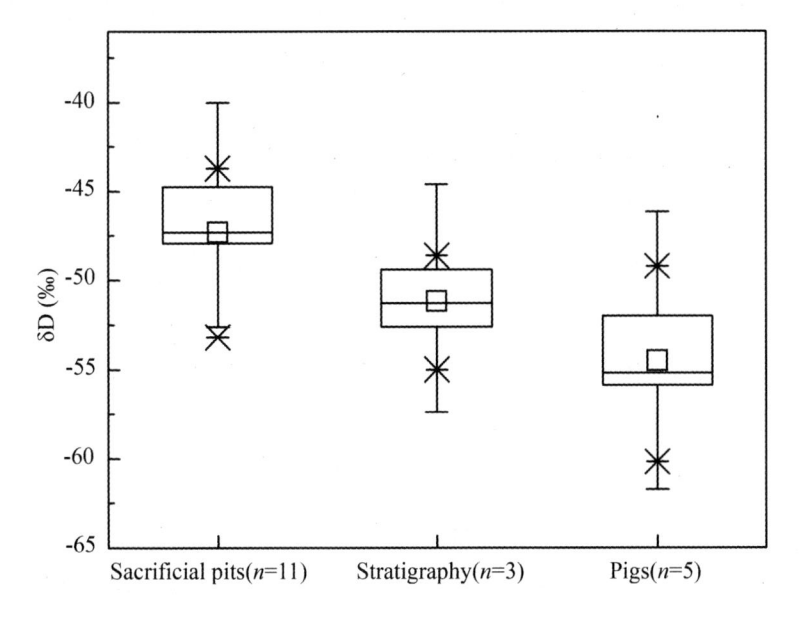

Fig. 5　Box plot of the δD values of two groups human and pigs in Xiaoshuangqiao site

古骨胶原的氢同位素分析在先民营养级和迁徙活动研究中的应用：以河南郑州小双桥遗址为例

王宁（江苏师范大学历史文化与旅游学院，
徐州 221116；
中国科学院古脊椎动物与古人类研究所，
中国科学院脊椎动物演化与人类起源重点实验室，
北京 100044）

李素婷（河南省文物考古研究院，郑州 450000）

胡耀武、宋国定（中国科学院古脊椎动物与古人类研究所，
中国科学院脊椎动物演化与人类起源重点实验室，
北京 100044；
中国科学院大学人文学院考古学与人类学系，
北京 100049）

摘要： 本文通过对河南郑州小双桥商代遗址出土人和动物古骨胶原的 H 稳定同位素分析，并结合个体的 C、N 稳定同位素值，综合探讨了人和动物体内的 dD 值与营养等级和饮用水来源的关系，进而开展了先民来源地和迁徙活动的相关研究工作。本研究共选取了 33 例古代骨骼，包括 17 例人、7 例牛、5 例猪、3 例羊和 1 例狗等，并进行了胶原蛋白的 $d^{13}C$、$d^{15}N$ 和 dD 值分析。结果发现，不同种属动物（草食、杂食、肉食）和先民骨胶原的 $d^{15}N$ 和 dD 值有明显的正相关性（$R^2 = 0.94$），

并且从草食到杂食再到肉食动物的 dD 值升高约 10‰ 至 20‰，表明古骨胶原的 dD 值是研究先民与动物个体营养等级的可靠性指标。此外，本文还发现，小双桥遗址中两类不同先民骨胶原的 dD 值有明显的差异（p=0.049），其中，V 区祭祀坑埋葬先民的 dD 均值为（−47.0±2.9‰，$n=11$），IX 区地层中埋葬先民的 dD 均值为（−51.3±3.3‰，$n=3$），表明两类人群的饮用水来源可能不同。并且，地层中先民与遗址中出土猪的 dD 值更为接近（−54.5±4.2‰，$n=5$），表明两者的饮用水来源十分接近。结合已有的考古学证据，可知地层中埋葬的先民为小双桥遗址当地居住的商族人，而祭祀坑埋葬的先民为来自山东地区的少数民族战俘。本文研究表明，古骨胶原的 H 同位素分析在先民来源地和迁徙活动研究中具有巨大的应用前景，值得在考古遗址中进一步应用此方法开展相关的研究工作。

关键字： H 稳定同位素，小双桥遗址，营养等级，迁徙活动，骨胶原

（本文原发表于《ACTA GEOLOGICA SINICA》（English Edition）2017 年第 91 卷第 5 期：1884—1892）

致 谢

本研究的展开，得到了北京大学考古文博学院徐天进、雷兴山先生，中国科学院大学王昌燧、宋国定、胡耀武先生，河南省文物考古研究院贾连敏、曾晓敏先生和李素婷女士的大力支持。

承蒙河南省文物考古研究院李素婷女士的盛意，本书第一作者曾代表合作方北京大学考古文博学院参与到小双桥遗址2014年田野考古发掘中，在遗址的数月间受益良多，对小双桥遗址有了更为深入的认识。

既然是商与夷的研究，自然不能将目光局限于小双桥遗址本身。在赴山东地区的考察中，得到了中国社会科学院考古研究所许宏先生、山东省文物考古研究所郑同修、孙波先生，山东大学王青先生的热情帮助，对于山东地区的岳石文化和商文化有了更为清晰的对比认识。

承蒙中国科学院大学王昌燧、胡耀武先生的厚爱，人骨的稳定同位素测试工作得以顺利展开。陶片XRF测试工作得到了北京大学考古文博学院崔剑锋先生的大力支持和热情帮助。考古背景与科技测试碰撞出的火花是我们不懈前行的最大动力。

北京大学考古文博学院博士研究生宋殷曾参与相关的测试工作。首都师范大学博士后钟华曾赴小双桥遗址进行植物浮选工作，对于本研究起到了重要的帮助。中国社会科学院考古研究所科技考古中心陈相龙博士、云南大学和奇先生、北京大学考古文博学院博士研究生李楠也参与到了相关问题的讨论之中,对本研究启发良多。

我们要特别感谢中国香港的吴振宇先生,正是由于他在2012年初的那次北京之行,本书的两位作者才有机会展开历久弥新的合作。虽说机会留给有准备的人,但机会的到来本身又是如此的意外和珍贵。

本研究得到了北京大学研究生院才斋奖学金项目资助(项目名称:考古学文化与族属之间关系研究——以小双桥遗址的商与夷为例,项目编号:CZ201304),为调研活动和测试工作提供了可靠的资金保障,我们向提供资助的北大青鸟文教集团表示诚挚的感谢!本研究的相关活动得到了国家自然科学基金(批准号:41603009)、教育部人文社会科学研究青年基金(批准号:16YJCZH100)和郑州中华之源与嵩山文明研究会第四批课题(项目编号:Q2015-1)的资助。在中国社会科学院科研局和考古研究所各级领导、专家的支持下,本书得到了2018年第二批创新工程出版资助。承蒙中国社会科学出版社郭鹏、巴哲等先生襄助,本书得以顺利编辑出版。

这是一部共同完成的学术成果。王宁撰写了第二章古陶瓷、人骨稳定同位素研究方法及第五章人骨分析的内容,其余内容由李宏飞撰写,并由李宏飞统稿,始终在和谐、愉快的气氛中共同努力完成。我们曾先期发表数篇中期成果,随着结题报告的撰写,对以往的个别认识有进一步的深入乃至纠偏,故我们目前关于"小双桥遗址商与夷"问题的观点均以本书为准。学问是常做常新的,相信随着相关研究的进展,我们的观点仍有进一步修订的必要。

李宏飞　王　宁

2018年8月